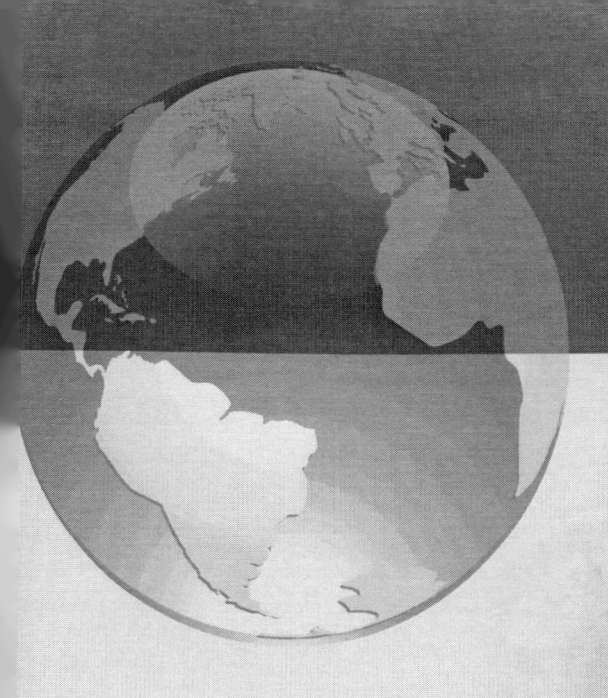

保險學基礎

（第二版）

主編 胡丁 張佩

崧燁文化

前言

在本書第一版基礎上，第二版加入了近年來保險學理論的新發展、新應用的內容。並根據編者多年的教學經驗，改進了部分內容的敘述方式，增加了第十章社會保險，更加符合高等學校應用型人才的培養要求。

本書可按 40~56 學時（不含實驗）安排教學，根據教學需要可增減部分內容。本書可作為高等學校本、專科金融保險類和經濟管理類等有關專業的保險學理論課程的教材或教學參考書。

本書第十章由毛茜（西華大學）編寫，全書由胡丁修定。

限於編者水平，本書在內容取捨、編寫方面難免存在不妥之處，懇請讀者批評指正。

編　者

2016 年 8 月

第一版前言

經過幾百年的發展，西方保險業已同銀行業、信託業一起被稱為現代金融業的三大支柱，保險公司已成為金融機構的重要一員，保險資金已成為現代資本市場主要的資金來源，保險理論研究也已經成為整個經濟學科中令人關注的研究領域之一。

中國保險業的發展歷史不長，且新中國成立后曾停辦了近20年，但自1980年恢復國內保險以來，保險業以驚人的速度發展，已逐漸成為朝陽產業。2011年全國實現保費收入1.43萬億元，同比增長10.4%。其中，財產險保費收入4,617.9億元，同比增長18.5%；人身險保費收入9,699.8億元，同比增長6.8%；保險公司總資產達到5.9萬億元。

在本教材編寫過程中，我們力求做到保險發展歷史與該學科的最新進展相結合，保險基本理論與中國保險體制改革實踐相結合，中國特色的保險學體系與西方保險理論研究動態相結合。

本教材通過對保險基本理論問題的分析以及對保險業務運行機制的闡述，來回答保險理論與實務方面許多令人關注的問題。全書分三大部分：第一部分是保險基本理論，主要闡述風險與保險、保險的性質與功能、保險合同和保險原則等內容，即教材的第一章至第四章；第二部分是商業保險業務，主要闡述人身保險和財產保險的基本業務內容，即教材的第五章和第六章；第三部分是保險市場、保險經營與監管，主要闡述保險市場的基本內容、保險經營的主要環節，以及保險監管的理論與實踐等內容，即教材第七章至第九章。

本教材由胡丁擬定大綱、編寫計劃，並與張佩一起負責全書定稿前的修改、補充和總纂工作。

為了使本教材盡可能達到融理論性、實踐性與適用性於一體的要求，我們參閱了國內外大量成熟的保險學教材，同時盡可能吸收現階段保險研究的最新成果，在此，我們對所有參考文獻的著作者深表謝意。

編者

目 錄

第一章　風險與保險 ……………………………………………………（1）
　　第一節　風險概述 ………………………………………………………（1）
　　第二節　風險管理 ………………………………………………………（8）
　　第三節　可保風險 ………………………………………………………（12）

第二章　保險概述 ………………………………………………………（15）
　　第一節　保險的性質 ……………………………………………………（15）
　　第二節　保險的功能與作用 ……………………………………………（20）
　　第三節　保險的分類 ……………………………………………………（23）
　　第四節　保險的起源與發展 ……………………………………………（25）

第三章　保險合同 ………………………………………………………（34）
　　第一節　保險合同概述 …………………………………………………（34）
　　第二節　保險合同的主體、客體和內容 ………………………………（38）
　　第三節　保險合同的訂立、變更、中止、復效和終止 ………………（44）
　　第四節　保險合同的爭議處理 …………………………………………（48）

第四章　保險的基本原則 ………………………………………………（51）
　　第一節　保險利益原則 …………………………………………………（51）
　　第二節　最大誠信原則 …………………………………………………（55）
　　第三節　近因原則 ………………………………………………………（60）
　　第四節　損失補償原則 …………………………………………………（63）
　　第五節　損失補償原則的派生原則 ……………………………………（65）

第五章　人身保險 ………………………………………………………（71）
　　第一節　人身保險概述 …………………………………………………（71）
　　第二節　人壽保險 ………………………………………………………（74）

第三節　人身意外傷害保險 …………………………………………… (81)
　　第四節　健康保險 ……………………………………………………… (88)

第六章　財產保險 …………………………………………………………… (95)
　　第一節　財產保險概述 ………………………………………………… (95)
　　第二節　火災保險 ……………………………………………………… (100)
　　第三節　運輸保險 ……………………………………………………… (106)
　　第四節　工程保險 ……………………………………………………… (110)
　　第五節　責任保險 ……………………………………………………… (114)

第七章　保險市場 …………………………………………………………… (121)
　　第一節　保險市場概述 ………………………………………………… (121)
　　第二節　保險產品供給方 ……………………………………………… (126)
　　第三節　保險仲介 ……………………………………………………… (132)
　　第四節　保險公司的組織結構 ………………………………………… (135)

第八章　保險經營 …………………………………………………………… (139)
　　第一節　保險經營概述 ………………………………………………… (139)
　　第二節　保險費率的計算原理 ………………………………………… (144)
　　第三節　再保險 ………………………………………………………… (155)
　　第四節　保險投資 ……………………………………………………… (161)
　　第五節　保險經營效益 ………………………………………………… (166)

第九章　保險監管 …………………………………………………………… (171)
　　第一節　保險監管概述 ………………………………………………… (171)
　　第二節　保險監管的理論基礎 ………………………………………… (175)
　　第三節　保險監管的經濟學分析 ……………………………………… (178)
　　第四節　保險監管的內容 ……………………………………………… (184)
　　第五節　中國保險監管的實踐與發展 ………………………………… (186)

第十章　社會保險 ………………………………………………………（189）
　　第一節　社會保險概述 ………………………………………………（189）
　　第二節　社會保險的實施 ……………………………………………（194）
　　第三節　養老保險 ……………………………………………………（199）
　　第四節　失業保險 ……………………………………………………（202）
　　第五節　醫療保險 ……………………………………………………（205）
　　第六節　生育保險 ……………………………………………………（208）
　　第七節　工傷保險 ……………………………………………………（209）

第一章　風險與保險

本章學習目的
　　理解風險的概念與特徵
　　掌握風險的分類
　　理解風險管理的含義
　　瞭解風險管理的程序
　　掌握風險管理的方法
　　掌握風險、風險管理與保險的關係

　　風險是人類生存過程中不可避免的現象。我們生活在一個充滿風險的世界之中。無論是從空間上講，還是從時間上講，風險都不以人們的意志為轉移而始終存在。而風險的客觀存在正是保險產生與發展的基礎。因此，認識保險必須從認識風險開始。

第一節　風險概述

一、風險的概念及其特徵

（一）風險的含義

　　什麼是風險？「風險」一詞在早期的運用中，往往被理解為客觀的危險，主要體現為地震、洪水等自然災害，或諸如航海時輪船遇到礁石、風暴等難以預料並可能造成損失的不幸事件。現代意義上的「風險」一詞，已經大大超越了「遇到危險」這樣的簡單含義，而是越來越被概念化。人們由於認識程度或研究的角度不同，對之提出了不同的解釋。有人認為風險是一種不確定性，包括事件未來可能結果發生的不確定性，或損失發生的不確定性；有人則認為風險是個二元概念，它既指損失的大小，也是指損失發生的可能性；還有人指出，風險是對特定情況下關於未來結果的客觀疑慮；等等。

　　理論界較為普遍接受的定義認為，風險是指損失的不確定性。這種提法簡單、明瞭，尤其從保險的角度出發將風險限定在「損失」和「不確定性」這兩個概念上，排除了損失必然發生和無損失的情況。但是，該定義著重強調了「損失」這個主要的概念，說明風險只能表現為損失，沒有從風險中獲利的可能性，因此只能屬於狹義的風險。

基於以上的分析，我們對風險的定義可以做這樣的表述：風險是可能引致損失的事件發生帶來的結果的不確定性。理解這一定義要注意以下幾點：

（1）風險的這種定義首先強調的是「引致損失」的事件的存在。人們總是通過對損失的預期來確定風險的存在，並通過損失的大小來評估風險的大小。絕對不會造成損失的事件就無所謂風險。「可能引致損失的事件」才會有風險。

（2）存在風險的「事件」並非特指「不幸事件」。因為風險不僅與損失相聯繫，而且與盈利相聯繫。日常生活中，自然災害和意外事故這些不幸的事件當然是風險。但諸如公司經營、股票買賣這類經濟金融活動也存在風險。當然，保險中的風險則是指不幸事件。

（3）結果的不確定性才意味著風險。雖說沒有損失就沒有風險，但風險的結果未必都是損失。風險產生的結果可能帶來損失、獲利或是無損失也無獲利，例如金融風險就是如此。風險損失發生的概率在 0 和 1 之間時，才能稱作風險。因為損失概率為 0，就不存在風險，而損失概率為 1 的「風險」是一種必然性風險。只有那些結果可能是損失，但又無法事先確定其是否發生以及發生的時間、地點、頻率和強度的事件才意味著風險。

（二）風險的構成要素

一般而言，構成風險的要素有風險因素、風險事故和風險損失。

1. 風險因素

風險因素是指引起或促使風險事故發生、損失增加或擴大的原因和條件。它是風險事故發生的潛在原因，是造成損失的內在或間接原因。根據風險因素的性質，通常可以將其分為客觀風險因素和主觀風險因素。

（1）客觀風險因素也叫實質風險因素。它是指能引起或增加某一風險事故發生機會或增加損失嚴重程度的客觀物質條件。如汽車的煞車系統失靈導致交通事故的發生，煞車系統的失靈就是實質風險因素，即實實在在存在的引發風險事故的物質條件。

（2）主觀風險因素也可以稱為人為風險因素，它往往與人的心理或行為有關，通常包括道德風險因素和心理風險因素兩種。其中，道德風險因素是與人的品德品質有關的無形的因素。它是指為追求自身效用最大化而惡意或故意做出不利於他人的事情或行為而存在的風險。例如，為索取保險賠款而故意毀損財產、虛報損失、製造事故甚至謀殺等。心理風險因素也是一種主觀因素，但它是由於人們主觀上的疏忽和過失，導致財產的損失和人員的傷亡。例如，忘記鎖門導致家中財物被盜、玩忽職守釀成大禍，等等。

2. 風險事故

風險事故也稱風險事件，是造成損失的直接原因或外在原因。

風險事故是損失的媒介物，即風險只有通過風險事故的發生才能導致損失。而風險因素則是損失的間接原因，因為風險因素要通過風險事故的發生才能導致損失。就某一事件來說，如果它是造成損失的直接原因，那麼它就是風險事故；而在其他條件下，如果它是造成損失的間接原因，它便成為風險因素。例如，下冰雹導致路滑，發

生車禍造成人員傷亡，這時候冰雹是風險因素，車禍才是風險事故；而冰雹直接擊傷行人，冰雹就是風險事故。

> **特別提醒：**
> 　　區分風險因素和風險事故對確定保險責任有著重要意義。只有當風險事故為保險責任時，所造成的損失才能獲得保險賠償。

3. 風險損失

損失作為風險管理和保險經營的一個重要概念，是指非故意的、非預期的、非計劃的經濟價值的減少。

損失通常被分為兩種形態，即直接損失和間接損失。直接損失是指風險事故導致的財產本身損失和人身傷害，這類損失又稱為實質損失；間接損失則是指由直接損失引起的其他損失，包括額外費用損失、收入損失和責任損失。

風險正是由風險因素、風險事故和損失三者構成的統一體。風險因素引起或增加風險事故；風險事故發生可能造成損失。如圖1-1所示：

風險因素 ──（引發）──→ 風險事故 ──（導致）──→ 損失

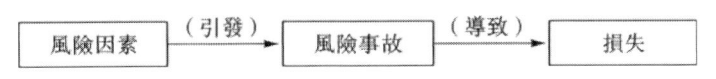

圖1-1　風險因素、風險事故和損失之間的關係

(三) 風險的特徵

風險具有客觀性、普遍性、不確定性、可變性和損失性等基本特徵。

1. 風險的客觀性

風險是一種不以人的意志為轉移，獨立於人的意識之外的客觀存在。因為無論是自然界的物質運動，還是社會發展的規律，都由事物的內部因素所決定，由超過人們主觀意識所存在的客觀規律所決定。自然界的地震、颱風、洪水，社會領域的戰爭、瘟疫、衝突、意外事故等，都是不以人的意志為轉移的客觀存在。因此，人們只能在一定的時間和空間內改變風險存在和發生的條件，降低風險發生的頻率和損失程度。但是，從總體上說，風險是不可能徹底消除的。

2. 風險的普遍性

人類的歷史就是與各種風險相伴的歷史。自從人類出現後，就面臨著各種各樣的風險，如自然災害、疾病、戰爭等。隨著科學技術的發展、生產力的提高、社會的進步、人類的進化，又產生了新的風險，且風險事故造成的損失也越來越大。在當今社會，個人面臨著生、老、病、死、意外傷害等風險；企業面臨著自然風險、市場風險、技術風險、政治風險等；甚至國家和政府機關也面臨著各種風險。總之，風險滲入到社會、企業、個人生活的方方面面，無處不在，無時不有。

3. 風險的不確定性

風險是不確定的，否則就不能稱之為風險。風險的不確定性主要表現在空間上的不確定性、時間上的不確定性和損失程度的不確定性。從總體上看，有些風險是必然

要發生的，因為風險的發生往往呈現出明顯的規律性，具有一定的必然性。但就個體而言，風險是否發生是偶然的，是一種隨機現象，具有不確定性；何時發生、何地發生損失程度也是難以確定的。例如，生命風險中，死亡是必然發生的，這是人生的必然現象，但是具體到某一個人何時何地死亡，在其健康時是不可能確定的。又如，沿海地區每年都會遭受或大或小的臺風襲擊，有時是安然無恙，有時卻損失慘重。但是人們對未來年份發生的臺風是否會造成財產損失或人身傷亡以及損失程度如何卻無法預知。正是風險的這種總體上的必然性與個體上的偶然性的統一，構成了風險的不確定性。

4. 風險的可變性

風險的可變性是指在一定條件下風險具有可轉化的特性。世界上任何事物都是互相聯繫、互相依存、互相制約的，而任何事物都處於變動和變化之中，這些變化必然會引起風險的變化。科學發明和文明進步，都可能使風險因素發生變動。例如，核能技術的應用帶來了核子輻射、核子污染的風險；航空技術的應用帶來了航空意外發生時的巨大損失的風險。

5. 風險的損失性

只要風險存在，就一定有發生損失的可能，這種損失有時可以用貨幣計量，有時卻無法用貨幣計量。如果風險發生之后不會有損失，那麼就沒有必要研究風險了。風險的存在，不僅會造成人員傷亡，而且會造成生產力的破壞、社會財富的損失和經濟價值的減少，因此個體或企業才會尋求應對風險的方法。

二、風險成本與風險代價

風險成本是指由於風險的存在和風險事故發生後人們所必須支出的費用和預期經濟利益的減少。它是風險損失的實際成本或有形成本。

風險成本不等於風險代價，但二者是有內在聯繫的兩個概念。風險代價是指由於風險的客觀存在和發生所產生的物質損失與精神負擔。因此，風險代價即為廣義的風險成本，它涵蓋了風險成本的概念，具體包括實際成本、無形成本及預防或控制風險的成本。

(一) 實際成本

風險損失的實際成本由風險造成的直接損失成本和間接損失成本共同構成。

直接損失成本是指風險事故發生後，造成財產損毀和人員傷亡所導致的實際經濟利益減少而必需的貨幣支出，及必須支付的實際經濟代價。如房屋失火被毀，其直接經濟損失成本為房屋本身的價值、受傷人員的醫療費、營養費等。

間接損失成本是指風險事故發生後，導致的相關物資財產的損失和民事賠償責任等損失而支付的費用或經濟利益的減少。具體包括營運收入損失、額外費用增加、責任賠償費用等。

(二) 無形成本

風險損失的無形成本是指由於風險發生的不確定性引起經濟單位所付出的經濟代

價。通常包括以下幾個方面的內容：

（1）造成社會經濟福利減少。由於風險事故發生的不確定性以及事故后果的災難性，使得人們處於擔憂恐懼和焦慮的狀態。為了應對未來風險事故的損失，可能不得不提留和維持一定數量的風險補償基金。那麼，能用於生產和流通的資金則會相應減少，社會經濟規模和經濟效益也會受到影響，從而影響到社會福利水平。由於風險的不確定性，人們還付出了精神幸福的代價，降低了人們的生活質量。

（2）風險會阻礙生產率提高。新技術、新產品、新工藝的研究開發總是存在風險，企業對新技術、新工藝的應用也同樣存在風險。為避免這種風險帶來的損失，人們對新技術、新產品、新工藝的開發往往採取謹慎的態度，從而會延緩甚至阻礙新技術的推廣應用，結果會極大地限制生產率的提高。

（3）風險發生的不確定性導致資源分配不當，造成生產能力降低。經濟學原理表明，只有當社會資源配置與邊際生產力相等時，才處於最佳配置狀態。但由於風險的存在，整個社會資源容易流向低風險的領域，使該領域的社會資源供給大於需求，難以形成最優經濟效益。而高風險領域的社會資源處於供給小於需求的狀態，即供給不足，約束了生產力的發展。而且，由於風險的存在，人們總是希望盡快收回投資，投資行業容易短期化，也使社會資源配置缺乏合理性。

這種因風險存在而導致的社會資源配置的失衡，必然導致社會總產量不能達到最佳產量、價格水平和價格結構。由此也更加顯示了風險的不確定性本身使人們付出了經濟福利的代價。

(三) 預防或控制風險的成本

預防或控制風險的成本是指，為預防和控制風險損失必須採取各種措施而支付的費用。如為了預防火災，在高層建築安裝火災報警系統和自動滅火系統支付的費用。又如，為治理水災，國家每年投入的興修水利的物質和資金，等等。具體而言，預防或控制風險的成本包括資本支出和折舊費、安全人員費（含薪金、津貼、服裝費等）、訓練計劃費用、施教費以及增加的機會成本。

三、風險的分類

為了更好地對風險進行分析、研究和管理，人們依據不同的標準把風險分為若干種類。

(一) 按風險的性質分類

按性質不同，風險可以分為純粹風險和投機風險兩大類。

1. 純粹風險

它是指只有損失可能而無獲利機會的風險，即造成損害可能性的風險。其所致結果有兩種，即損失和無損失。例如交通事故只有可能給人民的生命財產帶來危害，而絕不會有利益可得。在現實生活中，純粹風險是普遍存在的，如水災、火災、疾病、意外事故等都可能導致巨大損害。但是，這種災害事故何時發生，損害后果多大，往往無法事先確定，於是，它就成為保險的主要對象。人們通常所稱的「危險」，也就是

指這種純粹風險。

2. 投機風險

它是指既可能造成損害，也可能產生收益的風險，其所致結果有三種：損失、無損失和盈利。例如，證券交易，證券價格的下跌可使投資者蒙受損失，證券價格不變則無損失，但是證券價格的上漲卻可使投資者獲得利益。還如賭博、市場風險等，這種風險都帶有一定的誘惑性，可以促使某些人為了獲利而甘冒這種損失的風險。在保險業務中，投機風險一般是不能列入可保風險之列的。

(二) 按風險產生的原因分類

按風險產生的原因，風險可以分為自然風險、社會風險、經濟風險和技術風險。

(1) 自然風險。它是指由於自然現象或物理現象所導致的風險。如洪水、地震、風暴、火災、泥石流等所致的人身傷亡或財產損失的風險。也可能是由人體內在因素和外在因素影響所致疾病或傷害造成的財產、人身傷害。一般來說，自然風險與人類的主觀行為無關。

(2) 社會風險。它是由於個人行為反常或不可預測的團體的過失、疏忽、僥幸、惡意等不當行為所致的損害風險。如盜竊、搶劫、罷工、暴動等。普通的社會風險可能演變為政治風險。政治風險是社會風險的一種，它是指由於政治原因，如政局的變化、政權的更替、政府法令和決定的頒布實施，以及種族和宗教衝突、叛亂、戰爭等引起社會動盪而造成損害的風險。

(3) 經濟風險。它是指人們在生產經營過程中，由於有關因素變動或估計錯誤而導致的產量減少或價格漲跌的風險，如市場預期失誤、經營管理不善、消費需求變化、通貨膨脹、匯率變動等所致經濟損失的風險等。經濟風險廣泛存在於我們社會經濟生活的各個環節和方面。

(4) 技術風險。它是指伴隨著科學技術的發展、生產方式的改變而發生的風險。如核泄漏、空氣污染、噪聲污染等風險。

(三) 按風險損害的對象分類

按損害的對象分，風險可以分為財產風險、人身風險、責任風險和信用風險。

(1) 財產風險。它是指導致財產發生毀損、滅失和貶值的風險。如房屋有遭受火災、地震的風險，機動車有發生車禍的風險，財產價值因經濟因素有貶值的風險。

(2) 人身風險。它是指人們因生、老、病、殘等原因而導致經濟損失的風險。例如，因為年老而喪失勞動能力或由於疾病、傷殘、死亡、失業等導致個人、家庭經濟收入減少，造成經濟困難。生、老、病、死雖然是人生的必然現象，但在何時發生並不確定，一旦發生，將給其本人或家屬在精神和經濟生活上造成困難。

(3) 責任風險。它是指因侵權或違約，依法對他人遭受的人身傷亡或財產損失應負的賠償責任的風險。例如，汽車撞傷了行人，如果屬於駕駛員的過失，那麼按照法律責任規定，就須對受害人或家屬給付賠償金。又如，根據合同、法律規定，雇主對其雇員在從事工作範圍內的活動中造成身體傷害所承擔的經濟給付責任。

(4) 信用風險。它是指在經濟交往中，由於一方違約或犯罪而造成對方經濟損失

的風險，又稱違約風險。例如，在進出口貿易中，出口方（或進口方）（或出口方）不履約而遭受經濟損失。

(四) 按風險涉及的範圍分類

按風險涉及的範圍，風險可以分為特定風險和基本風險。

(1) 特定風險。它是指由個人行為引起的風險，即由特定的人所引起，而且損失僅涉及個人的風險。它只與特定的個人或部門相關，而不影響整個團體和社會。如火災、爆炸、盜竊以及對他人財產損失或人身傷害所負的法律責任等均屬此類風險。特定風險一般較易為人們所控制和防範。

(2) 基本風險。它是指由非個人行為引起的損害波及社會的風險。基本風險的起因及影響都不與特定的人有關，至少是個人所不能阻止的風險。它對整個團體乃至整個社會產生影響，而且是個人無法預防的風險。例如，與社會或政治有關的風險（經濟衰退、軍事政變等），或是與自然災害有關的（地震、洪水、海嘯等）風險，都屬於基本風險。

特定風險和基本風險的界限，對某些風險來說，會因時代背景和人們觀念的改變而有所不同。如失業，過去被認為是特定風險，而現在被認為是基本風險。

(五) 按風險的環境分類

按風險的環境分，風險可以分為靜態風險和動態風險。

1. 靜態風險

它是在社會經濟正常的情況下，由自然力的不規則變化或人們的過失行為所導致損失或損害的風險。如雷電、霜害、地震、暴風雨等自然原因所致的損失或損害；火災、爆炸、意外傷害事故所致的損失或損害等。

2. 動態風險

它是指由於社會經濟、政治、技術以及組織等方面發生變動所致損失或損害的風險。如人口增長、資本增加、生產技術的改進、消費者愛好的變化等。

動態風險與靜態風險的區別在於：

第一，二者所致損失不同。靜態風險對於個體和社會來說都是純粹損失，因此也是純粹風險。動態風險則既有純粹風險也有投機風險。動態風險對於一部分個體而言可能有損失，但對另一部分個體而言則可能獲利，從社會整體看也不一定受損。例如，通貨膨脹可能帶來債權人損失，卻有利於債務人。

第二，二者影響範圍不同。靜態風險的影響範圍有限，往往只會影響到部分財產或個人，而動態風險的影響範圍較大，甚至全社會。

第三，二者的可測性不同。靜態風險的變化在一定條件下具有一定的規律性，可以運用概率論加以測算，對風險損失發生的頻率和強度可以作統計估計和推斷。動態風險的變化卻難有規律可循，難以用概率論加以測算。

第二節　風險管理

一、風險管理的含義

　　風險管理，是指經濟單位通過風險的識別、風險估測、風險評價，對風險實施有效的控制和妥善處理風險所致損失，以最小的成本將風險導致的各種不利後果減少到最低限度的科學管理方法，是組織、家庭或個人用以降低風險的負面影響的決策過程。

　　風險管理包括以下四層含義：

　　（1）風險管理的主體可以是任何組織和個人，包括個人、家庭、組織（包括營利性組織和非營利性組織）以及政府。它不僅僅是哪個單位或部門的事情，而且是全社會的事情。

　　（2）風險管理的過程包括識別風險、估測風險頻率和損失程度、評價是否有必要採取相應的措施、選擇各種有效的手段預防和控制風險；在風險發生後妥善處理風險所致損失；最後，總結和評估風險管理效果，幫助改進將來的風險管理工作。

　　（3）風險管理的基本目標是以最小的成本獲得最大的安全保障。它又具體分為損失發生前的風險管理目標和損失發生後的風險管理目標，前者的目標是避免或減少風險事故形成的機會，包括節約經營成本、減少憂慮心理；後者的目標是努力使損失的標的恢復到損失前的狀態，包括維持企業的繼續生存、生產服務的持續、穩定的收入、生產的持續增長、社會責任。二者有效結合，構成完整而系統的風險管理目標。

　　（4）在風險管理過程中，風險識別、風險估測和風險評價是基礎，風險管理工具的選擇及實施是關鍵。

二、風險管理的基本程序

　　風險管理的基本程序分為風險識別、風險估測、風險評價、風險控制和風險管理效果評估五個環節。

（一）風險識別

　　風險識別是風險管理的第一步，它是指對企業、家庭個人面臨的和潛在的風險加以判斷、歸類和對風險性質進行鑒定的過程，即對尚未發生的、潛在的和客觀存在的各種風險，系統地、連續地進行識別和歸類，並分析產生風險事故的原因。存在於企業、家庭或個人周圍的風險多種多樣、錯綜複雜，有潛在的，也有實際存在的；有靜態的，也有動態的；有內部的，也有外部的。所有這些風險在一定時期和某一特定條件下是否客觀存在，存在的條件是什麼，以及損害發生的可能性等，都是風險識別階段應予以解決的問題。

（二）風險估測

　　風險估測是在風險識別的基礎上，通過對所收集的大量資料進行分析，利用概率

統計理論，估計和預測風險發生的概率和損失程度。風險估測不僅是風險管理建立在科學的基礎上，而且使風險分析定量化，為風險管理者進行風險決策、選擇最佳管理技術提供了科學依據。

（三）風險評價

風險評價是指風險在風險識別和風險估測的基礎上，對風險發生的概率、損失程度，結合其他因素進行全面考慮，評估發生風險的可能性及其危害程度，並與公認的安全指標相比較，以衡量風險的程度，並決定是否需要採取相應的措施。處理風險需要一定費用，費用與風險損失之間的比例關係直接影響風險管理的效益。通過對風險的定性、定量分析和比較處理風險所支出的費用，來確定風險是否需要處理和處理程度，以判定為處理風險所支出的費用是否有效益。

通過風險估測，可以計算出較為準確的損失概率，可以使風險管理者在一定程度上消除損失的不確定性。通過風險評價，可以使風險管理者瞭解風險所帶來的損失後果，進而集中力量處理損失後果嚴重的風險，對企業影響小的風險則不必過多投入，可以採用自留風險的處理方法處理。

（四）風險控制

風險控制是指風險管理者採取各種措施和方法，消滅或減少風險事件發生的各種可能性，或者減少風險事件發生時造成的損失。

風險管理的技術主要有兩大類：一類為控制型風險管理技術，另一類為財務型風險管理技術。控制型風險管理技術的實質是在風險分析的基礎上，針對企業所存在的風險因素採取控制技術以降低風險事故發生的頻率和減輕損失程度，重點在於改變引起自然災害、意外事故和擴大損失的各種條件。主要表現為：在事故發生前，降低事故發生的頻率；在事故發生時，將損失減少到最低限度。控制型風險管理技術主要包括：避免、預防、抑制。但由於受種種因素的制約，人們對風險的預測不可能絕對準確，而防範風險的各項措施都具有一定的局限性，所以某些風險事故的損失後果是不可避免。財務型風險管理技術是以提供基金的方式，降低發生損失的成本，即通過事故發生前所做的財務安排，來解除事故發生後給人們造成的經濟困難和精神憂慮，為恢復企業生產，維持正常生活等提供財務支持。財務型風險管理技術主要包括：自留風險和轉移風險。

（五）風險管理效果評估

風險管理效果評估是分析、比較已實施的風險管理方法的結果與預期目標的契合程度，以此來評判管理方案的科學性、適應性和收益性。風險管理效益的大小取決於是否能以最小風險成本取得最大安全保障，同時還要考慮與整體管理目標是否一致以及具體實施的可能性、可操作性和有效性。風險管理效果就是獲得安全保障與成本的比值，該比值越大，效益越好，當效益比值大於1時，該風險管理技術可取。

由於風險性質的可變性，人們對風險認識的階段性以及風險管理技術處於不斷完善之中。因此，需要對風險的識別、估測、評價及管理方法進行定期檢查、修正，以

保證風險管理方法適應變化了的新情況。所以，我們把風險管理視為一個周而復始的管理過程。

三、風險管理的方法

風險管理作為一種處理風險的活動，自古以來就在發揮作用，只不過採取的方法不同而已。但無論採用何種方法，風險管理的一條基本原則是：以最小的成本獲得最大的保障。

風險管理方法分為控制法和財務法兩大類，前者的目的是降低損失頻率和損失程度，重點在於改變引起風險事故和擴大損失的各種條件；后者是事先做好吸納風險成本的財務安排。

(一) 風險控制法

風險控制法包括避免風險和損失控制。

1. 避免風險

避免風險也叫做迴避風險，是指設法迴避損失發生的可能性。避免風險的方法一般在某種特定風險所致損失頻率和損失程度相當高或處理風險的成本大於其產生的效益時採用。比如，考慮到游泳有溺水的危險，就不去游泳。它是一種最徹底、最簡單的避免方法，但也是一種消極的方法。避免方法雖然簡單易行，但有時候意味著喪失利潤，且採用避免方法通常會受到限制。例如，人身意外傷害，無論如何小心翼翼，這類風險總是無法徹底消除。再如，因害怕出車禍就拒絕乘車，車禍這類風險雖可由此而完全避免，但將給日常生活帶來極大的不便，實際上是不可行的。此外，採取避免方法有時在經濟上是不適當的，或者避免了某一種風險，卻有可能產生新的風險。例如，不乘坐飛機雖然可以避免高空失事的風險，但是即使改乘火車或汽車也會產生翻車、碰撞等風險。

2. 損失控制

它是指採取各種措施減少風險發生的概率，或在風險發生后減輕損失的程度。損失控制是一種積極的風險控制手段，它可以克服風險迴避的種種局限性。

損失控制措施依目的不同可以分為損失預防和損失抑制兩類。前者以降低損失概率為目的，后者以縮小損失程度為目的，如興修水利、建造防護林、房屋裝設避雷針都是損失預防措施，而安裝自動噴淋設備以抑制火災事故則為損失抑制措施。

損失控制還涉及一個現時成本與潛在損失比較的問題：若潛在損失遠大於採取損失控制所支出的成本，就應採用損失控制措施。以興修堤壩為例，雖然施工成本很高，但與洪水泛濫造成的巨大災害相比，就顯得微不足道。因此，制定損失控制措施必須以定量風險評價的結果為依據，而風險評價時特別要注意間接損失和隱蔽損失，這樣才能確保損失控制措施具有針對性，取得預期的控制效果。

(二) 風險損失的財務處理方法

風險損失的財務處理方法主要包括自留風險和轉移風險兩大類。

1. 自留風險

自留風險又稱自保，是指對風險的自我承擔，即企業或單位自我承受風險損害后果的方法。自留風險有非理性自留和理性自留之分。「非理性」自留風險是指對損失發生存在僥幸心理或對潛在的損失程度估計不足從而暴露於風險中；「理性」自留風險是指經正確分析，認為潛在損失在可承受範圍之內，而且自己承擔全部或部分風險比採取其他處理方式要經濟合算。

人們選擇自留風險作為風險管理的措施最主要是基於兩個原因：一是該風險不可投保，比如說一些巨災損失，如地震，洪水等等。在這種情況下，企業採取風險自留的管理措施往往是出於無奈。二是對於某些風險的管理，自留風險成本更低，較之投保更為有利。

自留風險一般適用於對付發生概率小且損失程度低的風險。自留風險的成本低，方便有效，可減少潛在損失，節省費用。但自留風險有時會受本單位技術水平、管理能力的影響，形成更高的管理費用，或因對風險危害估計不足，而造成超出自身補償能力的巨大風險損失。因此，選擇使用自留風險方法，必須注意與損失控制和保險等方法配合使用，以揚長避短。

2. 轉移風險

轉移風險是指通過某種安排，把自己面臨的風險全部或部分轉移給另一方。通過轉移風險而得到保障，是應用範圍最廣、最有效的風險管理手段。

一般說來，風險轉移的方式可以分為非保險轉移和保險轉移。非保險轉移是指通過訂立經濟合同，將風險以及與風險有關的財務結果轉移給別人，如租賃、互助保證、基金制度，等等；或人們利用合同的方式，將可能發生的、不定事件的任何損失責任，從合同一方當事人轉移給另一方，如銷售、建築、運輸合同和其他類似合同的免責規定和賠償條款等。保險轉移是指通過訂立保險合同，將風險轉移給保險公司（保險人）。個體在面臨風險的時候，可以向保險人交納一定的保險費，將風險轉移。一旦預期風險發生並且造成了損失，則保險人必須在合同規定的責任範圍之內進行經濟賠償。由於保險存在著許多優點，所以通過保險來轉移風險是最常見的風險管理方式。需要指出的是，並不是所有的風險都能夠通過保險來轉移。因此，可保風險必須符合一定的條件。

企業或個人在選擇風險管理的方法時，要根據風險的狀況而定，如表 1－1 所示：

表 1－1　　　　　　　　　　風險管理方法的選擇

損失概率	損失程度	風險管理方法
低	小	自留風險
高	小	損失控制
低	大	保險
高	大	風險迴避

第三節　可保風險

一、風險、風險管理與保險的關係

風險管理和保險有著密不可分的關係，兩者共同影響，構成人類處置風險的有力手段。

(一) 風險是保險和風險管理存在的基礎和共同的對象

如前所述，風險總是客觀存在和普遍存在的。風險的存在，會造成人員傷亡、生產力的破壞、社會財富的損失和經濟價值的減少。個體或企業總是在尋求應對風險的方法，於是出現各種類型的風險管理方法，保險則是風險管理的有效措施之一。因此，風險是保險及風險管理產生和存在的前提。無風險就無保險，風險的發展是保險發展的客觀依據，也是新險種產生的基礎。隨著社會的進步和科技水平的提高，在給人們帶來新的更多的財富的同時，也給人們帶來了新的風險和損失，與此相適應，也不斷產生新的險種。

(二) 保險是風險管理的基礎

風險管理源於保險。從風險管理的歷史看，最早形成系統理論並在實踐中廣泛應用的風險管理手段就是保險。在風險管理理論形成以前的相當長的時間裡，人們主要通過保險的方法來管理企業和個人的風險。從 20 世紀 30 年代初期風險管理在美國興起，到 20 世紀 80 年代形成全球範圍的國際性風險管理運動，保險一直是風險管理的主要工具，並越來越顯示出其重要地位。

保險為風險管理提供了豐富的經驗和科學資料。由於保險起步早，業務範圍廣泛，經過長期的經營活動，累積了豐富的識別風險、預測與估價風險和防災防損的經驗和技術資料，掌握了許多風險發生的規律，制定了大量的預防和控制風險的行之有效的措施。所有這些都為風險管理理論和實踐的發展奠定了基礎。

(三) 風險管理的發展影響保險的經濟效益

風險管理是保險的經濟效益的源泉。保險公司是專門經營風險的企業，同樣需要進行風險管理。一個卓越的保險公司並不是通過提高保險費率、惜賠等方法來增加利潤的。它是通過承保大量的同質風險，通過自身防災防損等管理活動，力求降低賠付率，從而獲得預期的利潤的。作為經營風險的企業，擁有並運用風險管理技術為被保險人提供高水平的風險管理服務，是除展業、理賠、資金運用等環節之外最為重要的一環。

而且，風險管理的方法有多種，保險只是其中之一。保險只是對特定風險，即可保風險的風險管理，它具有相當大的局限性。隨著其他風險管理技術的不斷提高和被人們廣泛採用，保險的經營效益勢必會得到提高。

二、可保風險及其判定條件

可保風險是指保險市場可以接受的風險，或者說可以向保險公司轉嫁的風險。一般而言，可保風險應具備以下條件：

（1）可保風險必須是純粹風險。保險市場可接受的風險只能是僅有損失機會而無獲利可能的風險，即純粹風險。諸如股票、期貨等金融商品的交易活動，雖然有虧損的風險，但也有獲利的可能，屬於投機風險。如果保險公司承保了此類風險，那麼投保人就是在保證無損失的情況下去追逐風險帶來的收益。這會使保險公司的風險損失具有很大的必然性，違背可保風險偶然性原則和保險損失補償原則。

（2）風險必須是大量、同質的，風險損失是可測的。保險的職能在於轉移風險、分攤損失和提供經濟補償。所以，任何一種保險險種，必然要求存在大量保險標的。這樣，一方面可累積足夠的保險基金，使受險單位能獲得十足的保障；另一方面根據「大數法則」，可使風險發生次數及損失值在預期值周圍能有一個較小的波動範圍。換句話說，大量的同質保險標的會保證風險發生的次數及損失值以較高的概率集中在一個較小的波動幅度內。顯然，距預測值的偏差越小，就越有利於保險公司的穩定經營。這裡所指的「同質」，就是指保險標的的風險損失具有相同的概率分佈、相同的損失概率和平均損失的相同離散。在保險經營中，保險人必須制定出準確的保險費率，而保險費率的計算依據是風險發生的概率及其所致保險標的的損失概率。這就要求風險具有可測性。如果風險發生及其所致的損失無法測定，保險人就無法制定可靠穩定的保險費率，也難於科學經營，這將使保險人面臨很大的經營風險。因此，如果風險缺乏現實可測性，一般不能成為可保風險。

（3）風險損失必須是偶然的、意外的。所謂「意外」，在這裡有兩層意思，一是指風險的發生超出了投保人的控制範圍，且與投保人的任何行為無關；二是說風險損失不能是意料中必須發生或有很高概率發生的。如果由於投保人的故意行為而造成的損失也能獲得賠償，將會引起道德風險因素的大量增加，違背了保險的初衷。而如果損失發生是必然的或者概率很大，就意味著保費相應很高，而過高的保費使投保人無法承受，保險也就失去了轉移風險的意義。此外，要求損失發生具有偶然性（或稱為隨機性）也是「大數法則」得以應用的前提。

（4）風險損失的發生要有重大性和分散性。首先，可保風險應該是風險發生後有導致重大損失的可能性，這種損失是被保險人無法或不願承擔的。如果損失很輕微，則受損的單位或個人沒有參加保險的必要。此外，保險費不僅包含損失成本，而且包括保險人經營的費用成本。因而對被保險人來講，將輕微的損失通過保險轉嫁給保險人在經濟上是非常不合算的。其次，可保風險必須具有分散性。因為保險的目的是以多數人支付的小額保費賠付少數人遭遇的大額損失。如果大多數保險標的同時遭受重大損失，則保險人通過向投保人收取保險費所建立起的保險資金根本無法抵消損失。如戰爭、地震、洪水等巨災風險，發生的概率極小。然而一旦發生，保險標的到時勢必同時受損，保險分攤損失的職能也隨之喪失。這類風險一般被列為不可保風險。

（5）風險損失可以用貨幣衡量。保險並不能阻止風險的發生，它只是一種經濟補

償行為，在被保險人發生風險事故受到財產損失或人身傷亡時可以及時獲得相應的經濟補償。而經濟補償的形式只可能是貨幣形式。如果風險導致的損失不用貨幣計量，保險就無法補償，這樣的風險也就不能成為可保風險。

復習思考題

1. 什麼是風險？風險有哪些分類？
2. 舉例說明風險因素、風險事故和風險損失與風險之間的關係。
3. 什麼叫風險管理？風險管理的方法有哪些？
4. 舉例說明，依據損失頻率與損失程度之間的關係如何選擇風險管理方式。
5. 什麼是可保風險？可保風險應具備哪些條件？
6. 一位心臟病患者投保了意外傷害險，某日被突如其來的汽車緊急煞車驚嚇而亡。試用風險構成要素的理論分析該投保人能否獲得保險賠償。

第二章　保險概述

本章學習目的
　　理解保險的性質與概念
　　區分保險、賭博、儲蓄、保證、慈善
　　理解保險的功能與作用
　　理解保險的分類
　　瞭解保險的起源與發展

第一節　保險的性質

一、保險性質說

　　保險學術界對保險性質的研究結論，因各自的研究角度不同而形成了保險理論研究的多元化。目前縱觀各家學說，大致分為損失說、二元說和非損失說三大流派。

（一）損失說

　　損失說是以處理損失作為保險核心內容的一種學說，可分為損失賠償說、損失分擔說、風險轉嫁說、人格保險說四種分支學說。

　　（1）損失賠償說。其代表人物是英國學者馬歇爾（S. Marshall）和德國學者馬修斯（E. A. Masius）。該學說認為保險是一種損失賠償合同。按此理論，當被保險人財產發生損失時，便可獲得合同約定的賠償金額。該學說排除了人身保險。它是以海上保險為淵源的。

　　（2）損失分擔說。其代表人物是德國學者瓦格納（A. Wagner）。該學說強調的是在損失賠償中，多數人互相合作、共同分攤損失，並以此來解釋各種保險現象。該學說著眼於事後損失處理。

　　（3）風險轉嫁說。其代表人物是美國學者魏萊特（A. H. Willett）和休伯納（S. S. Huebner）。該學說是從風險處理的角度來闡述保險性質的，認為保險是一種風險轉嫁機制，保險賠償是通過眾多的被保險人將風險轉嫁給保險人來實現的。該學說的特點是把被保險人的風險轉移視為保險的性質。

(二)二元說

二元說是把壽險和非壽險區別開來分別規定各自含義的學說。該學說主要有否定說和擇一說兩種。

1. 否定說

該學說以德國的埃斯特（L. Elster）和科恩（G. Cohn）為代表，他們認為人身保險不體現保險的性質，它是和保險不相同的另外一種合同。埃斯特認為：「在人身保險中完全沒有損失賠償的性質，從國民經濟來看，人身保險不過是儲蓄而已。」科恩則認為：「因為在人身保險中，損失賠償的性質極少，它不是真正的保險而是混合性質的保險。」

該學說以人壽保險中的儲蓄成分來否定人身保險的保險性質，實際上人壽保險是保險與儲蓄的結合，即通常所說的「儲蓄性保險」。單就這一點來看，科恩的觀點是正確的，儘管他否定了人身保險是真正的保險，但承認了人身保險中的保險成分。

2. 擇一說

該學說以德國的愛倫伯格（N. Ehrenberg）和英國的巴貝基（Babbage）為代表，該學說將財產保險與人身保險分別定義：財產保險合同是以損失賠償作為目的的合同；人身保險合同是以給付一定金額為目的的合同。保險應當把 Insurance 和 Assurance 區分開來。Insurance 是指任何不確定事件可能發生和造成損失的合同；Assurance 則是指必然發生或造成損害的壽險合同，兩者只能擇其一，因此稱為擇一說。

擇一說對各國保險合同法有廣泛的影響，《中華人民共和國保險法》（以下簡稱《保險法》）中的合同部分也是對財產保險合同和人身保險合同分別加以定義的。

凡是「二元說」論者都只是強調了保險的種概念（種概念＝屬概念＋種差），而不是在對保險這一屬概念下定義。財產保險和人身保險相對於保險來說都是種概念，當然在內涵上有所差異。保險作為獨立的經濟範疇應該有一個統一的概念，「二元說」的觀點是不能接受的。

綜上所述，各種學說都是對某一個側面定義。相對而言，損失說比較流行。英國的《不列顛百科全書》第 15 版修改后的保險定義為：「保險是處理風險的一種方法。一方面保險人向被保險人收取費用；另一方面，一旦被保險人在規定期限內發生某種意外事故而蒙受損失，保險人得按契約予以經濟賠償或提供勞務。」按此定義，保險應具有以下幾個因素：保險的本質是一種經濟制度；保險的目標是處理風險；保險的機能是賠償損失；保險計算的基礎是合理負擔。

(三) 非損失說

非損失說是不以處理損失作為保險核心內容的學說，可分為技術說、慾望滿足說、共同財產準備說、相互金融說四種主要分支學說。

(1) 技術說。該學說的代表人物為義大利學者韋宛特（C. Vivante）。該學說強調保險的計算基礎，特別是保險在技術方面的特性。其理論依據是：保險基金的建立和保險費收取的標準，是通過計算損失的概率來確定的。認為保險是將處於同等可能發生機會的同類風險下的多數個人或單位集中起來，測出事故發生的概率，根據概率計

算保險費率，當偶然事件發生時，支付一定的保險金額。

(2) 慾望滿足說。慾望滿足說又稱需要說，其代表人物為義大利學者戈彼（Gobbi）、德國學者馬納斯（Manes）。該學說的核心是以保險能夠滿足經濟需要和金錢慾望來解釋保險的性質，認為投保人繳付少量保費，而在發生災害事故後獲得部分或全部的損失補償。由於保費繳付與賠償金額嚴重不等，由此可以滿足人們的經濟需要和金錢慾望。

(3) 相互金融說。其代表人物是日本的米谷隆三和酒井正三郎。該學說認為保險只不過是一種互助合作基礎上的金融機構，與銀行和信用社一樣，都起著融通資金的功能。但是，第一，保險公司是經濟法人，而保險是經濟範疇，把兩者等同起來是錯誤的；第二，保險行為中的保險費支出和保險金的賠付均不含有金融的特徵。所以，保險與金融應為兩個不同的概念。

(4) 共同準備財產說。該學說認為：保險是為了保障社會經濟生活的穩定，將多數經濟單位集合起來根據大數法則所建立的共同準備財產的制度。日本學者小島昌太郎就主張這個觀點。但是，此說不能解釋無需建立保險基金條件下的合作保險形態。

二、保險的要素

保險作為一種經濟損失補償方式，其基本要素有：

第一，特定風險事故的存在。保險之所以產生並不斷發展和完善，就在於具有補償風險事故所造成損失的功能，沒有風險，保險也就失去了存在的意義。風險是保險存在的前提條件，但並非任何風險都可以保險，只有對特定的風險事故，保險人才承保。

第二，多數經濟單位的結合。保險是通過集合危險實現其補償功能的，即由多數人參加保險，分擔少數人的損失，故保險以多數經濟單位的結合為必要條件。所謂「多數」的含義，一般沒有具體規定，但必須以收支平衡為最低保險基金，應與支出的保險金總額保持平衡。參加保險的經濟單位越多，保險基金越雄厚，賠償損失的能力越強，每個單位的分攤金也相應減少。多數經濟單位的結合，一般有兩種方式：一是直接結合，即在一定範圍內，處在同類危險中的多數經濟單位，為一致的利益組成保險結合體；二是間接結合，即由第三者充當保險經營主體，使處在同類危險中的多數經濟單位，通過繳納保險費的方式，由保險經營主體促成其結合。

第三，費率的合理計算。保險不僅是一種經濟保障活動，而且也是一種商品交換行為。保險的費率即保險的價格如何制定，是不以人們主觀意志為轉移的，如果費率制定過高，就會增加被保險人的負擔，從而失去保險的保障意義；如果費率制定過低，又無法對被保險人的損失提供可靠的足額補償，同樣會失去保險保障的意義。因此，保險的費率必須進行合理計算。就一般商品而言，其價格制定要依據「成本＋平均利潤」的原則，保險價格同樣要依據這一原則來制定，但由於保險具有自身的核算特點，所以保險的價格制定還要依據概率論、大數法則的原理進行科學計算。

第四，保險基金的建立。保險基金是通過商業保險形式建立起來的后備基金，它是僅用於補償或給付由自然災害、意外事故和人生自然規律所致的經濟損失以及人身

損害的專項貨幣基金。保險基金主要來源於開業資金和保險費。就財產保險的保險準備金而言，它表現為未到期責任準備金、賠款準備金、總準備金和其他準備金幾種形式；就人壽保險準備金而言，它主要以未到期責任準備金形式存在。保險基金具有其來源的分散性和廣泛性，其基金具有退還性、專項性、增值性，賠付責任具有長期性等特點。可見，無保險基金的建立，也就無保險的補償和給付，也就無保險可言。

三、保險的概念

按照《保險法》第 2 條的規定，保險是指投保人根據合同約定，向保險人支付保險費，保險人對於合同約定的可能發生的事故因其發生所造成的財產損失承擔賠償保險金責任，或者當被保險人死亡、傷殘、疾病或者達到合同約定的年齡、期限等條件時承擔給付保險金責任的商業保險行為。

這個定義包括以下幾層含義：一是商業保險行為；二是合同行為，保險雙方當事人建立的保險關係通過訂立保險合同進行；三是權利義務行為，保險雙方當事人分別承擔相應的民事義務，投保人有向保險人繳納保險費的義務，保險人則在保險事故發生時有向被保險人或受益人承擔損失補償或保險金給付的義務，一方的義務也就是另一方的權利，一方義務的不履行就意味著其相應權利的不享有；四是經濟補償或保險金給付以合同約定的保險事故發生為條件。

《保險法》中的定義並非嚴格意義上的語言學定義。本書參考了各流派意見，根據保險的自然屬性，把保險定義為：保險是集合具有同類風險的眾多單位和個人，以合理計算分擔金的形式，實現對少數成員因該風險事故所致損失的經濟賠償或給付行為。

四、保險的特徵

保險的特徵就其基本特徵與比較特徵而言，前者是一般特徵；后者是與某特定行為比較來闡述其特徵。保險的基本特徵主要有：經濟性、互助性、契約性、科學性；比較特徵包括通過保險與賭博、儲蓄、救濟、保證、自保的對比來闡述保險的特徵。

（一）保險與賭博

保險與賭博二者同屬於由偶然事件所引起的經濟行為，並且在給付與反給付的總量都是相等的。但兩者存在著本質上的區別：①目的不同。保險的目的是互助共濟、求得經濟生活的安定；賭博的目的是詐欺坑騙、圖謀暴利。②手段不同。保險的手段是利己利人，以分散風險為原則，以轉移風險為動機，以大數法則為計算風險損失的科學依據；賭博是損人利己、冒險獲利，完全以偶然性為前提。③結果不同。保險的結果變偶然事件為必然事件，變風險為安全，是風險的轉移或減少；賭博的結果變確定為偶然，變安全為風險，是風險的創造與增加。④對標的的要求不同。投保人對保險標的必須具有保險利益；而賭博則不然。⑤風險性質不同。保險的風險一般為純粹風險；賭博的風險是投機風險。

（二）保險與儲蓄

保險與儲蓄都是為將來的經濟需要進行的資金累積的一種形式，但二者存在區別：

①支付的條件不同。保險的賠付是不確定的，無論已經繳付了多少保費也無論交付時間的長短，只有保險事故發生時，被保險人才能領取保險金；儲蓄支付是確定的，存款人可獲得本金，並且隨著時間的推移領取利息。②計算技術要求不同。保險是集合多數經濟單位所交的保險費以備將來賠付用，其目的在於風險的共同分擔，且以嚴格的數理計算為基礎；儲蓄則以自己積聚的金額及其利息，負擔將來的所需，不需要特殊的計算技術。③財產準備的性質不同。保險是多數經濟單位所形成的共同準備財產，由保險人統一運用，只能用於預定的損失補償或保險金給付，不得任意使用，被保險人一般無權干涉；儲蓄則是單獨形成的準備財產，其所有權歸存款人，存款人可以任意提取使用。④行為性質不同，保險為互助共濟的行為，是自力與他力的結合；儲蓄則是個人的行為，無求於他人。

(三) 保險與保證

保證種類甚多，最普通的保證是對買賣及債務的保證。它們與保險都是為對將來偶然事件所致損失的補償。但仍有下列區別：①保險是多數經濟單位的集合組織；保證僅為個人間法律關係的約束。②保險以其行為本身的預想為目的，並不附屬於他人的行為而生效；保證則附屬於他人的行為而發生效力。因而，保險合同為獨立合同，而保證合同為從屬合同。③保險合同成立后，投保人必須交付保險費，保險人於保險事故發生時賠付保險金；保證合同成立后，在特定風險事故發生時，就買賣保證而言，僅賣方負一定的義務，並無對價關係；就債務保證而言，僅保證人負責代償債務的給付，債權人不作任何對等的給付。④保險基於合理的計算，有共同準備財產的形成；保證並無任何精確的計算，僅出於當事人當時心理上或主觀上的確信，或有特別的準備財產，但僅為當事人的個人行為。

(四) 保險和慈善

保險和慈善均為對經濟生活不安定的一種補救行為。其目標均為努力使社會生活正常和穩定。二者的區別在於：①保險實行的是有償的經濟保障；慈善實行的是無償的經濟幫助。前者有償；后者無償。②保險當事人地位的確定基於雙方一定的權利義務關係；慈善的授受雙方無對等義務可言，並非一定的權利義務關係。③保險機構是具有互助合作性質的經濟實體；慈善機構則完全是依靠社會資助的事業機構。④保險行為受保險合同的約束；慈善事業是根據社會救濟政策履行職責。⑤保險共同準備財產的形成基於數學計算為基礎；慈善則大多為無準備財產，即使有準備財產，也是出資人的自願行為。

第二節　保險的功能與作用

一、保險功能說

保險的功能是由保險的性質決定的。中國保險界對保險的功能持有不同的認識。

(一) 單一功能論

該學說主張保險只有經濟補償的唯一功能，認為經濟補償是建立保險基金的根本目的，也是保險形式產生和形成的原因。其缺點在於不能完整地說明保險運行機制的全過程。

(二) 基本功能論

該學說堅持保險具有分散風險功能和經濟補償功能，兩個功能相輔相成。「基本功能論」準確表述了保險機制運行過程中目的和手段的統一，完整表現了保險的性質，在中國保險理論界得到比較普遍的認可。但保險除了兩大基本功能外，是否還存在其他派生功能呢？

(三) 二元功能論

該學說認為保險具有經濟補償功能和保險金給付功能。前者是在發生保險事故造成損失根據保險合同按所保標的的實際損失數額給予賠償，這是財產保險的基本功能；後者是在保險事故發生時保險雙方當事人根據保險合同約定的保險金額進行給付，這是人身保險的功能。

「二元說」比較傳統，常見於中國的各類保險教科書中。這一觀點主要是在保險二元性質說的影響下產生的。本章第一節明確指出，保險作為獨立的經濟範疇應該有一個統一的概念。因此「二元功能論」同樣是不能接受的。

(四) 多元功能論

該學說認為保險不僅具有分散風險和經濟補償兩個基本功能，還應包括給付保險金、累積資金、融通資金、防災防損、社會管理等功能，或者其中的若干個。多元功能論者的表述並不一致。

「多元功能論」支持者一般都持發展的觀點，認為隨著市場經濟的發展，保險的功能也應該有所發展，這種動態觀無可非議。但是，多元功能論往往把一些屬於保險公司的功能（諸如融通資金、防災防損等）歸屬於保險的功能，這就混淆了保險經濟範疇與保險公司經濟組織的概念。此外，對於保險是否具有「社會管理」的功能，看法也不一致。

那麼，應該如何認識並科學概括保險的功能呢？本書認為，隨著保險分配關係內涵的不斷豐富，保險的功能也必然隨之豐富和發展起來。低級形態的保險只有分散風險與經濟補償兩個基本功能，而現代保險還有積蓄基金和監督風險的兩大派生功能。

二、保險的基本功能

（一）分散風險功能

為了確保經濟生活的安定、分散風險，保險把集中在某一單位或個人身上的因偶發的災害事故或人身事件所致的經濟損失，通過直接攤派或收取保險費的辦法平均分攤給所有被保險人，這就是保險的分散風險功能。通過該功能的作用，風險不僅在空間上達到充分分散，在時間上亦可達到充分分散。

（二）經濟補償功能

保險把集中起來的保險費用於補償被保險人合同約定的保險事故或人身事件所致損失，保險所具有的這種補償能力就是保險的經濟補償功能。

分散風險和經濟補償是手段和目的的統一，是保險本質特徵的最基本反應，最能表現和說明保險分配關係的內涵。因此，它們是保險的兩個基本功能。

三、保險的派生功能

保險的派生功能是在保險固有的基本功能基礎上發展起來的，歸根到底，是伴隨著保險分配關係的發展而產生的。

（一）積蓄基金功能

現代保險運用概率論的方法計算保險費率要求有足夠的空間容量和時間跨度。因此，保險分散危險就包含了兩層意思：空間上分散和時間上分散。從時間上分散來看，分攤經濟損失就帶有預提分攤金的因素，否則，不能滿足時間上分散的要求。預提而尚未賠償或給付出去的分攤金則必然形成積蓄。保險這種以保險費的形式預提分攤金並把它積蓄下來，實現時間上分散危險的功能，就是保險的積蓄保險基金功能。當然，不實行預收保險費的合作保險形態，因不具備時間上分散危險損失機制，因而也就不具有該項功能。

從概念內涵上可以看出積蓄保險基金是為了達到時間上分散危險的目的，可見，該功能是由保險的基本功能之中的分散危險功能派生出來的。

（二）監督風險功能

該功能也是保險分配關係提出的要求。分散風險的經濟性質表現為保險費的分擔，而參加保險者必然要求盡可能減輕保費負擔而獲得同樣的保險保障。因此，他們之間必然要發生相互間的危險監督，以期盡量消除導致危險發生的不利因素，達到減少損失和減輕負擔的目的。保險的這種功能，就是監督危險功能。

監督危險是為了減少損失補償，所以該功能是保險基本功能之中的經濟補償功能的派生，也是使保險分配關係處於良性循環的客觀要求。

四、保險的作用

(一) 保險的宏觀作用

保險的宏觀作用是保險對全社會和整個國民經濟總體所產生的經濟效應。其作用為：

(1) 有利於國民經濟的持續穩定發展。由於保險具有經濟補償和給付保險金的功能，任何單位只要繳付了保險費，則一旦發生保險事故，便可立即得到保險的經濟補償，消除因自然災害和意外事故造成經濟損失引起的企業生產經營中斷的可能，從而保證國民經濟持續穩定朝著既定的目標發展。

(2) 有利於科學技術的推廣應用。任何一項科學技術的產生和應用，既可能帶來巨大的物質財富，也可能遇到各種風險事故而造成經濟損失。尤其是現代高科技的產生和應用，既克服了傳統生產技術上的許多缺點和風險，也會產生一些新的危險；損失頻率雖然可能大幅度下降，但損失一旦發生，其損失幅度巨大，遠非發明者所能承受，有了保險保障，則為科學技術推廣應用在遭受風險事故時提供了經濟保證，加快了新技術的開發利用。如現代衛星技術的應用，如果沒有衛星保險，衛星製造商和發射商之間，都將受到很大的限制。

(3) 有利於社會的安定。保險人是專業的風險管理部門，在被保險人由於風險事故遭受財產損失和人身傷亡時履行經濟補償或保險金給付功能。而就總體來說，災害事故的發生是必然的，造成財產損失和人員傷亡也是一定的。只要在保險責任範圍內，保險人通過履行經濟補償和保險金給付的功能使被保險人在最短的時間內恢復生產和經營，從而解除人們在經濟上的各種后顧之憂，保障了人們的正常的經濟生活，穩定了社會。

(4) 有利於對外貿易和國際交往，促進國際收支平衡。保險是對外貿易和國際經濟交往中不可缺少的環節。在當今國際貿易和經濟交往中，有無保險直接影響到一個國家的形象和信譽。保險不僅可促進對外經濟貿易、增加資本輸出或引進外資，使國際經濟交往得到保障，而且可帶來巨額無形貿易淨收入，成為國家累積外匯資金的重要來源。

(二) 保險的微觀作用

商業保險在微觀經濟中的作用是指保險作為經濟單位或個人風險管理的財務處理手段所產生的經濟效應。從一般意義上說表現在以下幾方面：

(1) 有利於企業及時恢復經營、穩定收入。無論何種性質的企業，在經營中都可能遭受自然災害和意外事故的損害，造成經濟損失，重大的損失甚至會影響企業的正常生產和經營。保險作為分散風險的仲介，每個經濟單位可通過向保險人交付保險費的方式轉嫁風險，一旦在其遭受保險責任範圍內的損失時，便可及時得到保險人相應的經濟補償，從而及時購買受損的生產資料，保證企業經營連續不斷地進行；同時也減少了利潤損失等間接損失。

(2) 有利於企業加強經濟核算。每家企業都面臨風險事故造成損失的可能，一旦發生這些災害事故，必然影響企業經濟核算，甚至使經營活動中斷。通過參加保險的

方式，將企業難以預測的巨災和巨額損失，化為固定的、少量的保險費支出，並列入營業費用。這樣，便可平均分攤損失成本、保證經營穩定、加強經濟核算，從而準確反應企業經營成果。

（3）有利於促進企業加強風險管理。保險公司作為經營風險的特殊企業，在其經營中累積了豐富的風險管理經驗，為其提供風險管理的諮詢和技術服務創造了有利條件。保險公司促進企業加強風險管理主要體現在保險經營活動中，包括：通過合同方式訂明雙方當事人對防災防損負有的責任，促使被保險人加強風險管理；指導企業防災防損；通過費率差異，促進企業減少風險事故；從保險費收入中提取一定的防災基金，促進全社會風險管理工作的開展。

（4）有利於安定人們的生活。這主要體現在兩方面：一方面通過與人們生活密切相關的險種來穩定人們生活：通過家庭財產保險保障人們家庭財產安全；通過人身保險保障，解決人們因生、老、病、死、傷、殘等人身風險造成的經濟困難；通過責任保險保障因民事損害造成依法對受害者應負賠償責任。另一方面通過一般財產保險和信用保險，保障生產經營的正常進行。保險人通過各種保險對被保險人遭受財產風險或人身風險時提供賠償或給付保險金，來穩定經營、安定人們生活。

（5）有利於民事賠償責任的履行。人們在日常生產活動和社會活動中不可能完全排除民事侵權或其他侵權而發生民事賠償責任或民事索賠事件的可能性。具有民事賠償責任風險的單位或個人可以通過繳付保險費的辦法將此風險轉嫁給保險公司，使被侵權人的合法權益得到保障並順利獲得在保險金額內的民事賠償。有些民事賠償責任由政府採取立法的形式強制實施，比如雇主責任險、機動車第三者責任險等。

小結：保險在宏觀和微觀經濟活動中的作用有二：一是發揮社會穩定器作用，保障社會經濟的安定；二是發揮社會助動器的作用，為資本投資、生產和流通保駕護航。

第三節　保險的分類

一、按保險實施的方式不同，分為自願保險和強制保險

自願保險是指投保人和保險人在平等自願的基礎上，通過訂立保險合同或自願組合而建立起保險關係的保險。如商業保險、相互保險和合作保險等。在自願保險中，投保人自主決定是否參加保險，自由選擇保險人、保險險種、保險金額和保險期限等，也可以中途退保；保險人也可以決定是否承保，承保多大金額等。

強制保險是指根據法律、法令或行政命令，投保人和保險人之間強制建立起保險關係的保險。強制保險主要是為了保護公眾利益和維護社會安定。例如有些國家法律規定雇主必須為其雇員投保人身意外傷害險，又如職工養老保險、基本醫療保險、失業保險等強制保險，都是為了維護社會安定和保障公民福利。

二者的區別主要有：①範圍和約束力不同，法定保險具有強制性和全面性，凡在法令規定範圍內的保險對象，不論被保險人是否願意，都必須投保；自願保險的投保

人是否投保則完全由投保人自願決定。②保險費和保險金額的規定標準不同，法定保險的保險費和保險金額一般由國家規定的統一標準確定；自願保險的則由投保人自行選定。③責任產生的條件不同，法定保險的保險責任是自動產生的，凡屬法令規定範圍內的保險對象，不論其是否履行投保手續，其保險責任自動產生；自願保險的保險責任則在保險合同生效時才產生。④在支付保險費和賠款的時間上，法定保險都有一定的限制；自願保險僅僅在賠款方面有一定的限制。

二、按保險標的不同，分為財產保險和人身保險

財產保險是以財產及其有關利益為保險標的的一種保險。當保險財產遭受保險責任範圍內的損失時，由保險人提供經濟補償。財產分為有形財產與無形財產，如廠房、機械設備、運輸工具、產成品為有形財產；預期利益、權益、責任、信用為無形財產。前者屬於物質財產，后者屬於有關利益、責任和信用。人身保險是以人的壽命和身體為保險標的的保險。它是以人的壽命和身體為保險標的並以其生存、年老、傷殘、疾病、死亡等人身風險為保險事故的一種保險。

三、按保險性質不同，分為商業保險、社會保險和政策保險

商業保險是由商業性保險公司提供的，以權利和義務對等關係為基礎的，以盈利為目的的保險。商業保險首先是一種經濟行為，不論投保人還是保險人都從成本收益角度來考慮是否投保和承保；其次是一種合同行為，雙方在權利和義務對等關係基礎上自願建立保險關係。本書後續章節的研究對象即為商業保險。

社會保險是國家通過立法對社會勞動者暫時或永久喪失勞動能力或疾病、失業時，提供一定物質幫助以保障其基本生活的一種社會保障制度。社會保險一般是強制性的，凡符合法律規定條件的成員均要參加，在保險費繳納方面不遵循等價原則，而是有利於低收入者，並由政府、企業和個人共同承擔，提供的是最基本的生活保障。目前世界各國開辦的社會保險主要有養老保險、醫療保險、失業保險及工傷保險等。

政策保險是政府為實現某項政策目的，對於商業保險公司難以經營的某些險種予以一定的政府補貼而實施的保險。政策保險目前一般分為三類：一是為促進本國農業生產的發展而提供的農業保險；二是為促進本國對外貿易及對外投資的發展而開辦的出口信用保險和海外投資保險；三是為應付洪水、地震等巨災給國民帶來的災難而開辦的巨災保險。

四、按風險轉嫁方式不同，分為原保險、再保險、重複保險、共同保險

原保險是直接承保業務並與保險人簽訂保險合同，構成投保人與保險人權利義務關係的保險。它由投保人與保險人之間直接簽訂保險合同而形成的保險關係，即保險需求者將風險轉嫁給保險人。這種風險轉嫁方式是保險人對原始風險的縱向轉嫁，即第一次風險轉嫁。

再保險也稱分保，是指保險人在原保險合同的基礎上，通過簽訂合同，將其所承擔的部分風險和責任向其他保險人進行保險的行為。分出再保險業務的人稱為分出人；

接受分保業務的人稱為分入人。它是保險人將其承擔的保險業務以承保形式，部分或全部轉嫁給其他保險人的行為。

重複保險是投保人對同一保險標的、同一保險利益、同一保險事故同時分別向兩個以上保險人訂立保險合同，其保險金額之和超過保險價值的保險。中國《保險法》明確規定各保險人的賠償金額的總和不得超過保險價值，有些國家甚至不承認重複保險合同的法律效力。

共同保險是由兩個或兩個以上的保險人同時聯合直接承保同一保險標的、同一保險利益、同一保險事故而保險金額之和不超過保險價值的保險，也稱共保。在發生賠償責任時其賠償按照各保險人各自承保的金額比例分攤。這種風險轉嫁方式是保險人對原始風險的橫向轉嫁，仍屬於風險的第一次轉嫁。

五、按保障主體不同，分為團體保險和個人保險

團體保險是以集體名義使用一份總合同向其團體內成員所提供的保險，如機關、團體、企業等單位按集體投保方式，為其員工個人向保險人集體辦理投保手續所建立的保險關係。

個人保險是以個人名義向保險人投保的家庭財產保險和人身保險。

第四節　保險的起源與發展

一、近現代保險的起源與發展

(一) 海上保險的起源與發展

海上保險是最古老的一種保險，近代保險首先是從海上保險發展起來的。保險學界有關海上保險的起源有兩種觀點：一種觀點認為起源於公元前 2000 年出現於地中海沿岸的「共同海損分攤制度」；另一種觀點認為起源於公元前 800—公元前 700 年盛行於古希臘的「船貨抵押借款制度」。

1. 共同海損的分攤原則是海上保險的萌芽

早在公元前 2000 年，地中海一帶就有了廣泛的海上貿易活動。為使航海船舶免遭傾覆，最有效的解救方法就是拋棄船上貨物，以減輕船舶的載重量，而為使被拋棄的貨物能從其他收益方獲得補償，當時的航海商就提出一條共同遵循的分攤海上不測事故所致損失的原則：「一人為眾，眾人為一。」這一個原則后來為公元前 916 年的《羅地安海商法》採用：「為了全體利益，減輕船只載重而拋棄船上貨物，其損失由全體受益方來分攤。」這就是著名的「共同海損」基本原則。時至今日，共同海損分攤原則仍被各國海商法採用。可以說它是海上保險的萌芽。

2. 船貨抵押借款制度是海上保險的雛形

公元前 800—公元前 700 年間，船貨抵押借款制度在古希臘、古羅馬等地已相當盛行。船舶抵押借款契約，又稱冒險借貸，是指船主在出外航行急需用款時，把船舶和

船上的貨物作為抵押品向當地商人取得航海資金的借款。如果船舶安全歸來，船主歸還貸款，並支付較高的利率；如果船舶中途沉沒，債權即告結束，船主不必償還借款本息。這種借款方式實際上體現了海上保險的初級形式，放款人相當於保險人，借款人相當於被保險人，船舶或貨物相當於保險標的，高出普通利息的差額相當於保險費，如果船舶沉沒，借款就等於預付的賠款。由此可見，船貨抵押借款制度具有保險的一些基本特徵，因而被認為是海上保險的初級形式。

3. 義大利和英國海上保險的發展

在 14 世紀中期經濟繁榮的義大利北部出現了類似現代形式的海上保險，義大利的倫巴第商人因代替教會徵收和匯劃各地繳納的稅款而控制了歐洲大陸的金融樞紐，他們還從事海上貿易，並在 1250 年左右開始經營海上保險。目前世界上最古老的保險單就是一個名叫喬治·勒克維倫的熱那亞商人在 1347 年 10 月 23 日出立的一張承保從熱那亞到馬喬卡的航程保險單。當時的保險單同其他商業契約一樣，是由專業的撰狀人草擬的。13 世紀中期在熱那亞一帶就有 200 名這樣的撰狀人。據一位義大利律師調查，1393 年在熱那亞的一位撰狀人就草擬了 80 份保險單，可見當時義大利的海上保險已相當發達。第一家海上保險公司於 1424 年在熱那亞出現。

善於經商的倫巴第人後來移居到英國，繼續從事海上貿易，並把海上保險也帶進了英國，保險中心逐漸轉移到英國。1568 年 12 月 22 日經倫敦市長批准開設了第一家皇家交易所，為海上保險提供了交易場所。1575 年由英國女王特許在倫敦皇家交易所內設立保險商會，辦理保險單登記和制定標準保單和條款。1601 年伊麗莎白一世女王頒布了第一部有關海上保險的法律，規定在保險商會內設立人口仲裁法庭，解決日益增多的海上保險糾紛案件。在英國海上保險發展史上具有里程碑地位的是倫敦勞合社的建立和發展。倫敦勞合社是從勞埃德咖啡館演變來的，其演變史已成為英國海上保險發展的一個縮影。1871 年在英國成立的勞合社，是 1688 年愛德華·勞埃德先生在倫敦塔街附近開設的咖啡館演變發展而成的；1691 年勞埃德咖啡館從倫敦塔街遷至倫巴第街，不久成為船舶、貨物和海上保險交易中心。勞埃德咖啡館在 1696 年出版了每週三次的《勞埃德新聞》，著重報導海事航運消息，並登載了咖啡館內進行拍賣船舶的廣告。隨海上保險不斷發展，勞埃德承保人的隊伍日益壯大，影響不斷擴大。1774 年，勞合社遷至皇家交易所，但仍沿用勞合社的名稱，專門經營海上保險，成為英國海上保險交易中心。19 世紀初，勞合社海上保險承保額已占倫敦海上保險市場的 90%。1871 年，英國國會批准了「勞埃德法案」，使勞合社成了一個正式的團體，從而打破了倫敦保險公司和皇家交易所專營海上保險的格局。1906 年，英國國會通過的《海上保險法》規定了一個標準的保單格式和條款，它又被稱為勞合社船舶和貨物標準保單，被世界上許多國家公用和沿用。1911 年的法令取消了勞合社成員只能經營海上保險的限制，允許其成員經營一切保險業務。

(二) 火災保險的起源和發展

繼海上保險制度之後形成的是火災保險制度，火災保險是財產保險的前身。火災保險起源於德國。1591 年德國漢堡市的造酒業者成立了火災合作社，至 1676 年，由 46

個相互保險組織合併成立了火災合作社。其后，合併成第一家公營保險公司——漢堡火災保險局。

但真正意義上的火災保險是在倫敦大火之后發展起來的。1666年9月2日，倫敦城被大火整整燒了五天，倫敦城83.26%的建築物、13,000戶住宅被毀，財產損失1,200多萬英鎊，20多萬人流離失所，無家可歸。次年一個名叫尼古拉·巴蓬的牙科醫生獨資開辦了世界上第一家私營的火災保險所，並於1680年邀請3人增資設立火災保險合夥組織。巴蓬的火災保險公司根據房屋租金和結構計算保險費，並且規定木結構房屋的保險費率為年房租的5%，磚瓦結構房屋的費率為2.5%。這種差別費率被沿用至今，因而巴蓬被稱為「現代火災保險之父」。

(三) 人壽保險的起源與發展

人壽保險起源於歐洲中世紀的基爾特制度。起初行會對其成員的人身傷亡或喪失勞動能力給予補償，后來有些行會逐漸轉化為專門以相互保險為目的的「友愛社」，對保險責任和繳費有了比較明確的規定。這種相互保險組織形式對以后的人壽保險發展影響很大，美國最大的人壽保險公司——美國謹慎保險公司就是相互保險公司，其前身就是1873年建立的「孤寡老人友愛社」。到15世紀后期，奴隸販子把販運的奴隸作為貨物投保，后來船長和船員也可以保險。到16世紀，安特衛普的海上保險對乘客也進行了保險。

17世紀以后，人壽保險因《佟蒂法》的實施和「生命表」的編製而得以迅速發展。《佟蒂法》是17世紀中期法國在任宰相秘書洛倫·佟蒂提出的一種不償還本金募集國債的計劃。法王路易十四為了籌集戰爭經費於1689年採用了《佟蒂法》，要求每人繳納300法郎籌集到140萬法郎資金。《佟蒂法》是養老年金的一種起源，它規定在一定時期以后開始每年支付利息，把認購人按年齡分為14群，對年齡高的群多付利息，當認購人死亡，利息總額在該群生存者中平均分配，當該群認購人全部死亡后，就停止付息。由於這種辦法不償還本金並引起相互殘殺，后被禁止，但《佟蒂法》引起了人們對養老年金和生命統計研究的重視。

世界上第一張生命表是英國數學家和天文學家埃德蒙·哈雷於1693年編製的，他是根據德國布雷勞市1687—1691年間的市民按年齡分類的死亡統計資料編製而成的，為現代人壽保險奠定了數理基礎。1762年由英國人辛浦遜和道森發起的人壽及遺囑公平保險社首次將生命表用於計算人壽保險的費率，標誌著現代人壽保險的開始。

工業革命以后，機器的大量使用及各種交通工具的發明和推廣，使人身職業傷亡和意外傷害事故增多，這為廣泛開展人壽保險業務開闢了市場。加上人壽保險帶有儲蓄性質，年金能提供養老收入，準備金能用於投資，這就加速了人壽保險的發展。到了第二次世界大戰以后，人壽保險的覆蓋率進一步擴大，大多數家庭擁有人壽保險單，而且人壽保險種類繁多，並開始與金融市場的投資緊密結合。人壽保險公司已成為僅次於商業銀行的投資機構。

(四) 責任保險的起源與發展

責任保險是對無辜受害人的一種經濟保障。19世紀初法國《拿破崙法典》中的有

關責任賠償的規定為責任保險的產生提供了法律基礎。1855 年，英國鐵路乘客保險公司首次向鐵路部門提供鐵路承運人責任保障，開了責任保險的先河。1870 年，建築工程公眾責任保險問世；1875 年，馬車第三者責任保險開始出現；1880 年，出現雇主責任保險；1885 年，世界上第一張職業責任保單——藥劑師過失責任保險單由英國北方意外保險公司簽發；1895 年，汽車第三者責任險問世；1900 年責任保險擴大到產品責任，承保的是酒商因啤酒含砷而引起的民事賠償責任。進入 20 世紀，責任保險迅速興起和發展，大部分資本主義國家都把很多的公眾責任以法律規定形式強制投保。第二次世界大戰後，責任保險的種類越來越多，如產品責任保險以及各種職業過失責任保險層出不窮，這些在發達的資本主義國家已成為製造商和自由職業者不可缺少的保險。

（五）再保險的產生與發展

現代保險制度從海上保險開始，隨著海上保險的發展，產生了對再保險的需求，最早的海上再保險可追溯到 1370 年。當時，一家叫格斯特·克魯麗傑的保險人，承保自義大利那亞到荷蘭斯盧絲之間的航程，並將其中的一段經凱的斯至斯盧絲之間的航程責任轉讓給其他保險人，這是再保險的開始。17 世紀初，英國皇家保險交易所和勞合社開始經營再保險業務。1681 年，法國國王路易十六曾公布法令，規定「保險人可以將自己承保的保險業務向他人進行再保險」。荷蘭鹿特丹的保險公司於 1720 年將承保到西印度的海上保險向倫敦市場再保險，丹麥的皇家特許海上保險公司於 1726 年成立後從事再保險，德國 1731 年漢堡法令允許經營再保險業務，1737 年西班牙貝爾堡法律和 1750 年瑞典的保險法律都有類似的規定。隨著保險形式多樣化和保險公司之間的競爭加劇，逐漸出現了專業再保險公司，推動了再保險的發展。

（六）世界保險業發展的趨勢

縱觀現代保險事業的發展，大體上呈現以下趨勢：

1. 保險市場自由化

它是適應市場經濟發展、滿足投保人、被保險人的客觀要求而採取的必要政策。主要體現在以下幾個方面：

（1）放鬆費率管制，使費率成為市場行銷的一種策略。過高的保險費率必然損害被保險人的利益，使保險企業獲得不合理的利潤。適度地放寬費率管制，對於保險企業的競爭十分有利。除具有地域性的業務仍採用管制費率之外，凡是具有國際性的業務，其費率的厘定應盡可能自由化。

（2）保險服務自由化。由於民眾的保險意識提高，消費者對保險商品的需求在內容和形式上都有很大變化。保險企業為了滿足消費者的保險需求，必須開發新險種，為被保險人服務。這就要求放寬對保險商品的管制，準許保險企業開闢新的保險服務領域。包括開發新險種、開闢新的保險領域；混業經營，即財產保險公司可以經營人身保險業務，壽險公司可以經營財產保險業務，這是為了適應投保人的需要，也是為了降低營業費用的需要；同時銀行和保險業務相互融通。歐洲的 500 家銀行中有 46% 擁有自己專門從事保險業務的附屬機構，同時它們中大部分都比傳統的保險公司在成本上佔有優勢。

（3）放鬆保險公司設立的限制，這是為了增加市場主體，促進市場競爭的需要，也是為了適應國際經濟一體化的要求。

2. 保險業務國際化

一方面由於國際貿易的發展，為保險業務國際化創造了機會；另一方面，前已提及，隨著科學技術的發展，保險價值巨大的標的越來越多，如核電站、衛星、航天飛機等，這些保險標的都是國內保險業務難以承保的，必然在國際市場上尋求保險保障，這使得保險業的國際間合作將進一步加強。

3. 從業人員專業化

由於保險業是專業性和技術性較強的行業，為了市場競爭的需要，增加市場份額，除降低費率外，關鍵在於承保技術的創新和理賠技術的提高。因此，要求保險從業人員具有較高的專業水平，並經常進行專業培訓。尤其是高級管理人員有學歷和資歷的要求；對於保險公司高級管理人員和核保、理賠及財務人員要經常進行專業訓練；保險代理人和保險經紀人等從業人員要經過專業考試並取得資格證書和執業證書後才能開展業務。

4. 保險管理現代化

現代社會是信息社會，保險公司為了及時掌握市場信息，要求設備和管理人員的現代化，設備的電腦化、網路化。這既是為了提高承保水平的需要，也是防止保險詐欺的需要，還是保額巨型化的需要。其好處在於節約了大量的人工，加強了業務競爭能力，提高了科學管理水平。

5. 展業領域廣泛化

保險事業是伴隨著人類科學技術水平的提高而發展起來的「朝陽工業」。它蓬勃發展的趨勢表現在如下方面：保險服務領域不斷擴大；再保險業務領域不斷被拓展；利用投資方式擴大保險事業對國民經濟的影響。

6. 保險業務規模化

由於保險業務的巨型化，同時為了競爭的需要，在國際上保險業出現了一股購並浪潮。如2001年4月德國安聯保險集團公司宣布收購德國的第三大銀行德累斯頓銀行，合併後的公司將成為全球第四大金融集團。這種購並往往是強強聯合，究其原因在於：優勢互補，形成更大範圍的規模經營；降低經營成本，有效控制風險；提高新公司的實力和聲譽。

二、中國保險業的發展

由於中國長期以來商品經濟不發達，導致中國保險起步較晚。中國現代保險業的發展大致可以分為兩個階段。

（一）舊中國保險業

近代中國保險業是隨著帝國主義勢力的入侵而傳入的。1805年，英國保險商出於殖民目的向亞洲擴張，在廣州開設了第一家保險機構，成立「諫當保安行」或稱「廣州保險會社」，主要經營海上保險業務，1841年總公司遷往中國香港。1835年，其在

香港設立保安保險公司（即裕仁保險公司），並在廣州設立了分支機構。其後，英國的「太陽保險公司」和「巴勒保險公司」均在上海設立了分公司。到20世紀前，舊中國已形成了以上海為中心，以英商為主的外商保險公司壟斷中國保險市場的局面。

1865年5月25日，上海華商義和公司保險行成立，這是中國第一家民族保險企業，打破了外國保險公司對中國保險市場壟斷的局面，標誌著中國民族保險業的起步。1875年12月，李鴻章授意輪船招商局集資20萬銀銀兩在上海創辦了中國第一家規模較大的船舶保險公司——保險招商局，1876年在保險招商局開辦一年業務的基礎上，又集股本25萬兩設立了仁和保險公司。1885年保險招商局被改組為業務獨立的仁和保險公司和濟和保險公司，主要承辦招商局所有的輪船和貨物運輸保險業務；1887年合併為仁濟和保險公司，有股本白銀100萬兩，其業務範圍也從上海轉向內地，承辦各種水險及火災保險業務。1905年黎元洪等官僚資本自辦的「華安合群人壽保險公司」是中國第一家人壽保險公司。其後，中國民族保險業得到了一定的發展。從1865年到1911年，華商保險公司已有45家，其中上海37家，其他城市8家。1907年，上海有9家華商保險公司組成歷史上第一家中國人自己的保險同業公會組織——華商火險工會，用以抗衡洋商的「上海火險工會」。1912—1925年成立的保險公司有39家，其中經營壽險的19家。在此期間，民族保險的數量有了很大的增加，20世紀20~30年代，有30多家民資保險公司宣告成立，至1935年增至48家。據統計，到1949年5月，上海約有中外保險公司400家，其中華商保險公司126家。

隨著保險業務的發展，在保險法律方面，也得到了一定的發展。1929年12月30日國民黨政府公布了《保險法》，但由於種種原因未能實施。1935年5月10日國民黨政府公布了《簡易人壽保險法》，其後，1937年1月11日國民黨政府公布了修訂后的《保險法》《保險業法》《保險業法施行法》，除《簡易人壽保險法》外，其他法規均未得到實施。

1949年10月1日前，中國保險業的基本特徵是保險市場基本被外國保險公司壟斷，保險業起伏較大，未形成完整的市場體系和保險監管體系。外國保險公司通過組織洋商保險同業公會，壟斷了保險規章、條款以及費率等制定，民族資本的保險公司雖然也組織了華商同業公會，但由於力量弱小，只能處於被支配地位。

（二）新中國保險業

新中國成立以后，中國的保險業大致經歷了四個階段：

第一階段，1949—1958年，為整頓、創立和迅速發展時期。1949年10月1日以後，一方面整頓和改造舊中國的保險業及保險市場，接管了官僚資本的保險公司，並批准一部分私營保險公司復業；另一方面，1949年10月20日經中央人民政府批准成立了中國人民保險公司，截至1952年年底已在全國設立了1,300多個分支機構。這一時期，中國人民保險公司相繼開辦了團體和個人人壽保險、國家機關和國營企業財產強制保險、旅客意外傷害保險、貨物運輸保險和運輸工具保險等業務，並試辦了農村牲畜保險和棉花收穫保險，保險業務發展迅速。據統計，從1949—1958年的10年內，各種保險費收入總計16億元，共支付賠款3.8億元，上繳國庫5億元，累積保險資金4

億元，撥付防災費 2,300 萬元，結餘資金都存入銀行作為信貸資金使用。

第二階段，1959—1979 年，為國內保險業務全面停辦時期。這一時期由於「左」傾思想的干擾，認為人們的生老病死、企業的自然災害和意外事故所造成的損失應該由財政來承擔，這是社會主義制度優越性的體現，而商業保險是資本主義制度的產物，應該停辦。但考慮到對外貿易需要保險，所以在廣州、重慶、上海等大城市保留了涉外保險。1966 年「文化大革命」開始後，涉外保險業務幾乎停辦，從業人員一度減少到 9 人，史稱「九人治喪委員會」。

第三階段，1980—2002 年，為國內保險業務恢復和發展時期。這一時期，保險機構由 1 家發展到 2002 年年末內外資保險公司及代表處 60 家；保險費收入從 4.6 億多元發展到 2002 年年末的 3,053.1 億元；保險深度①從 1980 年的 0.1% 提高到 2002 年的 3%，保險密度②從 1980 年的 0.47 元提高到 2002 年的 237.6 元；從業人員從 2,000 人發展到近 30 萬人，這還不包括 130 多萬人的保險行銷員隊伍；保險險種從 30 多種發展到 800 多種；保險法規從無到有，1995 年 10 月 1 日頒布並實行《中華人民共和國保險法》（之後分佈於 2002 年、2009 年兩度修法），相繼頒布了《保險公司管理暫行條例》《保險代理人管理規定》《保險經紀人管理規定》《保險公估人管理規定》《保險機構高級管理人員任職資格管理暫行規定》等法規條例。

第四階段，2002 年以後，為國內保險市場全面開放時期。隨著中國加入 WTO，按照承諾，中國的保險市場在 3～5 年內全面開放，這對中國民族保險業來說既是機遇又是挑戰。經過努力，保險市場在極其困難的情況下保持了平穩發展的態勢。一是保險業務發展基本穩健。2011 年全國實現保費收入 1.43 萬億元，同比增長 10.4%。其中，財產險保費收入 4,617.9 億元，同比增長 18.5%。人身險保費收入 9,699.8 億元，同比增長 6.8%。保險公司總資產達到 5.9 萬億元。二是保險風險得到有效防範。償付能力不達標公司從年初的 7 家減少到 5 家，不達標公司的風險狀況逐步改善。三是治理市場秩序工作取得成效。虛假批退、虛掛應收初步遏制，虛假賠案逐步減少，銀行保險和電話銷售中的不規範現象有所好轉，意外險市場違規競爭問題得到較好控制。四是保險服務能力有所提升。2011 年保險賠款和給付 3,910.2 億元。農業保險、養老健康保險、責任保險和出口信用保險等領域的覆蓋面不斷擴大。

但中國保險業的發展仍然存在很多長期性問題：

第一，行業社會形象亟待改善。一直以來，保險業聲譽不佳、形象不好的問題比較突出，主要表現為「三個不認同」。一是消費者不認同。理賠難、銷售誤導、推銷擾民等損害保險消費者利益的問題反應強烈，且長期以來未能得到較好解決，導致消費者對行業不信任。二是從業人員不認同。保險業基層員工壓力大，收入低，社會地位低，感覺被人瞧不起，對自身發展沒有信心。三是社會不認同。行業總體上仍停留在

---

① 保險深度是保費收入佔國內生產總值（GDP）之比。它反應了一個國家的保險業在整個國民經濟中的地位。其計算公式為：保險深度＝保費收入/國內生產總值。

② 保險密度是指按全國人口計算的平均保費額。它反應一國國民受到保險保障的平均程度。其計算公式為：保險密度＝保費收入/人口總數。

爭搶業務規模和市場份額的低層次競爭水平，為了攬到業務不惜弄虛作假、違法違規，在社會上造成了非常不好的影響。這些問題正在不斷地侵蝕保險業發展的誠信基礎，嚴重損害保險行業形象，如果不及時採取有效措施加以解決，很可能會引發信任危機，制約行業的可持續發展。

第二，行業發展方式急需轉型。保險業的發展基礎和外部環境已經發生了深刻變化，但粗放發展模式卻沒有發生改變。比如，保險業發展模式仍停留在「跑馬圈地」的時代，「以保費論英雄」「以市場份額論英雄」，一些保險公司不重視加強內部管理和產品服務創新，導致行業競爭能力較弱，發展后勁不足。有的公司甚至不惜違法違規，不顧成本—效益比，一味追求速度規模和市場份額。又比如，財產險業務主要靠車險，人身險業務主要靠同質化理財產品的局面已經持續多年，保險業在產品和服務創新方面嚴重不足，越來越不能滿足消費者多樣化的保險需求。再比如，保險業一直採用的行銷員管理體制，曾經在提高保險服務效率、推動行業發展方面發揮了積極作用，但隨著經濟社會的發展，現行體制的弊端也逐步顯現，管理粗放、大進大出、素質不高、關係不順等問題越來越突出。同時，在社會勞動力成本不斷攀升和多余勞動力減少的情況下，大部分行銷員收入仍然停留在20世紀末的水平。總之，當前保險業發展方式已經跟不上經濟社會發展的要求，跟不上外部環境的變化，迫切需要轉變。

第三，保險人才隊伍素質不高。整體上看，保險業進入門檻低，人員學歷低，精通保險、擅長管理的中高端人才，特別是核保、核賠、風險管理等專業型人才，以及管理、行銷、培訓等經驗型人才嚴重不足。行銷員隊伍中很大一部分只有高中學歷，很多是下崗再就業人員，能力和素質不能適應現代保險業發展的要求，與銀行、證券等其他金融行業相比更是有較大差距。保險公司片面追求眼前利益，習慣於「挖角」，對人才使用有餘、培育不足。有的公司在籌建分支機構時，因為找不到符合監管要求的管理人員而不得不終止籌建。保險公司在人員管理上忽視制度約束和品德考察，在人員任用上片面追求業績導向，造成「劣幣驅逐良幣」。在高薪高職的誘惑下，部分高管人員與業務骨幹缺乏長遠職業規劃，在保險公司之間頻繁跳槽，拉高了經營成本，敗壞了行業風氣。

第四，保險業發展的外部環境需要進一步改善。2006年國務院23號文件發布以來，全社會對保險的認識不斷加深，各級政府也越來越重視發揮保險業的作用。但隨著保險業的快速發展，外部環境不適應的問題也越來越突出。在法律環境方面，部分業務領域的法律不健全，比如，農業保險缺乏專門的法律制度。農業保險巨災風險準備金制度還沒有建立，農業保險運行存在較大風險隱患。交強險虧損的問題日益突出，制度設計需要調整。在政策環境方面，商業健康保險、養老保險等與國計民生密切相關的業務領域缺乏相應的財稅政策支持，業務發展存在政策瓶頸。國家政策支持的巨災保險體系還沒有建立，自然災害風險分散轉移和補償救助機制缺失。在社會環境方面，社會公眾的保險意識和風險意識有待加強，一些政府部門通過保險這種市場化手段進行風險管理的觀念還沒有真正樹立，保險知識普及和風險教育的任務比較重。

三、中國保險業發展的主要目標

1. 保險監管體系更加完善

堅持中國特色與國際規則相結合，完善償付能力、公司治理、市場行為三支柱監

管框架，形成系統科學、國際接軌的保險監管制度體系。堅持現場監管與非現場監管相結合，創新監管方式方法，形成門類齊全、科學適用的保險監管標準和行業評價指標體系。堅持人才興業戰略，加強監管幹部隊伍建設，培養一支業務精通、具有國際視野的高素質保險監管人才隊伍。

2. 保險行業形象明顯改善

銷售誤導和理賠難等問題得到有效解決，保險消費投訴處理和保護制度進一步健全，保險消費者利益得到切實保護。保險信用體系初步建立，誠信評估機制和失信懲戒機制日益完善，誠信經營和誠信服務成為保險企業及從業人員的自覺行動，社會各界對保險的認可度和滿意度顯著提高。保險行業文化建設穩步推進，體現保險核心價值理念的保險文化初步形成。

3. 風險防範能力顯著增強

保險監管識別、預警和防範風險的機制進一步完善，動態償付能力監管體系進一步健全，市場退出機制基本建立，高效的風險預警防範體系和風險防範長效機制基本形成。保險公司治理結構和內控機制不斷健全，資本補充機制逐步完善，全面風險管理體系基本建立。保險業資本實力明顯增強，償付能力整體充足，系統性和區域性風險得到有效防範。

4. 市場運行質量不斷提高

保險機構違法違規行為明顯減少，市場競爭不規範的問題得到基本治理，保險市場秩序實現根本性好轉。大型保險集團競爭力和國際影響力穩步提升，中小型保險公司穩健發展，專業性保險公司初步形成差異化競爭優勢，主體多元化、競爭差異化、運行規範化的保險市場格局基本形成。

5. 綜合服務水平大幅提升

保險對經濟社會的貢獻度顯著提高，保險深度和保險密度逐步向中等發達國家水平靠近。保險在國民經濟中的作用越來越大，保險業成為金融體系的重要支柱，成為社會保障體系的重要組成部分，成為社會管理體系的重要參與者。保險產品種類和服務形式更加豐富，保險真正走進千家萬戶，滲透到人們生活的方方面面。

可以肯定，實現了上述目標，中國的保險市場必將更加具有競爭力，保險服務必將惠及更廣大人民群眾，具有中國特色的保險業必將煥發出更大的生機與活力。

復習思考題

1. 什麼是保險？
2. 應該如何概括保險的功能？你是否認同本書對保險基本功能與派生功能的概括與表述？
3. 保險的特徵有哪些？
4. 保險如何分類？
5. 商業保險與社會保險有什麼區別？

第三章　保險合同

本章學習目的
  理解保險合同的概念、特徵及分類
  瞭解保險合同的主體、客體及內容
  掌握保險合同的訂立、變更、中止、復效和終止
  掌握保險合同的爭議處理

第一節　保險合同概述

一、保險合同的定義

  合同是平等主體的自然人、法人、其他組織之間設立、變更、終止民事權利義務關係的協議。保險合同也屬於經濟合同的一種。
  保險合同是投保人與保險人約定保險權利義務關係的協議。根據保險雙方當事人的約定，投保人負有支付保險費的義務；保險人在保險標的發生約定事故時，承擔經濟損失補償責任，或者當約定事件發生時，承擔履行給付保險金的義務。

二、保險合同的特徵

  保險合同除具有一般經濟合同共有的法律特徵外，還具有其自身的法律性質，主要體現在以下幾個方面：
  1. 射幸性
  射幸是「碰運氣」「趕機會」的意思。射幸合同是指合同當事人在簽訂合同時不能確定各自的利益或結果的協議。由於保險事故的發生存在著不確定性，保險人是否履行賠償或給付保險金的責任也是不確定的，而投保人在訂立保險合同時，要交付保險費卻是確定的。由於保險風險的不確定性決定了保險合同的射幸特徵。在人壽保險合同中，由於大部分壽險合同具有兩全保險性質，加之壽險的儲蓄性，因此射幸特徵不是十分明顯。但射幸特徵在財產保險合同中卻表現得非常突出。

2. 雙務性①

根據當事人雙方權利義務的分擔方式，可把合同分為雙務合同與單務合同。單務合同，是指當事人一方只享有權利、另一方只承擔義務的合同。贈與合同就是典型的單務合同。雙務合同，是指當事人雙方相互享有權利、承擔義務的合同。如買賣、租賃、運送、保險等合同均為雙務合同。我們說保險合同是雙務合同，其理由在於，保險合同的投保人有按約定繳付保險費的義務，而保險人有在保險事故發生時承擔賠償或給付的義務。

3. 附和性

附和性合同也稱格式合同，是指由一方預先擬定合同主要條款，對方只能做出接受或不接受該合同條款的選擇，而一般無對合同進行修改和變更的權利。保險合同的條款是由保險人單方面預先制訂而成立的標準化合同。一般情況下，在訂立保險合同時，投保人只能被動地接受或者拒絕保險方所提出的條件，所以其具有較強的附和性。

4. 要式性②

所謂要式是指合同的訂立要依法律規定的特定形式進行。訂立合同的方式多種多樣，但是根據中國《保險法》的規定，保險合同要以書面形式訂立，其書面形式主要表現為保險單、其他保險憑證及當事人協商同意的其他書面協議。保險合同以書面形式訂立是國際慣例。它可以使各方當事人明確瞭解自己的權利和義務，並作為解決糾紛的重要依據易於保存。

5. 保障性

保險合同生效後，按合同約定保險人對被保險人在遭受保險事故時提供經濟保障。儘管保險責任範圍內的事故發生有一定的不確定性，但就保險合同保障性的整體而言是絕對的。

6. 誠信性

《保險法》第5條規定：「保險活動當事人行使權利、履行義務應當遵循誠實信用原則。」保險合同是以最大誠信為基礎的，任何一方違反最大誠信原則則合同無效。這將在保險基本原則中進一步論述。

三、保險合同的分類

1. 按保險標的不同分為人身保險合同和財產保險合同

（1）人身保險合同。人身保險合同是以人的生命和身體為保險標的的保險合同。由於人的身體、健康和生命無法簡單地用貨幣來衡量，因此，其保險保障的程度是依據投保人和保險人雙方約定的保險金額確定的，以雙方事先約定的保險金額作為給付標準。根據保障範圍不同，人身保險合同可劃分為人壽保險合同、意外傷害保險合同

---

① 關於這一點，學術界有不同的看法。國內大多數教科書認為保險合同是雙務合同，而英美法系的學者大多認為是單務合同。

② 各國學者對於保險合同是要式合同還是非要式合同的爭議較大，各國立法也存在差異。如日本、韓國認為保險合同是非要式合同，而義大利、俄羅斯則認為是要式合同。

和健康保險合同。

（2）財產保險合同。財產保險合同是以財產及其有關的利益為保險標的的保險合同。財產保險合同最突出的一點是損失的價值可以用貨幣單位計量。同時，財產保險合同適用於保險損失補償原則，當保險風險事故發生，造成物質及其利益損失時，可以通過保險補償其損失的價值，恢復損失前的物質財產價值水平。

2. 按是否足額投保分為足額保險合同、超額保險合同和不足額保險合同

（1）足額保險合同。足額保險合同是指保險合同中載明的保險金額與保險標的出險時的保險價值相等，即保險金額等於保險價值。當保險事故發生時，如造成保險標的全部損失，保險人應依據保險價值進行全部賠償；如保險標的物有殘值，可以作價折給被保險人，在賠償中扣除該部分價值；如造成部分損失，保險人應按實際損失確定賠償的保險金額。

（2）超額保險合同。超額保險合同是指保險合同中載明的保險金額超過了保險標的出險時的價值的合同。超額保險合同產生的原因有三種。第一種是投保人的善意申報，指投保人因過失或疏忽發生估價不當。第二種是投保人的惡意申報，是指投保人故意詐欺，企圖獲取不當利益。第三種是保險合同訂立之后，保險標的的市場價值下跌，致使保險金額大於保險價值。中國《保險法》第55條第3款規定：「保險金額不得超過保險價值。超過保險價值的，超過部分無效，保險人應當退還相應的保險費。」

（3）不足額保險合同。不足額保險合同是指保險合同中載明的保險金額低於保險標的出險時的實際價值，即保險金額低於保險價值。不足額保險合同的產生有三種情況。第一種是投保人主動選擇，即投保人訂立保險合同時，僅以保險價值的一部分投保，使保險金額低於保險價值。第二種是投保人訂立保險合同后，保險標的價值上漲，以至於原足額保險合同變為不足額保險合同。第三種是投保人沒有正確估價保險標的價值而產生的不足額保險合同。中國《保險法》第55條第4款規定：「保險金額低於保險價值的，除合同另有約定外，保險人按照保險金額與保險價值的比例承擔賠償保險金的責任。」

3. 按是否約定保險價值分為定值保險合同和不定值保險合同

（1）定值保險合同。定值保險合同是指合同雙方當事人在訂立合同時即已經確定保險標的的價值，並將其載於保險合同當中的保險合同，又稱定價保險合同或約定價值保險合同。當保險事故發生時，無須再加以估算，保險人應當按照合同約定的保險價值進行賠償。定值保險合同適用於貨物運輸保險和海上保險以及以藝術品、古董等不易確定價值的財產為標的的財產保險。

（2）不定值保險合同。不定值保險合同是指保險合同中只載明保險標的的保險金額而未載明其保險價值的保險合同。保險合同中只有保險金額，以此確定保險賠償的最高限額。當發生保險事故時，當事人雙方需將保險標的出險時的實際價值與約定的保險金額相對比，在區分超額保險、足額保險和不足額保險的基礎上對被保險人進行責任賠償。企業財產保險、家庭財產保險和機動車輛保險等適用不定值保險合同。

4. 按實施方式不同分為自願保險合同和強制保險合同

（1）自願保險合同。自願保險合同是指保險合同雙方當事人在自願、平等原則的

基礎上訂立的保險合同。依據自願、平等原則，保險合同當事人訂立保險合同的行為完全是各自真實的意思表示。投保人可以選擇是否投保、投保金額的大小、保險期限，保險人也可以自主確定是否承保、承保金額的大小和承保條件、費率水平等。一般商業保險合同都屬於自願保險合同。中國《保險法》第 11 條規定：「訂立保險合同，應當協商一致，遵循公平原則確定各方的權利和義務。除法律、行政法規規定必須保險的外，保險合同自願訂立。」

(2) 強制保險合同。強制保險合同又稱法定保險合同，是指保險合同是依據國家有關法律、法規訂立的合同。國家制定強制保險的目的，是維護公共利益或者無辜受害人的利益，解決某些社會問題所需資金，進而保障社會穩定，安定人民的生活。例如，機動車輛第三者責任保險等。

強制性保險具有兩個特點：

第一，全面性。凡是在法律規定範圍內的保險對象，都必須依法參加保險，沒有選擇餘地，沒有彈性。

第二，法律性。保險人和投保人必須按有關法律規定，履行自己的義務和享有權利。強制性保險通常服務於國家一定的經濟政策、社會政策和有關公共安全方面的需要。

5. 按危險轉嫁層次分為原保險合同和再保險合同

(1) 原保險合同。原保險合同是指投保人與保險人直接訂立的保險合同。原保險合同的主體是投保人與保險人，兩者彼此互為權利義務人。雙方訂立保險合同后，投保人即將保險危險轉嫁給保險人，由保險人承擔其可能的危險損失，以保障被保險人的經濟利益。原保險合同體現的是危險初次轉嫁的經濟關係。

(2) 再保險合同。再保險合同是指保險人與再保險人訂立的保險合同。再保險合同的主體是保險人與再保險人，兩者均是保險人。中國《保險法》第 28 條規定：「保險人將其承擔的保險業務，以分保形式部分轉移給其他保險人的，為再保險。」再保險是原保險人將其承擔的危險責任轉嫁給再保險人，以保障原保險人的經濟利益。再保險合同體現的是危險再次轉嫁的經濟關係。

四、保險合同的作用

保險合同與其他類型的合同不同。一般合同是附屬在某種實物或者某種服務上才能夠存在，脫離了附屬物，合同的存在就沒有了意義，而保險合同本身就是一種商品，它是人們進行保險交易的直接手段和最終目的。

保險合同在保險交易中發揮著重要的作用：

(1) 保險合同是保險雙方當事人從事保險活動的基本規範。保險合同中明確規定了當事人的權利和義務。當事人必須嚴格遵守。如果某一方有違反合同規定的行為，並且損害到另一方當事人權利，就要受到合同的約束，嚴重的甚至要受到法律的制裁。

(2) 保險合同是解決保險爭議的重要依據。與其他合同一樣，保險合同的另一重要作用就是讓當事人都可以按照規定行使權利，履行義務。如果當事人發生爭議，保險合同就是解決爭議的重要依據。

（3）保險合同不僅有利於人們日常生活中風險的轉移和規避，而且它還增加了人們的投資項目。例如，投資連結保險簡稱投連險（或者其他種類具有投資功能的保險），不僅在約定的保險事故發生時對被保險人進行經濟補償或給付保險金，而且可以在不發生保險事故時使投保人的資產保值增值。這是在經濟發展過程中產生的新事物，符合經濟發展的要求，滿足人們對保障和投資的雙重需求。

第二節　保險合同的主體、客體和內容

保險合同的三大要素是合同的主體、客體和內容。保險合同的主體主要包括：保險合同的當事人、關係人和輔助人；客體是保險利益；內容是保險合同的當事人和關係人的權利與義務的關係。

一、保險合同的主體

保險合同的主體是指參加保險這一民事法律關係並享有權力和承擔義務的人。

（一）保險合同的當事人

保險合同的當事人是保險合同訂立的直接參與者，包括投保人和保險人。

1. 投保人

《保險法》第 10 條第 2 款規定：「投保人是指與保險人訂立保險合同，並按照合同約定負有支付保險費義務的人。」投保人可以是自然人，也可以是法人。作為投保人應該具備以下三個條件。

首先，投保人應該具有完全的權利能力和行為能力。未取得法人資格的組織，因無權利能力和行為能力，所以不能成為投保人。無行為能力的自然人也不能成為投保人，其與保險人訂立的保險合同在法律上才是無效的。

其次，投保人對保險標的應該具有保險利益。中國《保險法》第 12 條第 6 款規定：「保險利益是指投保人或者被保險人對保險標的具有的法律上承認的利益。」對於人身保險合同，《保險法》第 31 條第 3 款規定：「訂立合同時，投保人對被保險人不具有保險利益的，合同無效。」

最後，投保人必須及時足額支付保險費。不論投保人為自己利益還是他人利益訂立保險合同，只要投保人獲得保險合同的經濟保障，就必須繳納保險費。在保險實務中，保險合同的關係人有時代為繳納保險費，這只是代付保險費的性質，並不表明保險合同的關係人有繳納保險費的義務。

2. 保險人

保險人又稱承保人，《保險法》第 10 條第 3 款規定：「保險人是指與投保人訂立保險合同，並按照合同約定承擔賠償或者給付保險金責任的保險公司。」由於保險事業涉及社會公眾利益，因此保險法對保險人的資格以及組織形式、業務規則等作了嚴格規定。設立保險公司，經營保險業務，必須符合法定條件，並得到國家保險業主管部門

的批准，取得經營保險業務的許可證，向工商行政管理部門申請營業執照。此外，保險資金的分配和運用也有嚴格規定。這對社會的穩定和國民經濟的發展起著積極的保障作用。

(二) 保險合同的關係人

保險合同的關係人是指與保險合同的訂立間接發生關係的人。在保險合同約定事故發生時，保險合同的關係人享有保險金的請求權。保險合同的關係人包括被保險人和受益人。

1. 被保險人

《保險法》第12條第5款規定：「被保險人是指其財產或者人身受保險合同保障，享有保險金請求權的人。投保人可以為被保險人。」

在財產保險中，被保險人是對財產保險標的具有所有權或其他法律認同的權利的人，可以是自然人，也可以是法人。在人身保險中，被保險人就是保險保障的對象，被保險人的身體、生命或健康為保險標的，所以被保險人只能是有生命的自然人。已經死亡的人、法人都不能成為人身保險的被保險人。

被保險人和投保人在有些合同中是同一個人。人身保險中，投保人以自己的生命、身體或健康為保險標的投保訂立保險合同的就是這種情況；財產保險中，大多數投保人就是被保險人。

2. 受益人

受益人是指人身保險合同中由被保險人或投保人指定的享有保險金請求權的人，即為指定領受保險金的人，故又稱保險金受領人。中國《保險法》第39條第1、2款規定：「人身保險的受益人由被保險人或者投保人指定。投保人指定受益人時須經被保險人同意。投保人為與其有勞動關係的勞動者投人身保險，不得指定被保險人及其近親屬以外的人為受益人。」

自然人、法人及其他合法的經濟組織均可作為受益人。自然人中無民事行為能力人、限制民事行為能力人，甚至未出生的胎兒等均可被指定為受益人。受益人必須在請求保險金時生存，無生命的人不能指定為受益人。投保人、被保險人都可以作為受益人。

受益人無權擅自轉讓受益權。但是投保人和被保險人卻可以確定或變更受益人，投保人確定或變更受益人須經被保險人同意，並書面通知保險人；被保險人確定或變更受益人無須投保人同意，只要書面通知保險人即可。受益人為數人的，被保險人或者投保人可以確定受益順序和受益份額，未確定受益份額的，受益人按照相等份額享有受益權。

受益人與被保險人在同一事件中死亡，且不能確定死亡先後順序的，推定受益人死亡在先。保險金作為被保險人的遺產。受益人故意造成被保險人死亡、傷殘、疾病的，或者故意殺害被保險人未遂的，該受益人喪失受益權。

(三) 保險合同的輔助人

保險合同的輔助人包括保險代理人、保險經紀人、保險公估人等，具體內容請見

第七章第三節。

二、保險合同的客體

保險合同的客體是保險利益，即投保人對保險標的所具有的保險利益。投保人將保險標的投保，訂立保險合同的目的，不是保障保險標的本身，而是保險標的發生損失后，投保人或被保險人能夠從經濟上得到補償，使其經濟利益不受損失或減少損失。

1. 保險標的

保險標的是指作為保險對象的財產及其有關利益，或者人的壽命和身體，是保險事故發生的本體。只有保險合同中明確保險標的，才能確定轉嫁風險的範圍，在發生保險責任事故時才能向保險人提出索賠。保險標的是保險利益的載體，保險標的轉讓，保險利益也將不存在。因此，保險利益是以保險標的存在為條件。

2. 保險利益

保險利益是指投保人或被保險人對保險標的具有的法律上承認的利益。投保人不得以非法所得利益投保，保險人也不能承保。若不知情而訂立了保險合同，最終合同也是無效合同。例如，以盜竊、貪污、非法佔有等手段獲得的物品投保相關險種，或者以違禁品投保海洋貨物運輸險等，合同均為無效合同。

投保人對保險標的的保險利益是保險合同生效的要件和依據，沒有保險利益，保險合同因失去客體而無效。

三、保險合同的內容

保險合同的內容有廣義和狹義之分。廣義的保險合同內容是指保險合同記載的全部事項，包括合同的主體、客體、權利義務和具體事項。狹義的保險合同內容僅指投保人與保險人約定的保險權利與義務。這裡我們從廣義的角度闡述保險合同的內容。

1. 保險合同的主要條款

保險合同的條款是規定保險人與投保人之間基本權利和義務的合同條文，是保險公司履行保險責任的依據。保險合同條款內容應具體，文字應準確。保險合同條款主要分為基本條款、附加條款、保證條款和協會條款四種類型。

（1）基本條款又稱法定條款，即保險合同的法定記載事項，明確了保險人和被保險人之間的基本權利與義務，以及有關法規規定的保險行為成立所必需的各種事項和要求。通常基本條款直接印製在保險單上，不能依投保人的意願隨意變更。

（2）附加條款又稱任選條款，是指保險人根據投保人的特殊保險需求而增加保障風險的條款。附加條款是對基本條款的補充性條款，是在承保基本責任範圍的基礎上予以擴展的責任條款，其效力優先於基本條款。通常採用在保險單上加批註或批單的方式使之成為保險合同的一部分。

（3）保證條款是指保險合同中要求投保人和被保險人就特定事項保證作為或不作為的條款。保證條款通常由法律規定，它是投保人、被保險人必須遵守的條款。投保人或者被保險人如違反保證條款，保險人有權解除保險合同。

（4）協會條款是保險同業協會根據需要協商約定的條款。如英國倫敦保險協會編

製的船舶和貨物保險條款就是協會條款。協會條款是當今國際保險水險市場的通用特約條款，具有相當大的影響力。

2. 保險合同的基本事項

《保險法》第18條規定，保險合同應當包括下列事項：保險人的名稱和住所；投保人、被保險人的姓名或者名稱、住所，以及人身保險的受益人的姓名或者名稱、住所；保險標的；保險金額；保險費以及支付辦法；保險責任和責任免除；保險期間和保險責任開始時間；保險金賠償或者給付辦法；違約責任和爭議處理；訂立合同的年、月、日；投保人和保險人可以約定與保險有關的其他事項。

(1) 當事人的姓名和住所。由於保單是由保險人印製的，保險人的名稱及住所已印在上面，保單上需要填寫的只是投保人、被保險人的姓名或者名稱、住所，以及人身保險的受益人的姓名或者名稱、住所，以便於各方依保險合同行使權利，履行義務。

(2) 保險標的。當事人在訂立保險合同時，必須在保險合同中載明保險標的。不同的保險合同，有不同的保險標的。財產保險合同的保險標的是財產及其有關的利益，人身保險合同的保險標的是人的壽命或身體。在同一保險合同中，保險標的可以是一個，也可以是多個。比如團體保險合同和綜合保險合同。

(3) 保險價值。保險價值是指投保人與保險人訂立合同時，作為確定保險金額基礎的保險標的的價值。保險價值確定通常有三種方法：第一種根據市價變動確定；第二種由雙方當事人約定；第三種依據法律規定。在人身保險合同中，由於人的身體和生命無法用金錢來衡量，因此不存在保險價值的問題。通過當事人雙方在保險合同約定一個保險金額，由保險人在保險事故發生時依約給付保險金。在財產保險合同中，確定保險價值對其順利履行有著十分重要的意義。

(4) 保險金額。保險金額簡稱保額，在中國《保險法》中規定：保險金額是保險人承擔賠償或者給付保險金責任的最高限額。保險金額直接關係到合同雙方的權利義務，是投保人繳納保費，保險人在責任事故發生時賠付金額的重要依據。

在財產保險中，通過保險財產標的估價來核定保險金額。人身保險中，由於生命無價，所以保險金額是由雙方在訂立保險合同時，進行協商確定。一般由投保人的需要、被保險人的年齡、健康情況以及投保人支付保費的經濟能力等因素決定。

(5) 保險費及其支付方式。保險費是指投保人為使被保險人獲得保險保障，按合同約定支付給保險人的費用。繳納保費是投保人應履行的基本義務。保險費的數額與保險金額的大小、保險費率的高低和保險期限的長短成正比。其計算公式為：

保險費 = 保險金額 × 適用的保險費率

繳納保險費可以一次性繳納，也可以分期支付；既可以現金支付，也可以轉帳支付。

(6) 保險責任和責任免除。保險責任也稱風險責任條款，是指保險合同約定的保險事故或事件發生後，保險人所應承擔的保險金賠償或給付的責任。其法律意義在於確定保險人承擔風險責任的範圍。保險人並不是承擔保險標的的所有風險，只對與投保人約定的特定風險承擔責任。此外，在合同的基本條款之外，當事人也可以另外約定具有某些特定內容的條款。

責任免除亦稱除外責任，是指保險人依照法律規定或合同約定，不承擔保險責任

的範圍，是對保險責任的限制。責任免除條款的內容應以列舉方式規定。一般可分為三個層次：一是不保風險，如道德風險、戰爭風險、核輻射風險等；二是不賠損失，如正常磨損、自然消耗等；三是不保標的，如價值難以確定、易丟失、風險責任大或是無法鑒定的標的，包括字畫、珍寶古玩等。

（7）保險期間和保險責任開始的時間。保險期間又稱保險期限，指保險人對保險事故承擔賠付責任的起止期限。通常情況下，保險期限有兩種計算方法：一是用公歷年、月計算。如財產保險一般為一年，期滿后可以再續訂合同。人身保險的保險期限較長，有五年、十年、二十年和三十年等；二是以某一事件的始末作為保險期限。如建築安裝工程以工程開工日至竣工預約驗收日為保險期限。

在中國目前的保險業務中，通常採用「零時起保」，即保險期限為約定起保日的零時起到期滿日的 24 時止。如家庭財產保險規定，保險期限為一年，保險責任從起保當日零時起，到約定期滿日的 24 時止。

需要注意的是，保險期限與一般合同中所規定的當事人雙方履行義務的期限不同，保險人實際履行賠付義務可能不在保險期限內。

（8）保險金賠償或者給付辦法。保險金的賠償或者給付辦法是保險人承擔保險責任的方法。原則上保險金賠償或者給付以現金形式，但也有一些財產保險合同約定對特定的損失，可以採取修復、置換等方法。

在財產保險合同中，通常以實物財產或無形財產作為投保對象，其價值可以找到一個客觀的標準。保險責任事故發生後，可以依據約定方式計算賠償的金額。人身保險與之不同，人的生命和健康是無價的，因此保險金的賠償或給付只能以當事人雙方約定的保險金額為依據。

此外，如果客戶是在保險條款列明的責任免除情形下發生的保險事故，則不會得到賠償或給付；反之，如果客戶發生了保險責任內的保險事故，則可以得到保險公司賠償或給付的保險金。

（9）違約責任和爭議處理。保險違約是指簽訂保險合同的一方違反或者不履行合同約定的義務或責任。保險合同訂立后即產生相應的法律效力，雙方當事人應按照合同規定的內容，完全地履行合同，否則違約方將承擔相應的法律后果和違約責任。保險違約主要有投保人、被保險人和保險人違約等類型。

爭議處理是指保險合同訂立以後，雙方當事人在履行合同過程中，圍繞理賠、追償、繳費以及責任歸屬等問題產生爭議所採取的解決糾紛的方式。一般保險合同均有爭議處理條款，規定爭議時的處理方式。保險合同發生爭議時，應首先通過友好協商解決。協商不能解決的可採用仲裁和訴訟等方式解決。

（10）訂立合同的年、月、日。保險合同中要明確載明訂立保險合同的年、月、日以及保險合同到期的年、月、日。這對雙方當事人的權利和義務法律主張時間效力、核實保險利益的存在與否都有重要意義。

3. 保險合同的形式

（1）投保單。投保單（application form）又稱要保單，是投保人向保險人申請訂立保險合同的書面要約。投保單是由保險人事先印製好的格式單據。投保人必須依其所

列項目——如實填寫，以供保險人決定是否承保或以何種條件、何種費率承保。投保單本身並非正式合同的文本，但一經保險人接收后，即成為保險合同的一部分。投保單本身是非正式的合同文本，只是訂立正式保險合同前的一分預備文件，但上面所填寫內容將影響合同的效力。

投保人填寫投保單時，應確保填寫的資料完整、內容真實。否則，可能導致保險人拒絕承保。即使與保險人僥幸訂立了保險合同，一經查證屬實，保險人亦有權解除保險合同。

(2) 保險單。保險單（insurance policy）簡稱保單，它是保險人和投保人之間訂立正式保險合同的一種書面文件。保險單必須完整地記載保險合同雙方當事人的權利義務及責任。中國《保險法》第13條規定：「投保人提出保險要求，經保險人同意承保，保險合同成立。保險人應當及時向投保人簽發保險單或者其他保險憑證。保險單或者其他保險憑證應當載明當事人雙方約定的合同內容。當事人也可以約定採用其他書面形式載明合同內容。依法成立的保險合同，自成立時生效。投保人和保險人可以對合同的效力約定附條件或者附期限。」

收到保險單后，投保人應注意以下幾個方面的問題：一是投保人（或被保險人）接收保單時要看是否有下列文件：保單正本；保險條款；保險費正式收據；變更通知書/出險通知書；現金價值表。上述文件齊備，投保人方可在保單送達書上簽字並填寫保單號碼及收單日期。此外，要對保單正本及保險費收據上所列明項目逐條核對，如有錯誤應及時通知保險公司及業務員予以更正。

(3) 保險憑證。保險憑證（insurance certificate）也稱小保單，是保險人簽發的，證明保險合同已經成立的書面憑證，是一種簡化了的保險單。保險憑證與保險單具有同等效力，凡是保險憑證上沒有列明的，均以同類的保險單為準。在保險業務中採用保險憑證的有機動車輛保險。為了便於被保險人隨身攜帶以供有關部門檢查，保險人通常出具保險憑證。在一張團體保險單下，對於參保的個人通常也分別簽發保險憑證。此外，還有貨物運輸保險等等。

(4) 暫保單。暫保單（blinding slip）也稱臨時保單，是保險人向投保人出立正式保單前簽發的臨時憑證，以表示保險人同意承保。暫保單所記載的內容較為簡單，僅表明投保人已經辦理了保險手續，並等待保險人出立正式保險單。一般只包括保險人、保險標的、保險金額、保險費率和保險險種等重要事項。

暫保單具有和正式保險單同等的法律效力。一般暫保單的有效期較短，通常為30天，而且正式保險單一經簽發，暫保單就會自動失效。在保險單簽發前，保險人也可以終止暫保單，但必須提前通知投保人，以便投保人有時間購買其他保險來轉移該暫保單下的風險。

(5) 批單。批單（endorsement）又稱背書，是保險人應投保人或被保險人的要求出立的修訂或更改保險單內容的證明文件。在保險合同有效期內，雙方當事人均可通過協商變更保險合同的內容。變更的內容可以採取在原保險單或保險憑證上批註或附貼批單等形式。根據國際慣例，手寫批註的法律效力優於打字批註。

第三節　保險合同的訂立、變更、中止、復效和終止

一、保險合同的訂立

保險合同的訂立是投保人與保險人之間基於意思表示一致而產生的法律行為。中國《保險法》第11條規定：「訂立保險合同，應當協商一致，遵循公平原則確定各方的權利和義務。除法律、行政法規規定必須保險的外，保險合同自願訂立。」訂立保險合同要經過提出投保申請和同意承保兩個階段，即要約和承諾。

1. 要約

要約是合同當事人一方向另一方提出訂立合同的建議和要求的法律行為。提出要約的一方稱為要約人，而另一方則為受約人。一個有效的要約應具備以下三個條件：第一是要約應明確表示訂立合同的願望；第二是要約必須具備合同的主要內容；第三是要約必須在其有效期內對要約人具有約束力。

在保險合同訂立過程中，投保人根據需要向保險人提出訂立保險合同的要求和建議。投保人填寫保險人事先印製的投保單，就是訂立保險合同所需的要約。要約往往是一個反覆的過程。投保人在首次要約后，保險人經核保，對投保人提出的標準條款以外的補充條款或者被保險人的可保條件提出異議，這時，保險人的意思表示就成為反要約。保險合同的訂立就是這樣一個反覆協商的過程，直至雙方最終達成一致意見。

保險合同的要約人是投保人，保險公司和其代理人開展業務時，發出的並不是要約，而僅僅是要約邀請。只有投保人提出申請，填好投保單交與保險公司或其代理人時才是要約行為。

2. 承諾

承諾是受約人對要約人提出的要約內容完全接受的意思表示。一個有效的承諾也應具備三個條件：第一是承諾不能附帶任何條件；第二是承諾應由受約人本人或其合法代理人作出；第三是承諾應在要約的有效期內作出。

保險合同的承諾，一般是保險人表示完全接受投保人提出訂立合同提議的意思表示。保險人承諾的方式有書面、口頭或其他方式。承諾作為一種法律行為，承諾方不得隨意更動承諾的內容。

3. 保險合同的成立和生效

保險合同的成立，指投保人與保險人就保險合同條款達成協議。一般保險人表示完全接受投保人提出訂立合同提議的意思表示，保險合同即告成立。中國《保險法》第13條明確規定：「投保人提出保險要求，經保險人同意承保，保險合同成立。」

保險合同的生效是指保險合同對當事人雙方產生法律約束力。一般來說，合同成立即生效。但是，保險合同多是附條件的合同，以投保人繳納保險費為合同生效的條件。中國《保險法》第14條規定：「保險合同成立后，投保人按照約定交付保險費，保險人按照約定的時間開始承擔保險責任。」除非法律另有規定，或合同另有約定，保

險合同成立時並不發生法律效力。因此，在保險合同成立后、生效前發生的保險事故，保險人不承擔保險責任。

在保險合同成立后，保險人不得解除合同。中國《保險法》第 15 條規定：「除本法另有規定或者保險合同另有約定外，保險合同成立后，投保人可以解除合同，保險人不得解除合同。」

二、保險合同的變更

保險合同的變更是指在保險合同有效期內，保險合同當事人、關係人對合同所做的修改或補充。一般情況下，保險合同生效后，雙方不得擅自變更，但如果主觀意願或客觀情況變化，也可以依法變更保險合同。

1. 保險合同主體的變更

保險合同的主體變更是指保險合同的當事人或關係人的變更，主要是指投保人、被保險人或受益人的變更。通常情況下保險人一般不會變更。保險合同的主體變更，不改變保險合同的客體和內容。

（1）財產保險合同主體的變更。

財產保險合同主體的變更意味著財產保險合同的轉讓。如因買賣、繼承、贈與等法律事實的出現，導致保險標的從一個所有權人轉移至另一個所有權人。

中國《保險法》第 49 條規定：「保險標的轉讓的，保險標的的受讓人承繼被保險人的權利和義務。保險標的轉讓的，被保險人或者受讓人應當及時通知保險人，但貨物運輸保險合同和另有約定的合同除外。因保險標的的轉讓導致危險程度顯著增加的，保險人自收到前款規定的通知之日起三十日內，可以按照合同約定增加保險費或者解除合同。」

在國際慣例中，保單轉讓的程序通常有兩種：

第一種轉讓必須得到保險人的同意。如果要想繼續保持保險合同關係，被保險人必須在保險標的的所有權轉讓時，事先書面通知保險人，經保險人同意，並對保單批註后方能有效。

第二種是允許保單隨著保險標的的轉讓而自動轉讓，不需要徵得保險人的同意。貨物運輸保險合同一般屬於這種情況。貨物運輸保險合同由於其標的流動性大，運輸過程中經常通過貨物運輸單據的轉讓而發生物權轉移。因此，法律允許貨物運輸保險合同不經保險人同意即可變更被保險人。

（2）人身保險合同主體的變更。

人身保險合同主體的變更，一般不涉及保險標的的轉移，保單一般不需要經過保險人的同意即可轉讓，但轉讓后須通知保險人。人身保險合同主體的變更可以是投保人、受益人或被保險人的變更。

投保人的變更要徵得被保險人的同意並通知保險人，經保險人核准方能有效。被保險人為無民事行為能力人或限制民事行為能力人時，投保人的變更應符合法律法規的相關規定。

一般情況下，受益人是可以隨時變更的，除非是不可撤銷的受益人。投保人變更受益人時須經被保險人同意。被保險人或者投保人變更受益人要書面通知保險人。保

險人收到變更受益人的書面通知后，應當在保險單上批註。

人身保險的被保險人是保險的標的，一般不能輕易變更。如果要變更，通常是在團體人身保險中。投保人可以根據合同的約定，將員工的流動情況通知保險人變更被保險人。一般要採取書面形式。

2. 保險合同客體的變更

保險合同客體的變更是指保險標的所具有的保險利益的變更。由於保險標的的種類、數量的變化導致保險標的價值變化，從而引起保險利益發生變化。保險客體的變更往往會引起保險的爭議。因此，做好保險客體變更的工作有利於減少很多不必要的爭端，從而降低相關方面的費用。

3. 保險合同內容的變更

保險合同內容的變更是指保險合同所表示的權利義務的變更。保險合同內容的變更一般由投保人提出，經保險人同意，在合同中加以變更批註，其法律效力對雙方均有約束力。保險合同的變更往往意味著保險人承擔風險的增加或減少，為此可能需要加收或退減部分保險費。

按照國際慣例，合同變更后的有效性按以下順序認定：所有批單或背書優於附加條款；附加條款優於基本條款；手寫變更優於打印變更；旁註變更優於正文變更；對同一事項的變更，后變更的優於先變更的。

三、保險合同的中止與復效

1. 保險合同的中止

保險合同的中止是指在合同存續期間，因某種原因致使保險合同的法律效力暫時失效或停止。在人身保險中，保險期限一般較長，投保人可能因為種種主客觀原因不能按期繳納續期保險費，為了保障保險雙方的合法權益，中國保險法對繳費的寬限期及合同中止做了明確規定。中國《保險法》第36條規定：「合同約定分期支付保險費，投保人支付首期保險費后，除合同另有約定外，投保人自保險人催告之日起超過三十日未支付當期保險費，或者超過約定的期限六十日未支付當期保險費的，合同效力中止，或者由保險人按照合同約定的條件減少保險金額。被保險人在前款規定期限內發生保險事故的，保險人應當按照合同約定給付保險金，但可以扣減欠交的保險費。」

在保險合同的中止期間發生的保險事故所造成的損失，保險人不承擔賠付的責任。保險合同中止期限為兩年，在這兩年內，投保人可以申請保險合同的復效，經保險人同意，投保人補繳保險費及相應的利息后，保險合同重新生效。

2. 保險合同的復效

保險合同的復效是指保險合同效力的恢復。中止復效條款是使被保險人、受益人恢復保險保障的一種補救措施。申請保險合同復效的條件如下：第一，投保人有申請復效的意思表示。第二，復效應在保險合同中止之日起兩年內作出，並且在此期間沒有退保。第三，被保險人應該符合投保要求。

四、保險合同的終止

保險合同的終止是指合同雙方當事人確定的權利與義務關係的消滅。

1. 保險合同的期滿終止

如果在有效期限內沒有發生保險事故，保險期限屆滿的，保險合同的效力隨之終止。保險人履行了部分賠償責任後，保險期限屆滿的，保險合同的效力隨之終止。這是保險合同終止的最普遍的原因。

2. 保險合同的履約終止

因保險合同的履約終止是指在保險合同的有效期內，約定的保險事故發生後，保險人按照保險合同承擔了給付全部保險金的責任，保險合同即告結束。在普通的保險合同中，無論一次還是多次賠償或給付保險金，只要保險人歷次賠償或給付的保險金總數累計達到了保險合同約定的保險金額時，無論保險期限是否屆滿，保險合同均終止。然而，也有一些保險合同履約終止並不要求對多次保險金額進行累加。例如：在機動車輛保險和船舶保險合同中，當某一次保險事故的賠償金額達到了保險金額時保險合同才告終止，而不進行累加。在多次賠償保險金時，只要保險人每次賠償的保險金數目少於保險合同約定的保險金額，並且保險期限尚未屆滿，保險合同仍然繼續有效且保險金額不變。

3. 合同因解除而終止

保險合同的解除是指在保險合同的有效期限屆滿前，當事人依照法律規定或合同約定提前終止合同效力的法律行為。

保險合同的解除，一般分為法定解除和協議解除。

（1）法定解除是指當法律規定的事項出現時，保險合同當事人一方可依法對保險合同行使解除權。

除法律法規或保險合同另有約定的以外，保險合同成立後，投保人一般可以解除保險合同，而不需要承擔違約責任。此外，保險合同訂立後，因保險人破產且無償付能力，投保人可以解除合同。

對保險人而言，法律要求則相對嚴格。中國《保險法》第15條規定：「除本法另有規定或者保險合同另有約定外，保險合同成立後，投保人可以解除合同，保險人不得解除合同。」也就是說，一般情況下，保險人不能隨意解除保險合同。根據《保險法》的規定，保險人在如下情況下有權解除保險合同：

第一，投保人、被保險人或者受益人違背誠實信用原則。中國《保險法》第16條規定：「訂立保險合同，保險人就保險標的或者被保險人的有關情況提出詢問的，投保人應當如實告知。投保人故意或者因重大過失未履行前款規定的如實告知義務，足以影響保險人決定是否同意承保或者提高保險費率的，保險人有權解除合同。」此外，投保人、被保險人故意製造保險事故，被保險人或受益人謊稱發生保險事故，保險人有權解除保險合同。

第二，投保人、被保險人未按約定履行合同義務，保險人有權解除合同。

第三，在保險合同有效期內，保險標的的危險程度增加，投保人或被保險人應及

時通知保險人，保險人可根據具體情況要求增加保險費或解除合同。被保險人或投保人未履行通知義務的，因保險標的危險程度增加而發生的保險事故，保險人不承擔賠償責任。

第四，自保險合同效力中止之日起二年內，保險雙方當事人未達成復效協議的，保險人有權解除保險合同。

通過上述規定，保險人在投保人、被保險人和受益人嚴重違反法律規定及合同約定的情況下解除保險合同的權利，是對保險人合法權利的維護，體現了誠實信用和公平互利的原則。

（2）協議解除。協議解除又稱約定解除，是指保險合同雙方當事人經協商同意解除保險合同的一種法律行為。通常保險合同的協議解除採取書面形式，並在訂立保險合同時約定解除條件。一旦約定的條件出現，一方或雙方當事人有權行使解除權，使合同的效力終止。

4. 合同因違約失效而終止

一般情況下，一方違約且違約行為直接造成對方經濟損害時，受害方就可以解除合同，同時還可請求損害賠償。在保險合同中，如果投保人違約，保險人有權解除合同，並不承擔賠償責任。如中國《保險法》第16條第2款規定：「投保人故意或者因重大過失未履行如實告知義務，足以影響保險人決定是否同意承保或者提高保險費率的，保險人有權解除合同。」

5. 保險標的發生部分或全部損失而終止

中國《保險法》第58條規定：「保險標的發生部分損失的，自保險人賠償之日起三十日內，投保人可以解除合同；除合同另有約定外，保險人也可以解除合同，但應當提前十五日通知投保人。合同解除的，保險人應當將保險標的未受損失部分的保險費，按照合同約定扣除自保險責任開始之日起至合同解除之日止應收的部分后，退還投保人。」

保險標的發生部分損失后，保險標的本身的狀況及面臨的風險有所變化，保險利益也隨之發生變化，因此，終止保險合同是對雙方權益的保障；保險標的發生全部損失，說明保險標的已經不存在。失去了保障對象，保險合同也就只能終止。

第四節　保險合同爭議的處理

一、保險合同的條款解釋原則

當保險合同當事人對合同條款的意思發生爭議時，一般由當事人雙方協商解決，如果協商不能達成一致，應通過法院或者仲裁機構按照法律規定或者約定俗成的方式作出裁決或判決。以下為保險合同的主要解釋原則：

1. 文義解釋原則

文義解釋原則是按保險條款文字的通常含義解釋，即保險合同中的條文要用最一

般、最普通的文字意義進行解釋。這是解釋保險合同條款最主要的方法。保險合同中前后同類用語應採用相同的解釋。有關專業術語，要按該術語所屬專業部門的標準解釋。

2. 意圖解釋原則

意圖解釋原則是以當時訂立保險合同的真實意圖來解釋合同。一般要根據訂立合同時的背景、客觀情況等因素進行分析判斷，確定合同當事人訂約時的真實意圖，並依此解釋保險合同條款的內容。意圖解釋通常適用於用詞混亂、含糊，意思表示不清的情況。

3. 有利於被保險人的解釋原則

有利於被保險人的解釋原則是指當保險合同的當事人對合同條款有爭議時，法院或仲裁機關要做出有利於被保險人的解釋。由於保險合同的條款是保險人事先擬定或印就的，因此保險人自身的利益得到充分考慮，而投保人只能表示接受或拒絕。為公平起見，中國《保險法》第30條規定：「採用保險人提供的格式條款訂立保險合同，保險人與投保人、被保險人或者受益人對合同條款有爭議的，應當按照通常理解予以解釋。對合同條款有兩種以上解釋的，人民法院或者仲裁機構應當作出有利於被保險人和受益人的解釋。」

4. 批註優先的解釋原則

保險合同訂立后，由於各種條件的變化，雙方當事人對原合同條文予以修正。通常后加的批註、條款應當優於原有的合同條款，加貼的批註應當優於正文的批註。手寫的批註應當優於打印的批註。

5. 補充解釋原則

補充解釋原則是指當保險合同條款約定內容有遺漏或不完整時，借助商業習慣、國際慣例、公平原則等對保險合同的內容進行務實、合理的補充解釋，以便合同的繼續執行。

二、保險合同爭議的處理方法

保險合同爭議可採取協商、調解、仲裁和訴訟四種方式來處理。

1. 協商

協商是在保險合同糾紛發生后，由雙方當事人在平等、互諒互讓的基礎上，通過雙方各自的讓步取得共識，達成雙方都可以接受的和解協議的方式。通過協商解決雙方爭議的方法簡便易行，有助於化解矛盾，降低費用，增進雙方的進一步信任和合作。

2. 調解

調解是指當事人將合同爭議提交第三方，在第三方的主持下，根據自願、合法原則，通過溝通，促使雙方互諒互讓，達成和解協議的方式。調解務須依照法律法規遵循平等自願原則。如果一方當事人不願意調解，就不能進行調解。調解通常有第三方介入，而協商是雙方當事人自行協商解決糾紛。

3. 仲裁

仲裁是指爭議雙方依照仲裁協議，自願將彼此間的爭議交由雙方共同信任、法律

認可的仲裁機構居中調解,作出具有法律效力的裁決的方式。通常國內保險合同由國家工商行政管理局和地方各級工商行政管理局設立的經濟合同糾紛仲裁委員會進行仲裁。涉外保險合同應由對外經濟貿易促進委員會下設的對外經濟貿易仲裁委員會或海事仲裁委員會予以仲裁。

  4. 訴訟

  訴訟是保險合同雙方當事人依法申請人民法院解決爭議,進行裁決的方式。保險合同的爭議,屬於經濟合同糾紛,應由保險合同履行地或被告住所地人民法院管轄,交經濟法庭審理。《最高人民法院關於使用〈中華人民共和國民事訴訟法〉若干問題的意見》中第 25 條規定:「因保險合同糾紛提起的訴訟,如果保險標的物是運輸工具或者運輸中的貨物,由被告住所地或者運輸工具登記註冊地、運輸目的地、保險事故發生地的人民法院管轄。」

復習思考題

1. 保險合同的概念及其特徵是什麼?
2. 保險合同的主體和客體分別指什麼?
3. 保險合同的成立和生效有什麼區別?
4. 保險合同的形式有哪些?
5. 保險合同的爭議處理有哪幾種方式?

第四章　保險的基本原則

本章學習目的
　　掌握保險利益的含義以及各類保險的保險利益
　　掌握最大誠信原則的基本內容及其違反的法律后果
　　掌握近因原則的含義及近因的基本判定方法
　　掌握損失補償原則的意義和賠償限制
　　掌握重複保險分攤原則和代位原則的基本內容

　　在保險經營業務中，由於信息不對稱，要求投保人、被保險人和保險人均必須遵循一些保險的基本原則，這些基本原則是保險行為的準則，是保險當事人履行和解釋保險合同的基本依據。遵循這些基本原則有利於維護保險當事人的權益，有利於維護保險經營秩序，真正發揮保險應有的各種作用。這些基本原則包括：保險利益原則、最大誠信原則、近因原則、損失補償原則以及損失補償原則的派生原則。本章將對以上原則進行著重敘述和分析。

第一節　保險利益原則

一、保險利益和保險利益原則

(一)　保險利益

　　保險利益原則，又稱可保利益原則，是保險當事人在實施保險行為過程中必須遵守的基本原則之一。那麼什麼是保險利益呢？首先讓我們看看相關法律對此的解釋和規定。現代保險起源於海上保險，英國《1906年海上保險法》是其他國家相關保險立法的藍本，讓我們先看看它對保險利益的解釋，該法第五條規定：每一個與航海冒險發生利害關係的人都被認為具有保險利益。特別是對一個航海冒險或處於風險中的保險財產有合法或正當關係的人來說，當保險財產安全或按期到達時，他即能受益；當保險財產遭到滅失、損壞或被扣留時，他則會受損或要承擔責任，他因此而被認為對該航海冒險具有保險利益。英國特許保險學會編寫的《合同法與保險》一書中對「保險利益」的定義是：the legal right to insure arising out of a financial relationship, recognized at law, between the insured and the subject matter of insurance（保險利益產生於被保險人與保險標的之間的經濟聯繫，並被法律認可可以投保的一種法定權利）。《保險法》第

12條規定：保險利益是指投保人或被保險人對保險標的具有的法律上承認的利益。

我們認為保險利益（Insurable Interest）是一種利益關係，就財產保險而言，保險利益體現為投保人或被保險人的經濟利益因保險標的的完好而存在，因保險標的的損毀而受損。就人身保險而言，保險利益體現為投保人的利益因被保險人的健在而得到保障，因被保險人的傷亡而受損。

由此我們可以從以下幾個方面把握保險利益的內涵：

1. 保險利益必須是合法的利益

保險利益是投保人或被保險與保險標的之間的一種利害關係，這種關係必須合法，被法律所承認從而受到法律保護。非法的利益、法律禁止的利益不被法律認可，當然也就不受法律保護，投保人和保險人就這種利益簽訂保險合同應屬於無效合同。例如，偷來的東西、走私的貨物或者從事走私運輸的船舶等都無法受到法律保護，投保人對偷來的東西無合法利益，走私行為本身就是違法的，當事人依附於此的利益也是非法的。

2. 保險利益必須是經濟上的利益

保險利益所講的「利害」關係是指人對物或人對人的一種經濟上相互聯繫的利害關係，而不是說所謂精神或其他方面的利害關係。這種經濟上的利害關係可能是財產保險中的直接利益關係，也可能是人身保險中的間接利益關係。對財產保險來說，保險利益能用金錢計算或者估計。因為如果無法用金錢來衡量，在保險標的發生損失時，保險人將無法補償，保險人是對被保險人進行的補償，只能是經濟性質的，他無法補償被保險人受損的原物，況且有的保險標的不具可複製性，比如古董。對於人身保險來說，人身保險是以人的壽命和身體為保險標的的，保險人也無法補償你的壽命或身體，保險人對由於保險事故的發生對保險標的即被保險人所致人身間接引起的經濟上的損失給予保障。

3. 保險利益必須是可以確定的利益

對於財產保險來說，無論是已有的還是預期的（比如預期利潤）都可以成為保險的標的，但是這種利益必須明確，也就是說必須有一個確定的以貨幣計算的數額。在海上貨物運輸保險中，我們通常按照貨物價值的110%投保，其中含有10%的預期利潤。在保險合同中會有一個確定的保險金額。對於所謂「無價之寶」的古董在投保時，也必須事先對其進行估價，確定一個保險金額。

（二）保險利益原則的意義與時效

在保險業務中，必須遵守保險利益原則（Principle of Insurable Interest），是指從法學的角度看，保險利益作為保險合同的效力要件，投保人或被保險人對保險標的不具有保險利益的，會影響保險合同的法律效力和當事人享受權利與履行義務。那麼投保人或被保險人在什麼時候應該有保險利益，也就是保險利益的時效問題（合同訂立時、合同存續期間、保險事故發生時）。一般來講，被保險人必須在發生損失時具有保險利益沒有異議。但是對於投保人的保險利益時效問題，卻存在不同看法。《保險法》第12條規定：人身保險的投保人在保險合同訂立時，對被保險人應當具有保險利益。財產

保險的被保險人在保險事故發生時，對保險標的應當具有保險利益。第 31 條規定：
（人身保險合同）在訂立合同時，投保人對被保險人不具有保險利益的，合同無效。第
48 條規定：（財產保險）保險事故發生時，被保險人對保險標的不具有保險利益的，
不得向保險人請求賠償保險金。

二、保險利益的主體

保險利益的主體是指對保險標的具有保險利益的人。中國《保險法》對人身保險
和財產保險分別進行了規定。

（一）人身保險的保險利益主體

中國《保險法》第 12 條第 1 款規定：人身保險的投保人在保險合同訂立時，對被
保險人應當具有保險利益。第 31 條第 1 款規定：投保人對下列人員具有保險利益：本
人；配偶、子女、父母；前項以外與投保人有撫養、贍養或者扶養關係的家庭其他成
員、近親屬；與投保人有勞動關係的勞動者。第 2 款規定：除前款規定外，被保險人
同意投保人為其訂立合同的，視為投保人對被保險人具有保險利益。這些規定結合起
來看，結果就是：經被保險人同意，任何人可以作為投保人為被保險人投保人身保險；
被保險人的家庭成員、近親屬、雇主等投保使被保險人純獲利益的人身保險，可以不
經被保險人同意。所以人身保險要求投保人在投保時對保險標的具有保險利益，或者
說人身保險保險利益的規制對象是「投保人」。

在判斷對他人的生命或身體是否具有投保人身保險的保險利益時，通常有兩種觀
點：一是利害關係論。這種觀點的主張是只要被保險人的存在對投保人具有精神或物
質幸福，被保險人的死亡或傷殘會造成投保人的痛苦和經濟損失，只要有這種利害關
係存在就具有保險利益。英美等國一般採用這種論點。二是同意或承認論。這種觀點
主張只要投保人徵得被保險人的同意或承認，就對其生命或身體具有保險利益。日本、
德國、瑞士等國採用這種論點。中國採用的是二者相結合的觀點，即採用限制家庭成
員關係範圍和經濟依賴關係，並結合被保險人同意的方式確定人身保險的保險利益。

（二）財產保險的保險利益主體

依照現行《保險法》的解釋，對於財產保險而言要求被保險人在保險事故發生時
必須對保險標的具有保險利益，而沒有要求被保險人在訂立保險合同時也必須具有保
險利益。這與英國《1906 年海上保險法》第 6 條第 1 款的規定一致：在保險標的發生
損失時，被保險人對保險標的必須具有保險利益，儘管在訂立保險契約時他沒有取得
保險利益的必要。中國對財產保險的保險利益主體在《保險法》中作出了與人身保險
不同的規定，或者說規制的對象為「被保險人」。

財產保險的保險利益可分為財產上的既有利益、基於現有利益而產生的期待利益、
責任利益等三類。

財產保險上的既有利益是指投保人或被保險人對保險標的所享有的現存利益。既
有利益不以所有權利益為限，主要包括：

（1）財產所有人對其所有的財產擁有的利益；

（2）抵押權人、質權人、留置權人對抵押、出質、留置的財產擁有的利益（但債權人對債務人沒有設定抵押權、質押權、留置權的其他財產則不應認定有保險利益）；

（3）合法佔有人對其佔有的財產擁有的利益；

（4）財產經營管理人對其經營管理的財產擁有的利益。

期待利益是指投保人或被保險人對保險標的利益尚未存在，但基於其既有權利預期未來可獲得的利益。期待利益必須具有得以實現的法律根據或合同根據。

責任利益是指因被保險人依法應承擔民事賠償責任而產生的經濟利益。

三、保險利益原則的作用

1. 保險利益原則可以防止賭博行為的發生

保險不是賭博，保險不能讓與保險標的無利害關係的人額外受益，如果投保人以他人生命、財產作為對象投保，受益人或被保險人又是投保人自己，這無異於賭博行為。在保險業發展的初期因缺少相關法律法規的約束，一些類似於賭博行為的保險事例屢見不鮮。英國歷史上曾經出現過賭博保險，有人以與自己毫無利害關係的遠洋船舶為標的買保險，如果船舶安全到達目的地，投保者只是損失支付的保險費而已；如果船舶不幸遇難，投保者則可以獲得巨額保險賠償。也有人以與自己毫無關係的他人的生命為對象下賭注，勞合社就出現過一份投保拿破侖死亡或被活捉到英國的保險單[1]。這種情況的出現必將大大影響正常的保險業的發展。保險利益原則的存在可以從根本上杜絕這種現象的發生，避免把保險變成賭博，避免與保險標的無利害關係的人從他人人身或財產的損失中獲益。

2. 保險利益原則可以防止道德風險

道德風險是指被保險人或受益人為了獲得保險賠償而故意損壞保險標的。保險利益原則要求被保險人在發生損失時具有保險利益才有權利向保險人索賠，這就可以防止投保人或被保險人放任或促使其不具有保險利益的保險標的發生保險事故，以謀取保險賠償。如果法律不規定保險必須具有保險利益，保險的經營勢必縱容道德風險的產生，破壞社會公德，增加社會財富受損的可能性。

3. 保險利益原則可以限制保險賠償的程度

保險通過補償被保險人或受益人的損失，保障了被保險人或受益人的利益。被保險人或受益人實際能夠享有的保障不能超過其損失範圍。保險利益是保險人所補償損失的最高限額，被保險人所主張的賠償金額不得超過其保險利益的金額或價值。如果不堅持這個原則，投保人或被保險人可能會獲得與所受損失不相稱的高額賠償，從而損害保險人的利益。中國《保險法》第55條第3款規定：保險金額不得超過保險價值。超過保險價值的，超過部分無效，保險人應當退還相應的保險費。

---

[1] 劉愈. 保險學 [M]. 北京：科學出版社，2005：126.

第二節　最大誠信原則

一、最大誠信原則的含義

誠信就是誠實、信用，誠實信用原則是對民事活動的參加者不進行任何詐欺、恪守信用的要求。中國《保險法》第 5 條規定：保險活動當事人行使權利、履行義務應當遵循誠實信用原則。誠信原則是保險業的生命線。投保人或被保險人不如實告知或騙賠、保險人在經營與理賠方面的不誠信等行為，在一定程度上影響了保險業健康發展。

最大誠信原則（Principle of Utmost Good Faith）又稱「最高誠信原則」，它是指在保險業務中要求保險合同的各方當事人都必須最大程度地恪盡職守，遵守誠實與信用原則。最大誠信原則作為現代保險法的基本原則之一，最早起源於海上保險。要求最大誠信原則源於投保人與保險人的信息不對稱，在早期的海上保險中，投保人投保時作為保險標的的船舶或者貨物經常已在海上或在其他港口，真實情況如何，在當時的條件下，只能依賴於投保人的告知；保險人根據投保人的告知決定是否承保及估算保險風險、確定保險費率。因此投保人或被保險人告知的真實性對保險人來說有重大的影響。同時，由於保險業本身的複雜性，投保人或被保險人可能並不精通保險，這也要求保險人不得誘騙投保人投保或者隱藏免責條款。因此，誠信原則對保險合同當事人的要求較一般的民事合同要求就更高、更具體，即要遵守最大誠信原則。英國《1906 年海上保險法》第 17 條規定：海上保險合同是建立在最大誠信原則基礎上的契約，如果任何一方不遵守最大誠信原則，另一方可以宣告契約無效。

二、最大誠信原則的內容

(一) 投保人或被保險人最大誠信體現

1. 告知

告知（Disclose）又可稱為披露，是指投保人或被保險人在簽訂合同時，應該將其知道的或推定應該知道的有關保險標的的重要事實如實向保險人進行說明。告知是最大誠信原則的基本內容之一。

(1) 告知的主體。

中國《保險法》第 16 條規定：訂立保險合同，保險人就保險標的或者被保險人的有關情況提出詢問的，投保人應當如實告知。本條作為一般性規定適用於財產保險和人身保險，在這兩種保險中告知義務的主體都是投保人；英國《1906 年海上保險法》和中國 1992 年《海商法》規定是被保險人。海上保險是財產保險的一種，在投保人和被保險人是同一主體的情況下，應該沒有問題。那麼在投保人和被保險人不是同一個主體時，到底是投保人還是被保險人有如實告知的義務呢？二者看似矛盾實則統一的原因在於海上保險的特殊性。尤其是海上貨物運輸保險的特殊性，在國際貨物貿易運

輸保險中，通常的兩種做法是：出口方或進口方為自己的利益投保，被保險人為自己時，投保人即被保險人，即使出口日後將保單背書轉讓被保險人變更為進口方，因為簽訂合同之時，保險人所知道的被保險人和投保人就是出口方自身，其不可能要求保單轉讓之後的進口方提供信息。因此履行告知的義務是出口方自身即投保人與被保險人為同一方。另一種做法是進口方要求出口方代理辦理保險，出口方成為進口方的代理人與保險人商定保險合同。這時，被保險人為進口方，投保人看似是出口方，但是出口方為代理，其行為結果歸於被代理人即進口方，投保人代理人的告知也視為其本人的告知，由代理人履行告知義務也就等同委託人履行了告知義務。

前面所說的都是在合同訂立之前的告知主體是投保人，那麼合同訂立之後，被保險人或受益人也成為告知的主體。如危險程度顯著增加時的通知義務和保險事故發生時的通知義務，主體就包括被保險人或受益人。

（2）告知的內容。

①合同訂立前的如實告知義務。

對此各國法律都做了詳細規定，如英國《1906年海上保險法》第18條第1款規定：根據本條的規定，在訂立合同前，被保險人必須將其知道的每一項重要情況向保險人披露，被保險人應該知道其一般業務過程中必須知道的一切情況，如果被保險人沒有向保險人做這種披露，保險人可以宣告合同無效。中國《海商法》第222條同樣規定：合同訂立前，被保險人應當將其知道的或在通常業務中應該知道的有關影響保險人據以確定保險費率或者確定是否同意承保的重要情況如實告知保險人。中國《保險法》第16條規定：訂立保險合同，保險人就保險標的或者被保險人的有關情況提出詢問的，投保人應當如實告知。第32條規定：投保人申報的被保險人年齡不真實，並且其真實年齡不符合合同約定的年齡限制的，保險人可以解除合同，並按照合同約定退還保險單的現金價值。

根據中國《保險法》第16條的規定，履行告知義務的主體是投保人，但是一般認為被保險人也有如實告知義務。

關於告知的範圍是「無限告知主義」還是「詢問告知主義」，各國法律規定有所差異。英國《1906年海上保險法》對被保險人履行告知義務採用「無限告知主義」，無論保險人詢問與否，被保險人都需要向保險人告知關於投保標的的所有重要事項。中國《海商法》和《保險法》採用的卻是「詢問告知主義」，投保人只要如實告知保險人詢問的所有事項，就被視為履行了法律規定的告知義務。

②危險程度增加時的通知義務。

在保險合同有效期內，如果發生保險標的遭受的危險程度顯著增加的情況，被保險人應及時通知給保險人，否則會產生對被保險人不利的法律後果。《保險法》在第52條第1款規定：在合同有效期內，保險標的的危險程度顯著增加的，被保險人應當按照合同約定及時通知保險人，保險人可以按照合同約定增加保險費或者解除合同。

同時在發生保險標的轉讓時，被保險人或受讓人也應當及時通知保險人（貨物運輸合同和另有約定的除外），否則因保險標的轉讓導致保險標的危險程度顯著增加而發生的保險事故，保險人不承擔賠償的責任。中國《保險法》在第49條有明確的規定。

③發生保險事故時的通知義務。

在保險合同有效期內，如果保險標的遭遇到了保險事故，相關人員需要按約定及時通知給保險人。中國《保險法》第21條規定：投保人、被保險人或者受益人知道保險事故發生后，應當及時通知保險人。

2. 保證

保證（Warranty）是指保險人要求投保人或被保險人對某一事項的作為或不作為，或者某種狀態存在與不存在做出的許諾或擔保。保證是保險合同的基礎，是保險人承擔保險責任對投保人或被保險人要求必須履行的條件。如果投保人或被保險人違反保證事項，保險人有權解除合同，不給予被保險人經濟賠償。

（1）根據表現形式，保證可以分為明示保證和默示保證。

明示保證是指以文字書面記載於保險合同之中，是投保人或被保險人做出的明確的承諾或擔保。如在投保盜竊險時，被保險人保證安裝防盜門、防盜窗。在車輛保險中，保證妥善保養等。明示保證是保證最重要的表現形式。

默示保證是指沒有明確記載於保險合同，而是國際慣例所通行的準則，或社會公認、習慣上的投保人或被保險人應該遵守的保證。在海上保險中通常有三項默示保證：合法航行、船舶適航和不得繞航。這三項保證不必寫在保險合同中，但是投保人或被保險人也得遵守。默示保證的效力與明示保證同樣。

（2）根據保證內容，保證可以分為確認保證和承諾保證。

所謂確認保證是指對過去或現在某一特定事項或狀態存在與否的保證。如在人身保險中，投保人或被保險人做出的健康保證是對過去和現在投保之時的健康良好保證，而不是保證將來也一定如此。

所謂承諾保證是指對將來某一事項的作為或不作為的保證。如投保人或被保險人保證不在家中放置危險物品，某一演員保證在拍戲時不做危險動作等，都屬於對今后事項的不作為保證。如投保人保證在船舶開航之時船上有35個合格船員則屬於作為的保證。

中國《保險法》中沒有明確的關於保證事項的規定，但是有「被保險人應當維護保險標的安全」的規定。

(二) 保險人最大誠信的表現

保險人的最大誠信表現主要為說明、棄權與禁止反言。

1. 訂立合同前的說明義務

所謂保險人的說明義務是指在簽訂保險合同時，保險人應該向投保人說明保險合同條款內容，特別是免責條款。中國《保險法》第17條第1款規定：訂立保險合同，採用保險人提供的格式條款的，保險人向投保人提供的投保單應當附格式條款，保險人應當向投保人說明合同的內容。第2款規定：對保險合同中免除保險人責任的條款，保險人在訂立合同時應當在投保單、保險單或者其他保險憑證上作出足以引起投保人注意的提示，並對該條款的內容以書面或者口頭形式向投保人作出明確說明；未作提示或者明確說明的，該條款不產生效力。

中國採用的是明確列明加說明的方式對保險人的說明義務附以嚴格責任，只要保險人未盡說明義務，就構成對說明義務的違反，不管保險人是否存在主觀過錯。「明確說明」應是指保險人在與投保人簽訂保險合同之前或簽訂保險合同之時，對於保險合同中所約定的免除條款除在保險單上提示投保人注意外，還應當對免除條款的概念、內容及其法律后果等向投保人或其代理人作出解釋，以使投保人明瞭該條款的真實含義和法律后果。

為了使保險人不能利用其自身的專業優勢在保險合同中通過文字設立被保險人或受益人索賠的障礙，在《保險法》第 30 條中作了對格式條款解釋不利於保險人的規定，本條規定：採用保險人提供的格式條款訂立的保險合同，保險人與投保人、被保險人或者受益人對合同條款有爭議的，應當按照通常理解予以解釋。對合同條款有兩種以上解釋的，人民法院或仲裁機構應當作出有利於被保險人和受益人的解釋。

2. 棄權與禁止反言

棄權是指保險合同的一方當事人（主要為保險人）出於某種目的放棄其在保險合同中可以主張的某種權利。棄權可以用明示方式表示，比如在保單中載明棄權行為均須以文字說明，否則無效。也可以用默示方式表明，比如從保險人的行為中推斷。例如，投保人沒有按期繳納保險費，或者違反保證事項，保險人由此可以獲得解除合同的權利，但是如果保險人繼續收取投保人逾期繳納的保險費，則可以證明保險人選擇放棄行使這種解除權，繼續維持合同的效力。

禁止反言或稱為禁止抗辯，是指保險人既然已經放棄其依合同取得的某種權利，就不能將來再向投保人或被保險人主張這種權利。棄權與禁止反言應該是統一的，都主要是約束保險人，是保險人恪守誠信的表現。《保險法》第 16 條第 6 款規定：保險人在合同訂立時已經知道投保人未如實告知的情況的，保險人不得解除合同；發生保險事故的，保險人應當承擔賠償或者給付保險金的責任。這條應該是保險人棄權與禁止反言的體現。依據第 16 條第 2 款的規定，如果投保人未盡如實告知義務足以影響保險人決定是否同意承保或者提高保險費率的，保險人有權解除合同。但是，如果保險人訂立合同時已經知道投保人違反如實告知義務依然與其訂立合同，則應視為其放棄解除合同的權利，那麼之後，保險人就不能再以投保人違反如實告知義務為理由抗辯投保人，保險人依然要承擔由於保險事故造成的損失。

三、違反最大誠信原則的法律后果

（一）投保人或被保險人違反最大誠信原則的法律后果

1. 違反如實告知義務的法律后果

如果違反如實告知義務，根據是否主觀上的故意違法，法律后果不同。在中國分成主觀故意違反和過失違反兩類，同時考慮違反情節客觀上的嚴重程度。

（1）違反合同訂立前的如實告知義務

《保險法》第 16 條第 2 款規定：投保人故意或者因重大過失未履行前款規定的如實告知義務，足以影響保險人決定是否同意承保或者提高保險費率的，保險人有權解

除合同。

第 16 條第 4 款規定：投保人故意不履行如實告知義務的，保險人對於合同解除前發生的保險事故，不承擔賠償或者給付保險金的責任，並不退還保險費。

第 16 條第 5 款規定：投保人因重大過失未履行如實告知義務，對保險事故的發生有嚴重影響的，保險人對於合同解除前發生的保險事故，不承擔賠償或者給付保險金的責任，但應當退還保險費。

第 16 條第 6 款對例外做出了規定：保險人在合同訂立時已經知道投保人未如實告知的情況的，保險人不得解除合同；發生保險事故的，保險人應當承擔賠償或者給付保險金的責任。

第 16 條第 3 款規定：（合同解除權）自保險人知道有解除事由之日起，超過三十日不行使而消滅。自合同成立之日起超過兩年的，保險人不得解除合同；發生保險事故的，保險人應當承擔賠償或給付保險金的責任。

（2）違反通知義務的法律后果

對於違反危險程度顯著增加時的通知義務，《保險法》在第 52 條第 1 款規定：在合同有效期內，保險標的的危險程度顯著增加的，被保險人應當按照合同約定及時通知保險人，保險人可以按照合同約定增加保險費或者解除合同。保險人解除合同的，應當將已收取的保險費，按照合同約定扣除自保險責任開始之日起至合同解除之日止應收的部分后，退還投保人。第 2 款規定：被保險人未履行前款規定的通知義務的，因保險標的的危險程度顯著增加而發生的保險事故，保險人不承擔賠償保險金的責任。

對於違反保險事故發生后的通知義務，《保險法》第 21 條規定：投保人、被保險人或者受益人知道保險事故發生后，應當及時通知保險人。故意或者因重大過失未及時通知，致使保險事故的性質、原因、損失程度等難以確定的，保險人對無法確定的部分，不承擔賠償或者給付保險金的責任，但保險人通過其他途徑已經及時知道或者應當及時知道保險事故發生的除外。

相比較於 2002 年的《保險法》的規定，2009 年新《保險法》關於通知義務的規定減輕了被保險人等的通知義務，對保險人以被保險人違反通知義務的拒賠做出了條件限制，將以前的實踐做法納入法律之中。

2. 違反保證的法律后果

由於保證是訂立保險合同的條件和基礎，其關係到保險人所承擔的風險發生的可能，影響到保險確定保險費或是否承保，也是投保人或被保險人恪守信用、遵守承諾的體現，因此各國法律對投保人或被保險人遵守保證的要求非常嚴格，不論是明示保證還是默示保證，也不管是確認保證或承諾保證，只要投保人或被保險人違反保證，即使沒有對保險人造成損害，保險人均有權解除保險合同，並對由此造成的被保險人的損失或損壞不承擔賠償責任。

3. 詐欺的法律后果

《保險法》第 27 條規定：①未發生保險事故，被保險人或者受益人謊稱發生了保險事故，向保險人提出賠償或者給付保險金請求的，保險人有權解除合同，並不退還保險費。②投保人、被保險人故意製造保險事故的，保險人有權解除合同，不承擔賠

償或者給付保險金的責任；除本法第四十三條規定外，不退還保險費。③保險事故發生后，投保人、被保險人或者受益人以偽造、變造的有關證明、資料或者其他證據，編造虛假的事故原因或者誇大損失程度的，保險人對其虛報的部分不承擔賠償或者給付保險金的責任。

第43條規定：①投保人故意造成被保險人死亡、傷殘或者疾病的，保險人不承擔給付保險金的責任。投保人已交足二年以上保險費的，保險人應當按照合同約定向其他權利人退還保險單的現金價值。②受益人故意造成被保險人死亡、傷殘、疾病的，或者故意殺害被保險人未遂的，該受益人喪失受益權。

(二) 保險人違反最大誠信原則的法律后果

保險人違反最大誠信原則的主要表現是未盡說明義務、阻礙投保人履行如實告知義務、誘騙、欺騙投保人或被保險人簽訂保險合同。中國《保險法》對此做了明確規定：

1. 未盡說明義務的法律后果

中國《保險法》第17條第2款規定：對保險合同中免除保險人責任的條款，保險人在訂立合同時應當在投保單、保險單或者其他保險憑證上作出足以引起投保人注意的提示，並對該條款的內容以書面或者口頭形式向投保人作出明確說明；未作提示或者明確說明的，該條款不產生效力。

2. 其他違反最大誠信的法律后果

中國《保險法》第116條規定：保險公司及其工作人員在保險業務活動中不得有下列行為：①欺騙投保人、被保險人或者受益人；②對投保人隱瞞與保險合同有關的重要情況；③阻礙投保人履行本法規定的如實告知義務，或者誘導其不履行本法規定的如實告知義務。第161條規定：保險公司有上述第116條規定行為之一的，由保險監督管理機構責令改正，處五萬元以上三十萬元以下的罰款；情節嚴重的，限制其業務範圍、責令停止接受新業務或者吊銷業務許可證。

第三節　近因原則

一、近因和近因原則的含義

(一) 近因

近因（Proximate Cause）在保險中指的是保險標的損失與造成損失的風險之間的因果關係，「因」為風險，「果」為損失。所謂近因是指造成損失的最直接、最有效、起決定性作用的風險原因。1924年英國上議院在宣讀法官的判詞中，對近因的含義做了明確說明：「近因是指處於支配地位或者起決定作用的原因，即使在時間上它不是最近的。」近因指的不是時間上或空間上的近，而是指在因果邏輯關係上的近。也就是說，保險損失的近因，是指引起保險事故發生的最直接、最有效、起主導作用或支配作用

的原因。如果沒有某種風險的發生，就不會有后面一連串事件的發生，也就不會發生損失，那麼這個風險就是造成損失的近因，因為在損失的發生中它起到主導作用或者說支配作用。

(二) 近因原則

近因原則（Principle of Proximate Cause）是在保險理賠過程中必須遵守的重要原則之一，是民法中因果法律關係在保險中的體現，對確定發生的保險事故是否屬於保險人承保的責任範圍以及能否獲得保險人賠償至關重要。近因原則的基本含義是：在風險與保險標的的損失關係中，如果造成保險標的損失的近因屬於保險人的承保風險責任，保險人則應該負責賠償；如果近因屬於保險人的未保的風險或者為保險人的除外風險，則保險人不負責賠償。近因原則起源於海上保險，英國《1906年海上保險法》第55條規定：按照本法的規定，除保險單另有其他規定之外，保險人對由於屬於承保風險的近因所造成的損失負責賠償；但依上述規定，保險人對非為承保風險的近因所造成的任何損失不負責任。

遵守近因原則要求，在被保險人索賠中要提供證據證明造成保險標的損失的風險屬於近因且在保險人承保風險範圍之中，保險人在理賠時也會去判斷造成保險標的損失的近因是否在其承保風險範圍之中。

二、近因原則在保險中的具體運用

近因判斷的正確與否，關係到保險各方當事人的切身利益，近因原則對保險來講其重要作用不言而喻，雖然中國相關保險法沒有明確對近因原則的規定，但是在司法實踐中也應該遵循這種原則。

在實踐中，保險標的受損的原因可能多種多樣，對近因的認定也相當複雜，特別是當造成保險標的的損失的原因有兩個或兩個以上時，要正確認定近因似乎並不容易，有時個人的思維也會影響判斷的結果，但是保險責任的確定又取決於近因的認定。因此，對近因的判斷一定要慎重，要根據具體情況進行分析，從眾多原因中找出對損失發生最起作用、最有效果、起支配作用的原因即近因來。

(一) 單一原因致損的近因認定

如果造成保險標的損失的原因風險就只有一個，那麼這種風險就是造成損失的近因。如果該風險屬於保險人的承保範圍，那麼保險人應該負責賠償，否則不賠。

(二) 多種原因致損的近因認定

如果導致保險標的損失的原因有兩種或兩種以上，則近因的認定要依據不同的具體情況。

（1）造成損失的多種原因接連發生，持續不斷，彼此互為因果關係，前后形成邏輯嚴密的因果鏈，則最先發生並造成后面事故發生的原因即為近因。如果其在保險人承保風險範圍，則保險人應該負責賠償；否則，保險人不負賠償責任。

美國有一個著名的例子經常被引用：有一艘船舶在海上航行時遭遇海難，大量海

水湧入船艙，將其中裝載的皮革浸泡。皮革因被海水浸泡發生質變散發出濃重的腐爛的味道，將合理配載於同一船艙的菸葉熏壞變味以至於完全變質。貨物投保了水漬險，被保險人以海難為近因向保險人索賠，但是保險人認為菸葉包裝並沒有水漬而拒絕對菸葉的損失進行賠償。本案中造成皮革損失的近因很明顯就是海難，焦點是造成菸葉損失的近因是什麼。表面看菸葉由於串味而變質，串味險屬於一般附加險，貨主只投保了水漬險沒有加保串味險，保險人拒賠是有道理的。但是我們知道近因是指造成保險標的損失最有效的原因，那麼串味是否就是造成菸葉受損最有效的原因呢？如果我們繼續追問，菸葉為何會串味呢？是由於皮革腐爛，而皮革腐爛又是因為海水進艙，造成海水進艙的原因是發生海難，海難是最初的事件。我們從結果往前推原因，可以看出，從菸葉串味受損、皮革腐爛、海水進艙到海難，各個事件接連發生形成一個完整的因果鏈，如果沒有最初的事件海難發生就不會有后面一連串的事件，也就不會有菸葉的串味損失。因此，在這個案例中，海難才是造成菸葉受損的最有效的、起支配作用的原因，即近因。海難屬於水漬險的承保風險範圍，保險人應該賠償，即使或者沒有投保串味險。

（2）多種原因接連發生，但是形成的因果鏈被新的、相對獨立的原因打斷。則在這些原因中，造成因果鏈中斷的原因就是近因，而不是最初發生的事件。如果其在保險人承保風險範圍，則保險人應該負責賠償；否則，保險人不負賠償責任。

例如：貨物出口方將貨物運到碼頭準備裝船，不料突降暴雨，無法繼續裝船，貨主只能將貨物放在碼頭倉庫中，等待明天繼續裝船。不料晚上小偷混入碼頭，偷走了一部分貨物。出口方在運往碼頭之前已經向保險公司投保了海洋運輸貨物保險平安險條款，那麼保險公司是否要賠償貨主的損失呢？在這個案例中造成貨損的近因是什麼呢？我們可以從最初事件來推理，暴雨、偷竊、貨損，這三個事件是否可以形成一個邏輯關係緊密的因果鏈呢？如果可以形成因果鏈，則最初的事件暴雨就是近因，顯然，暴雨不是導致偷竊的原因，也就是說偷竊的發生不是由於暴雨導致的，所以三者之間不能形成一條因果鏈，最初的事件暴雨也就是不能作為貨物的近因，偷竊才是打破因果鏈、新插入的獨立的事件，它才是造成貨損的近因。偷竊不屬於平安險範圍，因此保險人不能賠償。

（3）多種原因同時發生或先后發生，但是多種原因之間不存在因果關係，都是相互獨立的事件。那麼這些相互獨立的事件都是造成保險標的損失的近因，如果這些風險都在保險的承保範圍，則保險人應該都予以賠償；如果這些近因都是保險人的除外責任或非承保風險，則保險人都不予賠償；如果這些近因有的是保險人承保範圍，有的是保險人的除外責任或非承保風險，則情況還要在細分，假設造成保險標的的損失可以分開認定，哪部分損失是由於承保風險造成的，哪部分屬於保險人的除外責任或非承保風險造成的，則保險人應該賠償屬於其承保範圍的近因造成的損失，如果不能清楚的區分，原則上保險人不予賠償，保險人可以與被保險人協商解決。

第四節　損失補償原則

一、損失補償原則的含義與意義

損失補償原則（Principle of Indemnity）作為保險的基本原則之一，是指當保險標的遭遇到保險事故發生損失時，被保險人可以從保險人那裡得到損失補償。其包含兩層意思：一是有損失才有補償，被保險人只有遭遇到風險造成損失且近因屬於保險人承保範圍，才能得到保險人的賠償，如果只有風險而沒有發生損失，則不能得到賠償；二是損失多少，補償多少，保險人對被保險人的財產損失進行補償是有限度的，即賠償給被保險人的是其實際發生的損失，被保險人不能取得額外利益。

保險是被保險人進行風險轉移的途徑之一，它不是被保險人獲利的手段或方式，這種風險轉移使被保險人即使在遭遇風險發生之後，仍然可以通過保險人的經濟補償使其在經濟上恢復到受損之前的狀態，使其可以再正常經營。「損失多少，補償多少」也可以防止被保險人的道德風險的發生，如果允許被保險人可以獲得其損失之外的額外利益，則相當於變相鼓勵被保險人的不道德行為的發生，這也真正體現保險的基本作用。

按照保險性質的「二元學說」的代表德國學者愛倫伯格的觀點：保險合同不是損失補償合同，就是以給付一定金額為目的的合同。中國保險法對人身保險和財產保險的解釋：保險的損失補償原則主要適用於財產保險，人身保險則是給付保險金性質的，比如人壽保險和意外傷害保險。也有一種觀點認為，在人身保險合同中也有例外，比如醫療保險，其可以採用約定保險金給付，也可以採用補償的方式，因為醫療費用的損失是可以確定的，類似於一般財產保險。本節以下內容如沒有特殊說明，都指的是財產保險。

二、損失補償的賠償限制原則

（一）保險補償以實際損失為限

保險補償以實際損失為限是指在不定值保險中，保險人對被保險人的因遭遇保險事故造成的保險標的損失的賠償不能超過被保險人的實際上的經濟損失。中國《保險法》第55條第2款規定：投保人和保險人未約定保險標的的保險價值的，保險標的發生損失時，以保險事故發生時保險標的的實際價值為賠償計算標準。按照此款規定，被保險人的保險標的在經濟上恢復到受損之前的狀態，保險人只能以發生損失時的市場價格來確定賠償金額，最多不超過實際損失金額。這樣的規定就是為了防止被保險人從保險賠償中獲得額外利益。

如張某在年初給他的房屋投保時，房屋市值100萬元，張某也為他的房屋投保了100萬元，不料幾個月之后，其房屋失火，房屋被完全燒毀。保險人經過調查，發現現在的該房屋市值縮水（比如遇到國家政策調控，房屋價格下跌）至70萬元，那麼保險

人只能按照該房屋現在的價值賠償給被保險人70萬元。

(二) 保險補償以保險金額為限

保險金額是保險人承擔損失賠償的最高限額，被保險人可以獲得的損失賠償也只能以保險金額為限。在定值保險中，因保險人的賠償是以保險價值為基礎的，如果為足額保險，即保險金額等於保險價值，在發生全損時，賠償金額等於保險價值，也就等於保險金額。如果發生部分損失，損失金額小於保險價值，則賠償金額按照損失金額與保險價值的比例進行賠償，不會超出保險金額。在不定值保險中，如果是足額保險即保險金額等於保險價值，發生全損時，保險人賠償全部損失即保險金額，如果發生部分損失則賠償損失金額；如果是超額保險，根據中國保險法規定，超過部分無效，保險人最高賠償還是保險金額；如果是不足額保險即保險金額小於保險價值，則保險人按照保險金額與保險價值的比例賠償損失，最高也不會超出保險金額。

如李某為其一項價值100萬的財產投保了80萬的保險，則當該財產發生保險人承保範圍內的保險事故造成全損時，保險人對李某的賠償最高為80萬元。

(三) 保險補償以保險利益為限

這裡包含兩層含義：一是被保險人要想能得到保險人的賠償，前提條件是財產保險中被保險人必須在保險標的發生損失時具有保險利益，否則其無權向保險人索賠；二是其索賠金額不能超過其具有的保險利益。

如在房屋抵押貸款中，銀行往往要求購者為抵押的房屋投保，假設投保了100萬元保額，銀行貸出款項60萬元，那麼當房屋發生100萬財產損失時，銀行只能得到60元的保險賠償，因其只擁有該房屋60萬元的保險利益。

以上三個限制原則相互制約，不能分割對待，保險人對被保險人的賠償以實際損失、保險金額、保險利益三者中金額最少的限額為保險賠償的最高限額。

此外，保險的賠償金額可能還會受保險合同中的免賠額的限制，使實際保險人的賠償金額可能低於上述三者金額最少的限額。免賠額是指如果保險標的發生保險事故造成損失，在有免賠額的條件下，要求被保險人自己負擔一定金額或比例的損失，然后由保險人負責賠償剩下的余額。

三、損失補償的方式

保險標的發生保險人承保的保險事故造成的損失，可以根據受損標的的性質和受損程度選擇合適的方式進行補償。

(一) 現金方式

現金方式即貨幣補償，現金方式是保險補償最常見的賠付方式，通常在財產保險和人身保險中採用，尤其是人身保險、信用與保證保險、責任保險更是如此。

(二) 修復方式

修復方式即恢復保險標的受損之前的狀態。當保險標的發生部分殘損時，可以由保險人委託有關維修部門對保險標的進行修復，費用由保險人承擔。如在投保的汽車

發生碰撞損失之后，可以採用修理的方式。

(三) 更換方式

更換方式即換置，發生部分損失的保險標的的零部件如無法修復則採用以新換舊的方式進行賠付。如當汽車某零部件發生損壞無法修復時，保險人可以為為被保險人購置新的同等型號、同等規格的零部件進行替換，以此作為賠付方式。

(四) 重置方式

重置方式即購買新的保險標的。當保險標的物損毀或完全滅失時，保險人可以重新購置與之等價的標的，以恢復被保險人受損之前的財產。

第五節　損失補償原則的派生原則

一、重複保險分攤原則

中國《保險法》第56條第4款對重複保險做了定義：重複保險是指投保人對同一保險標的、同一保險利益、同一保險事故分別與兩個以上保險人訂立保險合同，且保險金額總和超過保險價值的保險。一般不允許投保人進行重複保險，但在特殊情況下確實存在重複保險的情況，如在海上貨物運輸保險中可能存在與出口地保險人簽訂保險合同又與進口地保險人簽有保險合同的情況。當然，也可能存在投保人為了獲得更多的賠付有意的簽訂重複保險合同。那麼在存在重複保險的情況下，是否被保險人可以從不同保險人那裡得到賠償使其獲得實際損失之外的收益呢？根據保險的性質，保險不能使被保險人獲得額外收益，根據補償原則其所得賠付不得超出實際損失金額。因此，在重複保險下，各個保險人該如何賠付被保險人的損失，這就涉及重複保險下的分攤原則。

(一) 分攤原則的含義

分攤原則（Principle of Contribution）是指如果投保人重複保險，被保險人的索賠金額由各保險人採用適當的方式進行分攤，賠償總額不得超出被保險人的實際損失金額。分攤原則的意義在於在承認重複保險存在的情況下，仍然維護保險的性質和補償原則的實現，也因此將重複保險的分攤原則作為損失補償原則的派生原則之一。

重複保險分攤原則適用於像財產保險這種保險補償合同，不適用於保險給付合同，包括人壽保險和意外傷害保險。

(二) 構成重複保險的條件

（1）同一個投保人的投保行為。即同一個投保人與不同保險人就同一個的保險標的簽訂多個保險合同。同一個保險標的可能存在多個具有保險利益的人，如抵押權人對被抵押物有保險利益，被抵押物的所有權人同樣對被抵押物具有保險利益，所有權人和抵押權人可以同時都為自己的保險利益投保，但這不是重複保險。

(2) 同一個保險標的。保險標的是保險事故發生時，可能遭受損失並需要保障的實體，是保險利益的載體。顯而易見，不同的保險標的即使向同一保險人投保也是不同的兩張合同，合同所指向的對象都不同。

(3) 同樣的保險利益。同一個保險標的對不同人可以利益不同，或者說不同主體基於標的的權益是不一樣的。對於同一個被抵押物，抵押權人和所有權人的利益是不同的。

(4) 同樣的保險事故。相同的保險事故要求投保人在不同保險人投保的是相同的險種和險別，或者說各個保險人承擔的風險是一樣的。

(5) 相同的保險期限。保險期限相同並不要求不同保險人的承保期間完全一致，只要存在部分期間的重複也同樣構成重複保險。

(6) 保險金額之和大於保險價值。無論中國保險法還是英國《1906年海上保險法》都規定重複保險的保險金額總和必須大於保險價值，否則不構成重複保險，只能算共同保險。

只有同時滿足上述六個條件才構成重複保險。

(三) 分攤的方式

重複保險的分攤方式通常採用三種：順序責任分攤、限額責任分攤和比例責任分攤。

1. 順序責任分攤

在重複保險下，各個保險人的責任依據其各自出立的保險單的順序確定賠償責任，先出單的保險人承擔主要責任。這種方式造成權利與義務的不對等。

如一批貨物價值10萬元，投保人分別向甲、乙兩家保險公司投保平安險，保險金額分別為8萬元和6萬元，貨物因在運輸途中船舶觸礁損失9萬元，根據順序責任分攤方式，甲保險公司承擔主要責任應賠付8萬元，乙保險公司承擔剩餘的1萬元損失。如果貨物損失是7萬元，則只由甲保險公司承擔賠付，乙公司不賠。

2. 限額責任分攤

在重複保險下，假設沒有其他保險人承保，分別計算各個保險人獨立承擔的賠付金額，然後將之加總作為基礎，計算各自所占的份額大小，以此比例作為賠付的計算方法。

如某企業將價值100萬元的財產同時向甲、乙兩家保險公司投保企業財產險，保險金額分別為80萬元和50萬元，在保險期間發生火災造成60萬元的損失。按照限額責任分攤方式，在假設沒有其他保險人的情況下，也就是說如果甲、乙都獨立承保的情形下，在發生60萬元的損失時，甲公司應賠償60萬元，乙公司應賠償50萬元，那麼甲乙賠償的計算基礎就是（60萬元＋50萬元）110萬元，分別計算各自賠付的比例為6/11和5/11。

3. 比例責任分攤

在重複保險下，各個保險人承擔的賠付責任大小是根據其所承保保險金額占所有保險人承保保險金額總和的比例來計算。

中國《保險法》第 56 條第 2 款規定：重複保險的各保險人賠償保險金的總和不得超過保險價值。除合同另有約定外，各保險人按照其保險金額與保險金額總和的比例承擔賠償保險金的責任。中國海商法也有同樣的規定。可見中國採用的是比例責任分攤原則。相比較而言，這種分攤方法把保險人承擔的賠付責任與其所承保的保險金額相聯繫，因保險費按保險金額計算，所以說也就是與收取的保險費相聯繫，平衡了保險的權利與義務，是較為公平的一種分攤方式。在實踐中，為了避免麻煩，保險人往往在合同中訂明採用何種方式承擔被保險人的損失分攤。

如中國某公司有一批價值 100 萬元的貨物出口到美國，出口方同時向甲、乙、丙三家保險公司投保一切險，投保金額分別為 40 萬元、60 萬元和 20 萬元，在海運途中遭遇海難造成貨物 60 萬元的損失，按照比例分攤原則：

甲保險公司承擔的損失 = 甲承保的金額/貨物總保險金額 × 貨物損失金額
$$= [40/(40+60+20)] \times 60 = 20（萬元）$$

乙保險公司承擔的損失 = 乙承保的金額/貨物總保險金額 × 貨物損失金額
$$= [60/(40+60+20)] \times 60 = 30（萬元）$$

丙保險公司承擔的損失 = 丙承保的金額/貨物總保險金額 × 貨物損失金額
$$= [20/(40+60+20)] \times 60 = 10（萬元）$$

通過這個例子我們可以發現，三家保險公司根據各自承保的比例賠償給被保險人的損失之和（20 + 30 + 10 = 60 萬元）與被保險人的實際損失相同，被保險人並沒有從重複保險中獲得額外的利益。這也正符合保險的損失補償原則。

二、代位原則

代位原則是指在財產保險中，保險標的發生保險事故造成推定全損，或者保險標的由於第三者責任導致保險損失，保險人依照保險合同約定履行賠償責任后，依法取得對保險標的的所有權或向保險標的損失負有責任的第三者的追償權。

代位原則可以分為權利代位和物上代位。

(一) 權利代位——代位追償原則

1. 代位追償原則的含義

權利代位即代位追償權。代位追償原則（Principle of Subrogation）是指當保險標的發生法律規定或合同約定應該由第三者負責賠償的損失時，自保險人向被保險人賠付保險金之日起，被保險人將其對第三者責任方追償的權利轉讓給保險人，由保險人代為向第三者進行追償。

代位追償原則作為損失補償原則的派生原則，其目的在於：防止被保險人既從第三者責任人得到賠償，又從保險人得到保險賠償，從而得到雙重賠償使賠償金額大於實際損失。該原則有利於被保險人及時迅速的獲得經濟補償，避免與責任人的過多糾紛，甚至訴訟，同時也維護了保險人自身的合法權益，使有關責任方承擔事故賠償責任。

代位追償原則適用於財產保險，人身保險中保險人無代位追償權，中國《保險法》

第 46 條規定：被保險人因第三者的行為而發生死亡、傷殘或者疾病等保險事故的，保險人向被保險人或者受益人給付保險金后，不享有向第三者追償的權利，但被保險人或者受益人仍有權向第三者請求賠償。

2. 行使代位追償權的條件

（1）造成保險標的損失的風險必須屬於保險人承保責任範圍。如果保險標的所遭遇的保險事故雖然是由第三者造成的，但如果不屬於保險人的責任範圍，就不存在保險人賠償的問題，也就不存在保險人向第三者追償的問題。

（2）保險事故的發生必須是由第三者的責任造成，由第三者依法承擔損害賠償責任，這樣，保險人才有可能有權利向第三者追償。如果第三者的行為在法律上不需要承擔民事賠償責任或者第三者的行為依法律、慣例是免責的，代位追償原則也不適用。

（3）代位追償權的取得以保險人履行賠償義務為前提。只有當保險人對被保險人的損失在其應承擔的賠付範圍內賠償之後，才能取得向第三者進行追償的權利。

（4）保險人的代位追償以賠償金額為限，即保險人向第三者責任行使追償權所獲得賠償，保險人自己只能保留與其支付的保險賠償金額相等的數額。超出部分要退還給被保險人。

（5）被保險人不能損害保險人的代位追償權。保險人之所以有權向第三者責任人索賠是基於被保險人將其向直接責任人索賠的權利轉讓給保險人。如果被保險人由於過失（比如錯過索賠時效）或主動放棄對第三者責任人的索賠權，則保險人無法獲得這種權利轉讓，也因此無法代位追償，無論這種放棄是在保險人賠付之前還是之後，都會損害保險人的利益，保險人可以不承擔賠償責任或扣減賠償金額。

（二）物上代位——委付

1. 物上代位的含義

物上代位（Subrogation on Salvage）是指在保險標的發生保險事故造成損失時，保險人按保險金額賠付被保險人的損失之後，取得保險標的物權的權利。

中國《保險法》第 59 條規定：保險事故發生后，保險人已支付了全部保險金額，並且保險金額等於保險價值的，受損保險標的的全部權利歸於保險人；保險金額低於保險價值的，保險人按照保險金額與保險價值的比例取得受損保險標的的部分權利。

物上代位權的產生主要通過委付取得。

2. 委付

（1）委付的含義

委付（Abandonment）是指被保險人在保險標的的損失程度符合推定全損的情形下，表示願意將其對保險標的的一切權益轉移給保險人，由保險人按全損賠付全部保險金額的法律行為。

委付是海上保險發展的一種制度，目前各國相關法律也普遍對委付做了相應的規定。

中國《海商法》中有關委付的規定集中體現在第 249 條和第 250 條。第 249 條規定：保險標的發生推定全損，被保險人要求保險人按照全部損失賠償的，應當向保險

人委付保險標的。保險人可以接受委付，也可以不接受委付，但應當在合理的時間內將接受委付或不接受委付的決定通知被保險人。委付不得附有任何條件。委付一經保險人接受，不得撤回。第 250 條規定：保險人接受委付的，被保險人對委付財產的全部權利和義務轉移給保險人。英國《1906 年海上保險法》也有相似的有關委付的規定。

(2) 委付的必備條件

委付的成立必須具備一定條件，各國法律均有規定，概括起來包括下述幾項內容：

①委付必須以保險標的發生推定全損為前提。依照海商法的規定，委付是與推定全損相聯繫的特有概念，只有在保險標的遭遇保險事故，發生符合推定全損的情形下，被保險人想取得保險人的全損賠償，才發生委付。在僅發生部分損失的情況下，或者被保險人只想取得保險人的部分損失賠償，那麼他不存在向保險人委付保險標的的問題。至於什麼是推定全損，中國《海商法》第 246 條第 2 款有明確的規定：貨物發生保險事故後，認為實際全損已經不可避免，或者為避免發生實際全損所需支付的費用與繼續將貨物運抵目的地的費用之和超過保險價值的，為推定全損。中國海洋運輸貨物保險條款中也有同樣的規定，這為我們確定推定全損提供了依據。

②委付必須就保險標的的全部提出。被保險人提出的委付，必須是保險標的物的全部整體，不得分割。被保險人不得保留保險標的的一部分，委付一部分。如果保險標的是可分割的，可將獨立承保的一種保險標的進行委付。如果是不足額保險，則委付的是保險金額之內的權益。

③委付不得附有任何條件。被保險人必須將保險標的的一切權利無條件的轉移給保險人，不得附有任何條件。任何附有條件的委付都是無效的。比如要求保險人先行賠付，再委付。

④委付不能僅針對義務，不包括權利，保險人接受委付，就必須接受保險標的的一切權利和義務。

⑤委付必須經保險人承諾方為有效。也就是說委付是否成立取決於保險人。即保險人對是否接受委付具有選擇權，但是保險人應當將其決定在合理時間內通知被保險人。英國《1906 年海上保險法》第 62 條第 5 款規定：「保險人可以用明文或行動默示表示接受委付，但在收到委付通知後，只保持沉默並不意味著他已經接受委付。」保險人通常不接受委付，但一經接受，委付不得撤回。至於保險人的行動是否可以視為其接受委付，在中國和英國相關保險條款中做出了與《1906 年海上保險法》不同的回答。中國海洋運輸貨物保險條款的被保險人義務中有這樣的規定：「對遭受承保責任內危險的貨物，被保險人和本公司——即保險公司都可以迅速採取合理的搶救措施，防止或減少貨物的損失。被保險人採取此項措施，不應視為放棄委付的表示，本公司即保險公司採取此項措施，也不得視為接受委付的表示。」英國協會貨物保險條款在「減少損失」一項的「放棄條款」中也有類似規定：「被保險人或保險人為施救、保護或恢復保險標的所採取的措施，不應視為放棄或接受委付，或影響任何一方的利益。」

(3) 委付的法律後果

委付一經依法成立，便對保險人和被保險人雙方同時產生法律約束力，被保險

有權要求保險人按照保險合同約定的保險金額向其進行全額賠付，保險人則取得保險標的的一切權利和義務，包括保險標的的一切剩餘利益以及與其有關的所有財產利益。

保險人不接受委付，並不影響被保險人索賠的權利，也不影響被保險人作為保險標的的所有權人所享有的權利和承擔的義務。

(三) 代位追償與委付

代位追償權與委付制度是保險義務中非常重要的兩個概念，他們都是保險損失補償原則的派生原則與制度，都適用於財產保險，體現了保險人和被保險人的權利與義務關係，二者可以同時存在，但作為不同的兩個概念，又存在很大區別，我們可以從以下幾個方面把握：

(1) 涉及的關係當事人不同。代位追償涉及三方當事人：被保險人、保險人和負有賠償責任的第三者。委付行為只涉及兩方當事人：被保險人和保險人。

(2) 權利與義務取得不同。代位追償權是保險人取得一種索賠權，除此之外並不承擔其他基於物或人的任何義務。委付則不同，保險人接受被保險人的委付，則除了保險人接受基於物上的權利之外，還要承擔基於物上的義務。

(3) 適用貨物損失性質不同。代位追償權既適用於部分損失，又適用於全部損失；委付則僅適用於推定全損。

(4) 代位追償權的取得以保險人賠付被保險人為前提，委付的成立則不以保險人先行賠付為前提，委付的成立依賴於保險人的承諾。

(5) 代位追償權的行使中，保險人不能獲得超過其賠償金額的額外利益，在委付的情形下，保險人則可以獲得大於其賠償金額的額外利益。

復習思考題

1. 什麼是保險利益？堅持保險利益有何意義？
2. 財產保險利益和人身保險利益有哪些差異？
3. 簡述最大誠信原則的含義和主要內容。
4. 什麼是近因和近因原則？保險實務中應如何判定近因？
5. 簡述損失補償原則的賠償限制。
6. 什麼是重複保險？保險人應如何分攤賠款？
7. 權利代位與委付有什麼不同？

第五章　人身保險

本章學習目的
  理解人身保險的概念、特徵與分類
  理解人壽保險的含義與特點
  掌握傳統人壽保險及創新人壽保險的主要內容
  掌握人身意外傷害保險的特點與主要險種
  明確健康保險的特點及主要險種

第一節　人身保險概述

一、人身保險的概念及特徵

（一）人身保險的概念

  人身保險是指以人的壽命和身體為保險標的，當被保險人在保險期限內發生死亡、傷殘、疾病、年老等事故或生存至規定時點時給付保險金的保險業務。人身保險是對社會保障不足的一種補充，保險的標的為人的壽命或身體，保險的責任包括生、老、病、死、傷、殘等各個方面。這些保險責任不僅包括人們在日常生活中可能遭受的意外傷害、疾病、衰老、死亡等各種不幸事故，而且包括與保險人約定的生存期滿等事件。因此，人身保險可以分為人壽保險、健康保險及意外傷害保險。

（二）人身保險的特徵

  人身保險和財產保險是中國保險業務中的兩大類。與財產保險相比較，人身保險具有以下特徵。

  1. 人身保險的保險金具有定額給付性

  大多數財產保險是補償性合同，當財產遭受損失時，保險人在保險金額內按其實際損失進行補償。大多數人身保險不是補償性合同，而是定額給付性質的合同，也就是當約定保險事故發生時，給付金額是按照事先約定的金額為準（在健康保險中也有一部分是補償性質，如醫療保險）。

  2. 人身保險的保險金額具有協商性

  人身保險的標的是人的壽命或身體，人的壽命或身體的價值沒有客觀標準。因此，

人身保險的保險金額無法根據保險標的的實際價值來確定，而主要是由雙方當事人在訂立保險合同時，根據被保險人的經濟收入水平和危險發生後經濟補償的需求協商確定。而財產保險的保險金額則是根據保險標的的價值大小確定的。

3. 人身保險的期限具有長期性

財產保險的保險期限一般在一年以內。人身保險的保險期限往往可以持續幾年或幾十年，有的險種為人們提供終身保障。但個別人身保險的險種也有期限較短的，如旅客意外傷害保險和高空滑車保險可以短至幾天，甚至幾分鐘。

4. 人身保險具有儲蓄性

人身保險不僅能提供經濟保障，而且大多數人身保險還兼有儲蓄性質。作為長期的人身保險，其純保險費中大部分是用來提存準備金，這種準備金是保險人的負債，可用於投資取得利息收入，以用於將來的保險金給付。正因為大多數人身保險含有儲蓄性質，所以投保人或被保險人享有保單質押貸款、退保和選擇保險金給付方式等權利。財產保險的被保險人則沒有這些權利。

5. 人身保險不存在超額投保、重複保險和代位求償權問題

普通財產保險是禁止超額保險的。人身保險由於保險利益難以用貨幣衡量，所以一般不存在超額投保和重複保險問題。代位求償權原則也不適用於人身保險，如果被保險人的傷害是由第三者造成的、被保險人或其受益人既能從保險公司取得保險金，又能向肇事方提出損害賠償要求，保險公司不能行使代位求償權。即保險人向被保險人或者受益人給付保險金後，不得享有向第三者追償的權利。

二、人身保險的分類

人身保險可以從不同的角度，按不同的標準來分類。

（一）按保障範圍分類

按照保障範圍的不同，人身保險可以分為人壽保險、人身意外傷害保險和健康保險。

1. 人壽保險

人壽保險是主要以人的壽命為保障對象的人身保險。人壽保險通常以被保險人在保險期間內生存或身故為給付保險金的條件。有的人壽保險產品還包括保險合同約定的全殘責任。在全部人身保險業務中，人壽保險占絕大部分，因而人壽保險是人身保險中主要和基本的種類。

2. 人身意外傷害保險

一般來說，意外傷害是指遭受外來的、突發的、非本意的、非疾病的使身體受到傷害的客觀事件。人身意外傷害保險是指在約定的保險期間內，因發生意外傷害而導致被保險人身故或殘疾，保險公司給付約定保險金的保險。意外傷害保險可以單獨承保，也可作為人壽保險的附加責任保險。單獨承保的意外傷害保險，保險期限較短，一般不超過一年。

3. 健康保險

健康保險是指保險公司對被保險人因健康原因導致的醫療費用以及收入損失給付

保險金的保險。健康保險可以單獨承保，也可以作為人壽保險或意外傷害保險的附加責任承保。

(二) 按實施方式分類

按照實施方式的不同，人身保險可以分為強制保險和自願保險。

1. 強制保險

強制保險又稱法定保險，是由國家通過法律或行政手段強制實施的保險，即無論人們是否願意投保，也無論保險人是否願意承保，基於國家法律或有關規定必須建立的一種保險關係。凡屬於保險承保範圍內的保險標的，其保險責任自動產生。其保險金額和保險期限投保人不能選擇，統一規定。一般只有旅客意外傷害保險等少數險種屬於強制保險。

2. 自願保險

自願保險是保險雙方當事人在公平自願的基礎上，通過簽訂合同而形成保險關係，雙方均可自由選擇。自願保險的投保人可以自由選擇險種、保險期限和保險金額。只要符合承保條件，保險人一般不得拒絕；合同一經成立，具有法律效力之後，保險人不得隨意終止合同。人身保險業務中絕大部分都屬於此類。

(三) 按投保方式分類

人身保險按照投保方式可劃分為個人人身保險和團體人身保險。

1. 個人人身保險

個人人身保險是以個人為投保者，一張保險單承保一個被保險人的人身保險。個人人身保險又可分為普通人身保險和簡易人身保險。普通人身保險的保險金額一般高於簡易人身保險。

2. 團體人身保險

團體人身保險是以一定社會團體為投保人，以團體全體成員為被保險人，以被保險人指定的家屬或其他人為受益人的保險。

(四) 按風險程度分類

按照被保險人的風險程度，人身保險可以劃分為健體保險和弱體保險。

1. 健體保險

健體保險又稱標準體保險。標準體是指身體、職業、道德等方面沒有明顯的缺陷，可以用正常費率來承保的被保險人。人身保險的大部分保險是標準體保險。

2. 弱體保險

弱體保險又稱為次健體保險或非標準體保險，是不能用標準或正常費率來承保的保險。此類保險的被保險人發生保險事故的可能性較高，超過了正常人的標準，若使用正常費率將增加保險人的賠付率，只能用特別條件來承保。

(五) 按保險期限分類

按照保險期限劃分，人身保險可以分為長期人身保險和短期人身保險。長期人身保險是指保險期限超過一年的人身保險業務。短期人身保險是指保險期限在一年以內

的人身保險業務。人身保險除部分意外傷害險以外,一般是長期業務,保險期限一般是幾年、幾十年直至終身。

(六) 按有無利益分配分類

人身保險按照投保人是否參與保險人的投資收益分配劃分,可分為分紅保險與不分紅保險。傳統的保險業務是不分紅的,即在繳納保險費後,被保險人沒有任何盈利分配的保險。分紅保險是指具有投資理財功能的保險,即保險人將每期盈利的一部分以紅利形式分配給被保險人的保險。由於分紅保險推出的時間較晚,因此又將這兩種保險類別劃分為傳統人身保險和新型人身保險。

第二節　人壽保險

一、人壽保險的概念及特點

(一) 人壽保險的概念

人壽保險又稱生命保險,簡稱壽險,是以被保險人的壽命為保險標的,以人的生存、死亡兩種形態為給付保險金條件的保險。在保險期限內,當發生保險合同約定的事故或合同約定的條件滿足時,保險人履行給付保險金責任。

投保人壽保險,可以以自己的生命為保險標的,也可以以他人的生命為保險標的,如為父母、妻兒投保人壽保險。投保人可以為自己投保任何種類的人壽保險,但為他人投保以死亡為給付保險金條件的人壽保險時則有所限制:一是被保險人必須具有完全行為能力;二是必須徵得被保險人的書面同意並認可所保的金額。否則合同無效。

投保人壽保險,受益人可以是自己,也可以是他人。如可以為自己投保生存保險,或者為他人投保死亡保險而指定自己為受益人;也可以為自己投保死亡保險或為他人投保生存保險而指定他人為受益人。

(二) 人壽保險的特點

人壽保險是人身保險最基本、最主要的組成部分,具有人身保險的一般特徵。但與其他兩種人身保險業務即人身意外傷害保險和健康保險相比,人壽保險也有一些自身的特點。

1. 以人的壽命為保險標的

人壽保險是以人的生命存在的兩種狀態即生存和死亡為給付條件的。

2. 承保風險的特殊性和風險變動的規律性

人壽保險所面對的人身危險是人的生存或死亡。雖然人終究是要死亡的,但是死亡何時發生、生命可以延續多久卻具有很大的不確定性。通過長期的保險實踐,運用科學的數學、統計學的方法可以發現:人壽保險所承擔的風險與被保險人的年齡密切相關。在每一年齡段有著較穩定的死亡概率,並且這種死亡概率隨著年齡增長呈現規律性變化。因此,與其他保險相比,人壽保險在風險處理方面,尤其是在預測保險事

故發生的可能性上更加準確。因為根據生命表預計人的壽命長短和死亡率的大小與人們的實際壽命長短及死亡發生概率非常接近。這不僅表明人壽保險所承保的危險事故的發生相當穩定，而且也決定了人壽保險業務經營的穩定性。

3. 保險期間的長期性

人壽保險的保險期間一般較長，五年以下的險種較少，一般都長達十幾年甚至幾十年，由投保人根據需要進行選擇。

4. 長期險種具有保障和儲蓄雙重性

人壽保險根據實際需要大多採用「均衡保險費」的方法收取保險費。在投保初期，實繳保險費高於根據生命表等計算得到的危險保險費，這超出的部分由保險人代為保管，通過對保險基金的投資運作生息增值，用於以後危險發生時的保險金給付或直接彌補投保後期均衡保險費的不足，這一部分保險費稱為儲蓄保險費。儲蓄保險費是投保人存於保險人處的一部分資金，一般存放的時間比較長，在此期間保險人對之進行管理和運用，因此應當對這筆資金給予計息或分紅。保險人一般都將儲蓄保險費和利息、分紅提存起來形成責任準備金。如果投保人未到滿期申請退保，則需將責任準備金退還，而投保人獲得的退保金往往要高於歷年繳納保費的總和。就這一點看，人壽保險與儲蓄一樣都具有收益性質。

5. 精算技術的特殊性

人壽保險由於其所承保風險的特殊性質，形成了保險費的計算和責任準備金的確定上的一整套科學的、完備的體系。人壽保險依據被保險人投保期間生存與死亡的概率，結合其在簽訂合同時的年齡、經濟狀況、健康情況等基本要素，以及投保期限、保證利率等多種因素，通過經驗的測算以及運用數學、統計學的方法來確定保險費及責任準備金。這種確定方式有著比較科學的計算過程和可靠的統計資料，又有多年保險實踐的經驗，因而科學的成分更大，預測的準確性也比較高；但同時計算系統比較複雜，對壽險精算的專業技能要求較高。

人壽保險經歷了從無到有、從少到多、從簡到繁的漫長發展過程，隨著人們對壽險產品需求的日益增加，人壽保險的產品種類也發展得越來越多。在各國，人壽保險的發展速度已遠遠超過了財產保險，業務繁盛，規模龐大。按照人壽保險的發展階段，人壽保險可分為：普通人壽保險、特種人壽保險、創新型人壽保險。

二、普通人壽保險

普通人壽保險是以個人或家庭為對象的壽險。普通人壽保險按保險責任可分為死亡保險、生存保險及生死兩全保險。

(一) 死亡保險

死亡保險是以被保險人的死亡為約定條件，在保險事故發生時，由保險人給付一定的保險金額的保險。死亡保險所保障的是被保險人的家屬或者依賴其生活的人在被保險人死亡之後能維持一定的生活水平，避免因被保險人死亡而陷入困境。按照保險期限的不同，死亡保險可以分為定期死亡保險和終身死亡保險兩種。

1. 定期死亡保險

定期死亡保險是以在合同約定期限內被保險人發生死亡事故、由保險人一次性給付保險金的一種人壽保險，也稱定期壽險。定期死亡保險有如下特點：

（1）純保障，無儲蓄性。被保險人在保險期間內死亡，保險人給付保險金，否則保險人不負任何給付責任。

（2）保障他人利益。定期壽險是以被保險人在規定的時間死亡為給付保險金條件的，所以保險金只能由他的受益人來領取。

（3）保險費率低廉。與其他壽險相比，在定期壽險中保險人所負的責任範圍最小，因此根據權利、義務相對等的原則，投保人承擔的保險費率也是最低的。

2. 終身死亡保險

終身死亡保險也稱終身壽險，終身壽險是指以死亡為給付保險金條件，且保險期限至終身的人壽保險。終身壽險是一種不定期的死亡保險，即保險合同中並不規定期限，自合同有效之日起，至被保險人死亡止。投保人投保終身壽險的目的一般是為了在被保險人死亡後，家屬得到一筆收入。終身保險最大的優點是可以得到永久性保障，而且有退保的權利，即若投保人中途退保，可以得到一定數額的現金價值（或稱為退保金），因此還帶有一定的儲蓄性質。

按照繳費方式的不同可將終身壽險分為：

（1）普通終身保險，保險費終身分期交付。

（2）限期繳費終身保險，其保險費在規定期限內分期繳付，期滿後不再繳付保險費，但仍享有保險保障。繳納期限可以是年限，也可以規定繳費到某一特定年齡。

（3）躉繳終身保險，在投保時一次全部繳清保險費，也可以認為是限期繳費保險的一種特殊形態。此外，終身壽險在繳費方式上，一般允許年繳—躉繳的轉換。

(二) 生存保險

生存保險是指被保險人如果生存至保險期滿，保險人給付保險金的一種人壽保險。生存保險的保險目的與死亡保險的保險目的不同，它主要是為年老者提供養老保障，或是為子女提供教育金等。在生存保險中，保險金的給付是以被保險人在期滿時生存為條件的，生存保險的保險金給付可以一次性付清，也可以分期給付，如果是以年金的方式給付，就是年金保險。因此，生存保險又分為單純生存保險和年金保險兩大類。

1. 單純生存保險

單純生存保險是以被保險人在保險期滿或達到某一年齡時仍然生存為給付條件，並一次性給付保險金的保險。只要被保險人生存到約定的時間，保險人就給付保險金。若在規定的保險期限內被保險人死亡，保險人不承擔給付保險金的義務，也不返還已繳納的保險費。可見，期滿生存者所領到的保險金來源於繳納的保費和保險期限內死亡者所繳納的保費。

2. 年金保險

年金保險是指在被保險人生存期間，保險人按照合同約定的金額和方式，在約定的期限內，有規則的、定期向年金領取者給付保險金的保險。年金保險同樣是以被保

險人的生存為給付條件的人壽保險，但保險金的給付通常採取的是按一定週期給付一定金額的方式，因此稱為年金保險。定期支付可以按年、半年、季度、月支付，實際操作中一般是按月支付。

(三) 生死兩全保險

生死兩全保險是指無論被保險人在保險期內死亡或者保險期滿時生存，都能獲得保險人給付的保險金。它是死亡保險與生存保險的結合，既為被保險人提供死亡保障，也提供生存保障。在保險有效期內，被保險人死亡，保險人給付受益人約定數額的死亡保險金；若被保險人生存至保險期滿，被保險人會得到約定數額的生存保險金。

生死兩全保險具有下列特點：

(1) 生死兩全保險是人身保險中承保責任最全面的一個險種，被保險人無論是生、是死都可以得到保險人的給付。它是死亡保險和生存保險的結合。

(2) 生死兩全保險的每張保單的保險金給付是必然的。人不是生存就是死亡，非此即彼，所以兩全保險的保險金給付就是必然的。正因為此，其保險費率也較高。

(3) 生死兩全保險具有儲蓄性。在生死兩全保險中，被保險人生存或死亡，保險人都要支付保險金，這就使得該保險具有儲蓄性質。這一性質使其保單與終身壽險一樣具有現金價值，保單所有人享有各種由保單的現金價值帶來的權益。而且在被保險人生存時，與終身壽險不同，被保險人可以得到相當於銀行儲蓄的保險金。

三、特種人壽保險

(一) 簡易人壽保險

所謂簡易人身保險通常指以勞工或工薪階層為對象辦理的月交、半月交或周交，無體檢的低額保險，通常由保險人按時收取保費。保險費率通常比普通終身壽險要高。一般採取等待期或削減期制度，即被保險人加入保險后，必須經過一定期間，保單才能生效。如果在一定期間內死亡，保險人不負給付責任，或者減少給付金額。

(二) 團體人身保險

團體人身保險是以團體為投保人，將其單位在職人員作為被保險人，由單位統一組織向保險公司投保的保險。在團體人身保險中，其「團體」是指機關、社會團體、企事業單位等獨立核算的組織。其「在職人員」是指在投保單位工作並領取工資的人員，已退休、離休、退職的人員不包括在內，臨時工、合同工雖然不是正式職工，若要求投保，保險人可以接受承保。其「統一組織投保」指用一張總的保險單對一個職工集體或任何單位成員的集體提供人身保險保障。

(三) 家庭收入保險

家庭收入保險通常由有家庭負擔的年輕夫婦購買，在被保險人過早死亡時，保險公司向其撫養的子女提供生活費用，並為被保險人今后購買長期壽險單做好準備。如果被保險人在保險單期滿前死亡，則保險人按保險金額1%或2%每月支付年金，直到保險單期滿，期滿后再一次性支付保險金額。被保險人生存至保險期滿，只要保單持

有人繼續交保費，以后被保險人死亡，保險人也會給付相當於保險金額的保險金。

（四）家庭撫養保險

家庭撫養保險與家庭收入保險的區別是：不論被保險人在保險期內什麼時候死亡，保險人都會向其受益人給付相當於保險期年數的年金。

（五）家庭保險

家庭保險向家庭的所有成員提供保障，向作為被保險人的戶主提供終身壽險，向其配偶和子女提供定期壽險。子女一般以18歲或21歲為期限，對新生兒自動承保。

（六）多倍保障保險

多倍保障保險的最大特點是，如果被保險人在一個約定時期內死亡，保險公司向其受益人給付多倍於保險金額的保險金，如果被保險人在約定期滿后死亡，保險公司只給付相當於保險金額的保險金。

（七）最后生存者保險

最后生存者保險是一種聯合人壽保險，有兩個或兩個以上的被保險人，當最后一個被保險人死亡時，保險公司向受益人給付保險金。

（八）信用人壽保險

信用人壽保險是以債務人（借款人）為被保險人，以債權人（放款人）或債權人指定的人為受益人的人壽保險。當在債務人未清償貸款之前死亡或全部喪失工作能力時，保險公司負責償還貸款余額。

四、創新型人壽保險

（一）創新型人壽保險的含義

創新型人壽保險，又稱非傳統型壽險或投資型保險、投資連結保險、投資理財類保險等，是保險人為適應新的保險需求、增加產品競爭力而開發的一系列新型的保險產品。在美國稱其為變額壽險、萬能壽險、變額萬能壽險等，在英國被稱為單位基金連結保單（unit-linked policy），在加拿大被稱為權益連結保單（equity-link policy），在新加坡、中國及其香港特別行政區均稱之為投資連結保險（investment-linked life insurance）。

創新型壽險產品與傳統壽險產品的不同之處在於，創新型壽險產品通常具有投資功能，或保費、保額可變等。因此，創新型人壽保險是指包含保險保障功能並至少在一個投資帳戶中擁有一定資產價值的人身保險產品。該險種除了提供與傳統人壽保險一樣的保障服務外還可以讓客戶享有保險公司投資活動的收益。客戶的大部分保費記入由保險公司專門設立的投資帳戶中，由投資專家負責帳戶內資金的調動和投資決策，投資帳戶中的資產價值將隨著保險公司實際收益情況發生變動。當然，客戶在享受專家理財的同時也面臨一定的投資風險。

(二) 創新型人壽保險的特點

1. 具有保險與投資雙重功能

創新型人壽保險與傳統人壽保險最大的不同之處在於它集保險保障與投資理財於一身。該險種將客戶繳付的保費分成「保障」和「投資」兩個部分，一部分用於保險保障，即使投資收益不理想，客戶在保險期限內也可獲得身故保險金、全殘保險金、滿期保險金等基本保障；其余部分保費轉入專門的投資帳戶，由保險公司的投資部門通過專業理財渠道進行投資運作，以達到資產的保值增值目的，投資收益歸客戶所有。由於投資部分沒有預定的回報率，在實際收益較高時，客戶可享有更大的獲利空間。

2. 獨立帳戶，運作透明

獨立帳戶是指客戶在投保創新型人壽保險后將擁有一個獨立的個人投資帳戶。投資帳戶是保險公司為投保人單獨設立、單獨管理的資金運用帳戶。在這個帳戶中，保險公司記錄投保人交費、部分領取等資金的流入流出情況，記錄所有投資損益的變化情況。這一獨立帳戶可以有效地將創新型人壽保險與保險公司的其他資產分割開，作到獨立立帳、獨立管理、獨立評估、獨立核算，保證客戶的切身利益；獨立帳戶也可保證創新型人壽保險透明經營。客戶所繳保險費按照保險合同條款中規定的項目、比例進行分配，客戶還可以隨時查詢投資帳戶的買入價、賣出價及帳戶價值變化，保險公司將定期評估投資帳戶資產價值，公布投資業績，使客戶全面瞭解保單信息，並便於監管機構的監督管理。

3. 保障水平不確定

創新型人壽保險在給付保險金時取決於保險金額和投資帳戶投資單位價值總額的較大值。因此，當投資帳戶中的投資單位價總額低於保額時，保險金按保險金額給付，保障水平是確定的；而當投資帳戶中的投資單位價值總額高於保額時，保險金額按投資帳戶價值總額給付，隨投資帳戶資產價值的增加而增加，此時保障水平就表現出一定的不確定性。

4. 收益與風險並存

創新型人壽保險不承諾投資回報率，客戶實際得到的投資收益率取決於公司專門帳戶的投資績效，所有的投資風險由客戶自行承擔。

(三) 主要的幾種新型人壽保險

1. 變額人壽保險

變額人壽保險簡稱變額壽險，是一種保險金額隨其保費分立帳戶投資收益的變化而變化的終身壽險。該險種於1976年最早出現在美國保險市場。投保人繳納的保費，在減去費用及死亡給付分攤金額之後存入單獨的投資分立帳戶。變額壽險產品除了具有保險的保障功能外，最顯著的特點是其通過獨立投資帳戶的投資基金來實現投資功能。客戶的保費進入投資帳戶中，由保險公司或委託基金公司的投資專家進行投資運作，投資收益全歸客戶享有，但投資帳戶不承諾投資收益，投資風險由保單所有人承擔，保險人只是負責管理投資帳戶。

變額人壽保險具有以下幾個特點：

(1) 保費固定，但保額可以變動，通常要保證一個最低限額。變額人壽保險的保費繳納與傳統壽險產品相同，是固定的，但保單的保險金額在保證一個最低限額的條件下，卻是可以變動的。變額壽險也因此而得名。

(2) 變額壽險有其專項帳戶，它與保險公司的其他業務是分開的。保險人可以根據資產運用的實際情況，不斷對其資產組合進行調整。保單所有人也可以自己在股票、債券和其他投資品中選擇投資組合。

(3) 保單的現金價值隨著保險公司投資組合和投資業績的情況而變動。

2. 萬能人壽保險

萬能人壽保險簡稱萬能壽險，是一種繳費靈活、保險金額可調整的壽險。該險種於1979年最早出現在美國保險市場。萬能壽險的最大特點在於其靈活性，該保單的出現是為了滿足保費支出較低、繳納方式要求靈活的消費者的需求。萬能壽險的保費繳納方式很靈活，保險金額也可以調整。投保人在繳納了首期保費後，可以選擇在以後任何時候繳納任意數額的保費（但有時會有一定的整數要求，例如以100元為單位），只要保單的現金價值足以支付保單的各項保險成本和相關費用，保單就持續有效。投保人還可以在具有可保性的前提下，提高保額或降低保額。出於上述特點，萬能壽險可以適應客戶對人壽保險的個性化需求。

3. 變額萬能人壽保險

變額萬能人壽保險簡稱變額萬能壽險，是針對將壽險保單的現金價值視為投資的保單所有人設計，是融合了投資靈活的變額壽險與保費繳納靈活的萬能壽險而形成的人壽保險。變額萬能壽險遵循萬能壽險的保費繳納方式，保單持有人在規定限度內可自行決定每期保費支付金額，或在具備可保性及符合保單最低保額的條件下，任意選擇降低或調高保額。變額萬能壽險與傳統的保險產品完全不同，由於它具有很強的投資功能，加上其在保費繳納上的靈活性、死亡保險金的可選擇性，因此各國對其經營和管理都有較高要求。此類保險為高級投資連結產品。

4. 分紅保險

分紅保險是指保險公司在每個會計年度結束後，將上一會計年度該類險種的可分配盈余，按一定的比例、以現金紅利或增值紅利的方式分配給客戶的一種人壽保險。

分紅保險雖然比傳統的不分紅保險增加了分紅功能，使投保人可以享受保險人的投資收益和經營效益。但保費只是提供保障服務，不分成兩部分，因此從這個意義上說，分紅保險仍屬於傳統人壽保險的險種之一。分紅保險最初起源於1776年的英國，在國外已經有了200多年的發展歷史，但在國內卻是從2000年才開始銷售的，因此是中國人身保險的新型產品之一。

分紅保險適應於各種類型的壽險險種，可與定期壽險、終身壽險和兩全保險等結合形成多種分紅保險，因此在國際壽險市場上占據重要地位。在美國，大約80%的壽險保單具有分紅性質；在德國，分紅保險占該國人壽保險市場的85%；在中國香港，這一數字更是高達90%。分紅保險的優勢在於形成了客戶與保險公司的利益共同體。客戶不僅享有分紅保險具有的固定的利率，同時直接參與經營利潤的全面分紅。此外，分紅保險結構簡單，易於客戶理解。但其不足之處在於靈活性較差，分紅保險在產品

設計上類似傳統非分紅保險，在保費繳納、保額選擇等方面沒有選擇性，客戶一經確定便無法更改。另外，由於受到固定預定利率的限制，分紅保險的資金運用較為保守，所以限制了利差空間。

5. 投資連結保險

投資連結保險是指包含保險保障功能並至少在一個投資帳戶中擁有一定資產價值的人身保險。它是一種將投資與風險保障相結合的保險，保險公司將投保人繳納的保險費分配到兩個帳戶，一個為投資帳戶，另一個為保障帳戶。但投保人無權選擇投資組合，投資帳戶的資金完全由保險公司負責管理，保險公司按國家有關規定而決定投資項目。保險公司在投資交易中僅收取手續費，投資盈虧風險均由被保險人承擔。當被保險人在保險期間內身故，保險公司根據合同項下的投資單位價值總額或者保險金額，取二者中金額較大者，給付身故保險金。若被保險人在保險期滿時仍生存，則自保險期滿後的 5 年內，受益人可隨時申請給付滿期保險金，即合同項下投資單位價值總額。在合同有效期內，投保人還可以要求部分領取投資帳戶中的現金價值，但合同項下的保險金額也同時按照領取比例相應減少。且以後每年應繳的保險費也按比例減少，但減少後的保險費不得低於保險公司規定的最低限額。投資連結保險的死亡給付金額是可以變動的，有別於傳統的定額終身壽險。

第三節　人身意外傷害保險

一、人身意外傷害保險的概念及特點

(一) 人身意外傷害保險的概念

人身意外傷害保險，簡稱意外傷害保險或意外險，是指被保險人在保險有效期內，因遭受非本意的、外來的、突然發生的意外事故，致使身體蒙受傷害而殘廢或死亡時，保險人按照保險合同的規定給付保險金的保險。

意外傷害保險所說的意外傷害由以下三個要素構成：

(1) 意外傷害是非本意的。即事故的發生不是本人意志的結果，事故發生的結果是受害者不能預見到的、非故意的或違背受害者主觀願望的。

(2) 意外傷害是外來的。即傷害是由受害者自身以外的原因造成的，而不是由被保險人自身原因造成的。

(3) 意外傷害是突然的。即引致傷害的原因是突然出現的，而不是早已存在或長期形成的，受害者無法預料事故的發生，在面臨風險時來不及預防。

(二) 人身意外傷害保險的特點

意外傷害保險是一種介於財產保險與人壽保險之間的一種保險，三者既有相同之處，也有不同之處。例如，在保險標的、保險金額的確定、指定受益人等方面與人壽保險相同；在保險期限、未到期責任準備金的提取方面與財產保險相似。但由於意外

傷害保險只承擔意外傷害責任，因而具有較為明顯的特點：

（1）意外傷害保險的保險期限較短，一般不超過 1 年。這與財產保險相似，而人壽保險的期限往往較長，甚至可達終身。

（2）意外傷害保險的保險費率是依據保險金額損失率來計算的。這與財產保險類似，它主要考慮被保險人的職業、工種或從事活動的危險程度，一般不需要考慮被保險人的年齡、性別等因素。

（3）意外傷害保險的承保條件較寬，免驗體。該險種不受年齡、被保險人身體狀況等條件的限制。

（4）意外傷害保險有 90 天或 180 天的責任期限規定。即在意外傷害事故發生後，保險人承擔賠償責任的期限為 90 天或 180 天，超過這一期限，保險人可以不再承擔賠償責任。

二、人身意外傷害保險的分類

（一）按照所保風險的不同分類

按照所保風險的不同，人身意外傷害保險可以劃分為普通意外傷害保險和特定意外傷害保險兩類。

1. 普通意外傷害保險

普通意外傷害保險又稱一般意外傷害保險或個人意外傷害保險，指被保險人在保險有效期內，因遭受普通的一般意外傷害而致死亡、殘疾時，由保險人給付保險金的保險。它所承保的危險是一般的意外傷害。它通常是一種獨立的險種，多採用短期保險的形式，以一年或不到一年為期，根據保險雙方的約定決定保險的內容、保險金額和保險方式。

2. 特定意外傷害保險

特定意外傷害保險承保的是以「三個特定」（特定原因、特定時間、特定地點）為約束條件的意外傷害保險，其承保的危險是因特定原因造成的意外傷害或特定時間、特定地點遭受的意外傷害。通常需要投保人與保險人特別約定，有時保險人還要求加收保險費。此類保險承保的意外傷害包括：戰爭所致意外傷害；從事劇烈體育運動、危險娛樂運動所致意外傷害；核輻射造成的意外傷害；醫療事故所致意外傷害等等。這些特約承保的意外傷害可以單獨承保，也可以在其他保險單中附加，或簽註特約或出具批單從除外責任中剔除。

（二）按照保險責任分類

人身意外傷害保險按照保險責任的不同，可以劃分為以下四類：

1. 意外傷害死亡殘疾保險

意外傷害死亡殘疾保險，通常簡稱為意外傷害保險。此類保險只保障被保險人因意外傷害所致的死亡和殘疾，滿足被保險人對意外傷害的保險需求。其基本內容是：投保人繳納保險費，被保險人在保險期限內遭受意外傷害並由此造成死亡或殘疾，保險人按合同規定給付保險金。它的保障項目包括：意外傷害造成的死亡和意外傷害造

成的殘疾等兩項。

2. 意外傷害醫療保險

意外傷害醫療保險是以被保險人因遭受意外傷害需要就醫治療而發生的醫療費用支出為保險事故的人身保險。它的保險責任通常規定：被保險人因遭受意外傷害，且在責任期限內，因該意外傷害在醫院治療且由本人支付的治療費用的，保險人按合同規定進行醫療保險金的支付。通常，被保險人在合同有效期內，不論一次或多次因遭受意外傷害而需要醫院治療，保險人均按規定支付保險金，但累計給付醫療保險金不超過保險金額。此險種大多為附加條款附加在主險上。

3. 綜合意外傷害保險

此種保險是前兩種保險的綜合。在其保險責任中，既有被保險人因遭受意外傷害身故或殘疾保險金給付責任，也有因該意外傷害使被保險人在醫院治療所花費的醫療費用的醫療保險金給付責任。此類保險大多單獨承保。

4. 意外傷害停工保險

意外傷害停工保險是指被保險人因遭受意外傷害暫時喪失勞動能力而無法工作，保險人給付保險金的人身保險。它的保險責任通常規定，被保險人因遭受意外傷害造成死亡或殘疾達到一定程度時，或在一定時期內不能從事有勞動收入的工作時，由保險人按合同約定對被保險人或受益人給付停工保險金。此種保險旨在保障被保險人因意外傷害而導致收入的減少，維護依靠被保險人的收入生活的人的利益。

(三) 按照投保方式分類

按照投保方式的不同，人身意外傷害保險可劃分為個人意外傷害保險和團體意外傷害保險兩類。

1. 個人意外傷害保險

個人意外傷害保險是投保人個人購買的保險，一份保單只承保一名被保險人。中國保險公司開辦的個人意外傷害保險主要有：航空人身意外傷害保險、機動車駕駛員人身意外傷害保險、廠長經理人身意外傷害保險、液化氣用戶平安保險、出國人員人身意外傷害保險、鐵路和公路旅客意外傷害保險等。

2. 團體意外傷害保險

團體意外傷害保險是以團體方式投保的人身意外傷害保險，其保險責任、給付方式均與個人投保的意外傷害保險相同。由於意外傷害保險的保險費率與被保險人的職業和所從事的活動有關，因此，團體投保意外傷害保險往往比個人投保更為適合。而且意外險保險期限短、保費低而保障高，在雇主需為員工承擔一定事故責任的情況下，團體意外險對雇主更為有利。因此與人壽保險、健康保險相比，人身意外傷害保險最有條件、最適合採用團體投保方式。

團體意外傷害保險的保單效力與個人意外險保單有所區別：在團體保險中，被保險人一旦脫離投保的團體，保單效力對該被保險人即刻終止，投保團體可以為其辦理退保手續，而保單對其他被保險人依然有效。

（四）按投保動因分類

按照投保動因的不同，人身意外傷害保險可以劃分為自願意外傷害保險和強制性意外傷害保險兩類。

自願性的意外險是投保人自願購買的各種意外險。而強制性的意外險是國家通過各種法律法規強制當事人必須參加的保險，它是基於國家保險法令的效力而構成的保險雙方當事人之間的權利與義務關係。例如美國不僅規定在美國國內乘坐飛機的旅客要投保航空意外傷害保險（以下簡稱「航意險」），還規定只要經過美國上空的外國飛機的所有乘客也都要投保一定數額的航意險；又如中國曾經實行過的強制旅行意外傷害保險。

三、人身意外傷害保險的基本內容

（一）人身意外傷害保險的保險責任

人身意外傷害保險的保險責任是指由保險人承擔的被保險人因意外傷害所導致的死亡和殘疾給付保險金的責任，而對由於疾病所導致的死亡和殘疾不負責。人身意外傷害保險的保險責任必須由三個必要條件構成，缺一不可：被保險人在保險期限內遭受了意外傷害事故；被保險人在責任期限內死亡或殘疾或支付醫療費用；意外傷害是死亡或殘疾或支付醫療費用的直接原因或近因。

1. 被保險人遭受了意外傷害

所謂傷害是指被保險人身體遭受外來事故的侵害發生了損失、損傷的客觀事實；所謂意外是指被保險人主觀上沒有預計會發生致傷的事故或是雖然預計到災害的發生，但由於各種約束、限制而不得不接受與自己本來的主觀意願（即迴避外來侵害）相反的現實結果。

意外傷害強調兩個方面，僅有主觀上的意外而無傷害的客觀事實，有驚無險，不能構成意外傷害；反之，有傷害的客觀事實發生而無主觀上的意外支持，只能是「必然傷害」或「故意傷害」，與所說的「意外傷害」仍有所不同。因此在表述意外傷害的含義時必須同時反應主觀和客觀兩個方面，避免理解上的偏差和實際工作中的失誤。總的來說，被保險人遭受的意外傷害必須是客觀事實，而不是臆想或推測的。此外，被保險人遭受意外傷害的客觀事實必須是發生在保險期限內的。

2. 被保險人死亡或殘疾或支付醫療費用

被保險人在責任期限內死亡或殘疾或支付醫療費用，是構成意外險的保險責任的必要條件之二。

（1）被保險人死亡或殘疾。一般情況下所謂的死亡都是指醫學意義上的生理死亡，即指機體生命活動和新陳代謝的終止。保險合同具有法律效力，又要受《民法》約束，因此在保險學中，尤其是在意外傷害險等險種中，適用法律意義上的「死亡」。人身意外傷害保險殘疾是因意外傷害事故直接造成的被保險人機體損傷，遺留組織器官的缺損或功能障礙。在意外險中，若被保險人雖然遭受意外傷害，但是通過治療或自身修復在180天內未遺留組織器官缺損或功能障礙，則不屬於殘疾。

（2）保險期限內的意外傷害所致死亡或殘疾或支付醫療費用發生在責任期限之內。保險期限是在保險合同中明確約定的保險效力起始、終止的日期。如果被保險人在保險期限開始以前曾遭受意外傷害或其他對身體健康的不利影響，卻在保險期限以內死亡、殘疾或發生醫療費用支出的，不構成意外險保險人的保險責任。而對那些在保險期限內遭受傷害，卻在保險期限之後死亡、殘疾或發生醫療費用支出的被保險人，保險公司的一般做法是在合約中規定一個責任期限，責任期限是意外險和健康保險所特有的概念，是指被保險人從可保意外傷害發生之日開始的一段時間裡（如90天、180天、一年等）如果發生了死亡、殘疾等保險事故的，意外險保險人仍然承擔保險責任。

如果被保險人在保險期限內遭受意外傷害，在責任期限內死亡，顯然構成保險責任，應付給死亡保險金。對因乘坐飛機、車船失蹤等特殊情況一般要做出特別約定。責任期限對於意外傷害造成的殘疾，實質上是確定殘疾程度的期限。被保險人遭受意外傷害后，往往要經過一段時間的治療才能確定是否造成殘疾以及造成何種程度的殘疾。如果在責任期限結束時仍不能確定最終結果，那麼就應該推定責任期限結束這一時點上，被保險人的組織殘缺或器官正常機能的喪失是永久性的，即以這一時點的情況確定殘疾程度，並以此為基礎給付殘疾保險金。在此之後，即使被保險人經治療痊愈或殘疾程度減輕，保險人也不能追回多給付的保金；反之，即使以后被保險人加重了殘疾程度甚至死亡，也不能要求保險人追加保險金。

對醫療費用支出，也是類似的道理，因為醫療過程往往要持續一段時日，相應的費用支出也會持續發生。但無論是以上哪一種情況，如果累積給付保險金額已達到最高限額時，保險責任就會自動終止。

另外在意外險保單中規定責任期限，也是為了有利於判定意外傷害與死亡、殘疾或就醫之間的因果關係。如果被保險人遭受意外傷害后很長時間才發生死亡、殘疾或就醫治療，那麼極有可能介入其他獨立因素，比如被保險人的故意行為等，很難判定意外傷害是否為直接原因或是近因，而且容易誘發被保險人道德風險。因此在保險單中加入責任期限的規定，超過責任期限的死亡、殘疾程度或就醫總費用支出與保險人沒有關係，就認為這些結果與保險期限內發生的意外傷害之間沒有因果聯繫，保險人也不再承擔保險責任。

3. 意外傷害必須是死亡、殘疾或醫療費用支出的直接原因或近因

意外傷害必須是傷害的直接原因或近因，這也是構成意外險承保條件的一個必要條件。只有當意外傷害與死亡、殘疾或醫療費用支出等保險事故存在因果關係時，才能視為屬於承保範圍。

（1）意外傷害是直接原因。即意外傷害事故直接造成被保險人死亡、殘疾或就醫治療增加額外開支。比如雪天路滑被保險人不小心摔倒導致骨折，不得不住院治療增加了住院費、外科手術費等項支出；又如被保險人乘坐的飛機因天氣驟變墜毀造成被保險人意外死亡等等。當意外傷害直接導致死亡、殘疾、受傷治療等結果時，保險人應按規定給付死亡保險金、殘疾保險金或醫療保險金。

（2）意外傷害是近因。意外傷害雖然不是導致死亡、殘疾、就醫等的直接原因，卻是引起這一結果造成一連串相關事件的最初原因。近因原則是保險中用以判斷危險

事故與保險標的傷害之間的因果關係，從而確定保險賠償責任或給付責任的一項基本原則。一般來說，人身保險中不適用近因原則，但唯獨人身意外傷害保險例外。所謂近因，是指引起保險標的損失的直接的、最有效的、起決定作用的因素。比如被保險人被狂犬咬傷后患狂犬病死亡，這裡被狂犬咬傷是意外傷害，但並未直接導致被保險人死亡，被保險人死亡的直接原因是疾病（狂犬病屬於疾病）；由於被狂犬咬傷這一意外傷害是引起被保險人患狂犬病的最初原因，期間又無其他獨立因素介入，因此意外傷害是被保險人死亡的近因，意外險保險人要承擔死亡給付義務。

(3) 意外傷害是誘因。意外傷害誘發被保險人原有的疾病發作、惡化，造成被保險人死亡、殘疾或就醫治療。比如被保險人原患血液病，受輕微外傷后血流不止致死。又如，某被保險人患心臟病，乘車中因顛簸誘發心肌梗塞而死亡。上述案例中的外傷、顛簸都可以認為是意外傷害，但是這些的意外傷害對健康人而言所能造成的侵害后果微乎其微，真正造成被保險人死亡的是原患疾病，意外傷害只是誘因。在這種情況下，意外險保險人一般不是按照保險金額和被保險人的最終后果給付保險金，而是比照身體健康者遭受此種意外傷害可能產生的后果進行給付。

(二) 人身意外傷害保險的保險金給付

1. 死亡保險金的給付

(1) 死亡保險責任的構成。一般情況下，所謂的死亡都是指醫學意義上的生理死亡，即指機體生命活動和新陳代謝的終止。如果被保險人在保險期限內遭受意外傷害，在責任期限內生理死亡，並且保險期限內的意外傷害是導致被保險人死亡的直接原因或近因，顯然已經構成意外傷害保險的保險責任，保險人即當準備給付保險金。

但是，如果被保險人在保險期限內因飛機、車、船失事等原因下落不明，那麼從事故發生之日起滿 2 年，法院宣告被保險人死亡時已經超過了意外險的責任期限（一般都規定在 1 年以內）。在這種情況下，如果保險人堅持依據責任期限不負保險責任，那麼顯然有損於被保險方受益人的利益，也失去了人身保險提供經濟保障的意義。為了解決這一問題，可以在意外傷害保險條款中訂立失蹤條款或有保險單上簽註關於失蹤的特別約定，規定被保險人確因意外傷害事故下落不明超過一定期限（如 3 個月、6 個月等）時，視同被保險人死亡，保險人給付死亡保險金，但如果被保險人以後生還，受領保險金的人應本著誠信原則將保險金退還保險人。

(2) 死亡保險金的給付方式。在確定了被保險人死亡的確構成意外傷害保險的保險責任之後，保險人就要按照保險單的規定履行死亡保險金給付的義務。

在意外傷害保險合同中，要規定死亡保險金的數額或死亡保險金占保險金額的比重。例如規定被保險人因意外傷害死亡時給付保險金 3,000 元、5,000 元，或規定給付意外傷害保險金額的 100%、70%、50% 等等。另外，有些人壽保險合同的附加意外傷害保險條款將死亡保險金的給付按行業危險程度作出了規定。如將意外傷害保險金分為特殊保險金和普通保險金兩種，凡從事井下作業、海上作業、航空作業及其他高危險工作的人員適用特殊保險金，其他人員適用普通保險金。

2. 殘疾保險金的給付

(1) 殘疾及殘疾程度的評定標準。保險學所說的「殘疾」是純粹醫學意義上判斷人的身體組織或部分器官喪失正常活動機能，永久性地、不可挽回地缺失某種正常的生理活動能力的一種狀態。人身意外傷害保險所指的殘疾與醫學意義上的基本一致，包括兩種情況：一是人體組織的永久性殘缺（或稱缺損），如肢體斷離等；二是人體器官正常機能的永久喪失，如失去視覺、聽覺、嗅覺、語言障礙或行為障礙等。在保險期限內發生意外傷害事故，由傷害引致並且能夠在此期間或規定的責任期限內由指定醫院確診的永久性殘疾構成意外傷害險的保險責任，保險人應按殘疾程度的高低，根據事先約定給付全部或部分保險金。若治療延續的時間較長，在責任期限結束時仍未能確定是否造成殘疾或造成何種程度的殘疾，則按一般做法根據責任期限結束時點被保險人的狀態推定殘疾程度，並以此為基礎進行給付；若被保險人遭受意外傷害後通過治療或自身修復在 180 天內未遺留組織器官缺損或功能障礙的，則不屬於殘疾。

(2) 殘疾程度的評定。一般來說，保險公司並不對所有的意外傷害都承擔保險責任，而只對符合保險合同約定的傷殘程度和給付標準的意外傷害事故，按照合同約定的給付比例承擔保險責任。目前各家保險公司確定殘疾保險金給付比例的重要標準是《人身保險殘疾程度與保險金給付比例表》。[①] 該表將人身保險殘疾分為 7 個等級、34 個項目。第一級為 8 個項目，保險金最高給付比例為 100%；第二級有 2 個項目，保險金最高給付比例為 75%；第三級有 5 個項目，保險金最高給付比例為 50%；第四級有 7 個項目，保險金最高給付比例為 30%；第五級有 7 個項目，保險金最高給付比例為 20%；第六級有 3 個項目，保險金最高給付比例為 15%；第七級有 2 個項目，保險金最高給付比例為 10%。因此，人身意外傷害保險殘疾保險金的數額由保險金額和殘疾程度兩個因素確定。

(3) 殘疾保險金的給付。在殘疾程度確定后，保險人應根據《人身保險殘疾程度與保險金給付比例表》的規定，按照保險金額及該項殘疾所對應的給付比例給付殘疾保險金。也就是說，在殘疾程度確定以後，計算應給付的殘疾保險金事實上非常簡單，一般數額計算公式為：殘疾保險金 = 保險金額 × 殘疾程度對應的給付比例。

3. 醫療保險金的給付

不同國家對於意外傷害醫療保險金給付的規定有很大不同，有的列為除外責任，有的是其中幾個險種給付醫療保險金，有的則是將醫療保險金的給付作為一個常規條款列在保險條款之中。

當被保險人在保險有效期內遭受承保危險事故導致身體傷害，並且因此發生了醫療費用開支，在責任有限期內提出申請的，由保險人按實際發生數額在保險金額之內對被保險人進行補償。此項保險金額包括實際醫療費用和住院費等項，前者是被保險人必須支付的合理的實際醫療費用，給付醫療保險金，但每次給付不得超過保單所規

[①] 中國人民銀行於 1998 年 7 月 14 日制定了《人身保險殘疾程度與保險金給付比例表》。保監發（1999）237 號關於繼續使用《人身保險殘疾程度與保險金給付比例表》的通知要求，各保險公司報備的險種條款與新簽單業務條款中對殘疾程度的定義及保險金給付比例仍繼續按照《人身保險殘疾程度與保險金給付比例表》執行。

定的「每次傷害醫療保險金限額」；后者是指被保險人因意外傷害經公費醫療或保險人指定醫院住院治療發生的費用，由保險人按其住院日數給付保單所載的「傷害醫療保險金日額」，或按規定金額報銷，但每次傷害的給付或報銷天數不得超過規定時日。

第四節　健康保險

一、健康保險概述

（一）健康保險的概念

健康保險是以人的身體為保險標的，保證被保險人在疾病或意外事故所致傷害時的費用支出或損失獲得補償的一種保險。如同人壽保險並不是保證被保險人在保險期限內避免生命危險一樣，健康保險並不是保證被保險人不受疾病困擾、不受傷害，而是以被保險人因疾病等原因需要支付醫療費、護理費，因疾病造成殘疾以及因生育、疾病或意外傷害暫時或永久不能工作而減少勞動收入為保險事故的一種人身保險。根據人身保險業界的慣例，往往把不屬於人壽保險、意外傷害保險的人身保險業務全都歸入健康保險中。

健康保險所承保的疾病風險應符合以下三個要件：

1. 由明顯非外來原因造成的

健康保險所承保的疾病應當是由於人體的內在原因所致的精神上或肉體上的痛苦或不健全，而不是指被保險人因外來、急遽、偶然的事故而蒙受的身體傷害。需要明確的是有些疾病由外界原因誘發，如病菌的傳染、氣候的驟變、誤用藥物等，但它們在體內均要經過一段潛伏期后才會形成明顯的病症，因此還應作為內部原因，歸屬於疾病範圍。

2. 由於非先天的原因造成的

疾病是指身體由健康轉為不健康的狀態。先天性的疾病與保險合同訂立前存在的疾病應排除在健康保險範圍之外。當然，如屬遺傳因素或潛伏較深的病症，在保險合同訂立之前並未顯現，在合同持續期內才由潛伏轉為明顯的疾病，也可以列入疾病保險範圍。

3. 由非長期存在的原因造成的

人的生命週期都要經歷成長和衰老的過程。在趨於衰老期間的一些病態是必然的生理現象，這屬於自然現象，不能作為疾病，也不能將為了增強體質、延緩衰老的保健費用納入健康保險的範圍。

健康保險與人身意外傷害保險同屬於短期保險，二者具有許多共同之處，因此國外一般將二者合二為一，統稱為健康保險。其實，人身意外傷害保險與健康保險在保險責任上是有區別的，在保險合同的實務處理上也存在顯著差別：①二者雖然都要對被保險人的意外傷害提供保障，但意外傷害保險的保險責任僅限於意外傷害造成的死亡、殘疾，其他原因如疾病、生育等引起的殘、亡則不屬於其保險責任範圍，而屬於

健康保險的保險責任範圍。②意外傷害保險是向被保險人或受益人給付死亡或殘疾保險金，有些意外傷害保險品種可能還會給付醫療保險金，但對因意外傷害造成的其他損失（如勞動收入減少損失）則不屬於意外傷害保險的保險責任，而屬於健康保險的保險責任範圍。

(二) 健康保險的特點

健康保險雖然與人壽保險、人身意外傷害保險同屬人身保險的範疇，但健康保險也有許多不同於其他人身保險險種的特點。健康保險的特徵，不僅體現在保險標的、保險事故方面，而且體現在健康保險業務的獨特性質方面。

1. 大多為補償性保險

健康保險主要是對醫療費用的補償，這是它與其他人身保險最大的不同。針對疾病和生育的保險事故的保險金給付，不是對被保險人的生命和身體的傷害進行補償，而是對被保險人因為疾病或生育在醫院醫治所發生的醫療費用支出和由此引起的其他費用損失的補償。只有在發生由疾病或生育導致殘廢或死亡要保險人承擔保險責任時，保險金的支付才是給付性質。因此健康保險的保險金具有補償的特殊性。

2. 費率的確定較複雜

在費率計算上，健康保險對被保險人的職業與性別特別重視，主要考慮保險金額的賠付率情況，採用非壽險的計算原理。健康保險的保險金的賠付具有變動性和不易預測性，因為保險人面對的健康保險事故，其數量和損失程度越來越難以估計，使賠付的次數和數量總是處於變動之中，不易預測。健康保險涉及許多醫學上的問題，人類的疾病種類越來越多，醫療技術日益發展，醫療器械和藥品也不斷更新，這使得保費的測定更為複雜。另外，醫療費用開支中有不少人為因素存在，健康保險賠付中合理與不合理支出有時也難以區分。因此保險人的賠付具有不易預測性，所以健康保險費率的制定比較複雜。

3. 保險期限較短

除少數承保特定危險的健康保險（如癌症保險、長期護理保險等）外，健康保險的保險期間多為1年，因此在保險條款中會註明在什麼條件下失效，什麼條件下又可自動續保。許多人購買了人壽保險后往往附加有短期的醫療保險，雖然主險的保險期限較長，但附加險還是屬於短期險，保費每年繳納，保險人沒有權利終止保險合同，但保險期限結束，被保險人可以續保的同時，保險人也有權決定是否同意續保，也可以變更保險費率或其他合同條款內容。但要注意健康保險中的重大疾病保險屬於長期性保險。

二、健康保險的承保條件與不保的危險

(一) 健康保險的承保條件

健康保險在中國的《保險法》中主要是指「以被保險人疾病、生育及其所致殘疾或者死亡為給付條件的保險」，其中更是以疾病保險為其主要內容。在美國等國家，「Health Insurance」的最初意義就是疾病保險，但由於經營管理技術複雜，保險人很難

獲利；同時隨著業務範圍的不斷擴展，健康保險才逐漸增添了一些新的內容。疾病保險，就是狹義的健康保險，是以影響人們健康的各種疾病為保險事故的險種。保險人出於經營需要，一般都要對可保疾病加以限制，主要是指人身體內部原因所引起的病症，包括精神上的，或是身體方面的痛楚或是不健全等。

健康保險的保險單一般都會對保險的責任範圍作出具體而明確的規定。這一方面是便於明確保險人與被保險人雙方的權利義務關係；另一方面，長期的保險實踐證實：隨著科學技術的進步，醫學技術也不斷地提高，曾經的不治之症多少年之後就可能成了一般疾病，而許多以前不為人知的病症也不斷地湧現出來，成為新的不治之症。這些對保險人而言當然也是憂喜參半的。為了保證經營的穩定，最保守的方法就是在具體保單中列明已知的各種承保疾病，避免理賠過程中可能出現的各種糾紛與爭執。

(二) 健康保險不保的危險

對疾病保險來說，健康保險不保的危險是在保險單的「除外責任」條款中列示清楚的。「除外責任」的法律意義就是約定了保險人不負保險金的給付或是補償的責任。在保險合同中加入除外責任條款、進一步明確保險責任範圍，可以有效地避免許多理賠時無謂的爭議，保障了保險人的經營利益。

一般地，除外責任要根據這樣一些因素來確定：必然發生的損失；缺乏可測性的損失；容易引起被保險人的道德風險的保障；違反法律和社會公德的保險保障；保險人難以承受的損失以及因保險制度而容易產生的消極作用等等。遵循這樣的思路，疾病保險的「除外責任」條款除了進一步明確不符合承保條件的疾病不保之外，還規定了以下不保的危險：

1. 訂約時被保險人已有疾病

疾病保險中之所以一再強調這一點，是因其保險標的、保險事故的特殊性。疾病保險以被保險人的身體健康為保險標的，以在保險有效期間內被保險人染患各種可保疾病為保險事故的發生，而且在合同中約定，保險人依照保險合同履行補償或給付保險金的責任。可見，疾病保險的實質是提供一種經濟保障，保證被保險人不因患病支付各種醫藥費用而增加經濟上的負擔，維持家庭生活的正常穩定。在這個過程中，保險經營人出於經營穩定的需要而強調「危險的可保」是合理的。因為保險的本質是一種建立在對危險事故發生的可能性進行科學的預測而提前做出充分準備的基礎之上的運行機制，那些不可估測的危險或必然發生的危險就超出了商業保險的能力範圍。因此，那些已有疾病的人，應當尋求社會保險或社會保障等其他出路。

2. 自殺所致疾病

如同人壽保險在除外責任中規定了「自殺不保」一樣，健康保險一般也在保單條款中明確規定「自殺所致疾病或殘疾」屬於保險人的免責範圍之內。自殺，被認為是被保險人所採取的故意結束自己生命的行動。不論被保險人出於怎樣的動機而發生自殺的行為，經常會出現自殺未遂的情況。而出於自殺的行為多為致命性的，經全力搶救而僥幸得以保存性命者，往往有後遺病症或致殘。如果單從結果來看，同時投保了人壽保險和疾病保險卻自殺未遂而留有殘疾的人雖不能索要壽險保金，卻可以以發生

了疾病或殘疾事故來索要健康保險的保險金。但是從保險人的角度來看，雖然這種疾病或是殘疾符合健康保險單中的承保條件，但是由於是自殺這種故意行為所導致的直接結果，應屬於道德風險的性質，保險人一般都不承擔給付或補償的責任，這也是保險合同的通則之一。同樣，對其他一些有意識地損害健康導致疾病或殘疾的行為，比如吸毒、酗酒等，保險人也都可列為除外責任。同時從其外部效應來看，這種規定顯然也是利多弊少，投保人出於經濟上的考慮也會謹慎自身的行為，從而有利於保障國民健康，維護公眾道德和良好的社會習俗。

3. 戰爭、軍事行動、暴亂或武裝叛亂中發生的醫療費用

戰爭、侵略、暴亂等的發生往往是大規模的，不僅對現代經濟產生很大的破壞作用，而且也嚴重地影響著人們的正常生活，甚至對人們的生命、健康構成嚴重的威脅。這些意外性事件的發生在瞬間改變了各種危險發生的可能性，而且大多數情況下造成眾多保險事故集中發生，因而給保險人的經營帶來極大的壓力，所以在許多保險合同中都將戰爭等列為除外責任，或是單獨列示為特殊附加保險條款來承保。比如《倫敦保險協會貨物保險條款》中就有專門的「戰爭險條款」「罷工、暴動和民變險條款」，而在平安險中則有「戰爭危險不保條款」「罷工、暴動和民變險不保條款」等細則。對健康險也不例外，由於戰亂非常事件改變了人們正常的生活秩序和生活習慣，因此非常態的危險也就頻繁發生，戰爭當中傷亡無數、傳染病流行，對保險經營有很大的衝擊，所以理應將其納入除外責任條款之中。

從另一個角度來看，健康保險所承保的是身體內部原因引起的疾病或是造成殘疾，而戰爭、暴亂當中發生的大多數傷害、疾病都是外界原因造成的，源於意外事件的傷害，無論其結果是致病、致殘還是致亡，都應當列為意外傷害保險的範圍之內，與健康保險有著質的區別。再從近因原則來看，這些疾病或傷害源於外界的意外事件，是大多數人在正常的生活條件下給予合理的謹慎就可以避免的，因此也完全有理由將其納入健康險除外責任之中。此外，像地震、洪水、颶風、海嘯等自然災害帶來的大規模的財產損失、人身傷亡也已經超出了商業保險人的承保能力，一般要由國家財政負擔，因此屬於社會保險範疇。

健康保險條款中，一般在「保險責任」後面都會列示「除外責任」，比如由於下列原因所致被保險人發生的疾病，不屬保險責任：被保險人的自殺或犯罪行為；被保險人或其受益人的故意欺騙行為；戰爭或軍事行動；先天性疾病及其手術；意外傷害引起的疾病或手術；在觀察期內發生的疾病或手術；凡保險責任內未列明的疾病等等。也有的保單將特定的區域以外罹患疾病除外不保，或將精神障礙、結核病等除外不保，還有的將不法行為、酗酒、吸毒等也列入不保危險的範圍之中。

三、健康保險的主要險種

（一）醫療保險

1. 醫療保險的概念

醫療保險是指提供醫療費用保障的保險，保障的是被保險人因患疾病或生育需要

治療時的醫療費用支出，包括醫生的醫療費和手術費、藥費、診療費、護理費、各種檢查費和住院費及醫院雜費等。各種不同的醫療保險所保障的費用一般是其中一項或若干項醫療費用的組合。

2. 醫療保險的特徵

（1）出險頻率高，保險費率高。人類健康既要受到生理、社會等多種因素的影響，也要受個人行為、群體行為等的影響。具體來說，影響健康的因素主要有四個：一是環境因素，許多疾病的發生與自然環境有關，特別是隨著環境污染的加劇，環境對健康的影響更加突出；二是行為和生活方式；三是生物因素，主要是遺傳因素；四是衛生保健因素。隨著人們生活的日益豐裕，生存已不是問題，疾病成為侵襲人類最頻繁的危險之一，幾乎每個人每年都會因患疾病而需要得到醫療服務，由此決定了醫療保險具有高出險率、高損失率的特點。再加上醫療保險的技術性強，其費用總額也要高於其他人身保險，保險費率自然也要高於其他險種。

（2）賠付不穩定且不易預測。雖然保險公司可以通過歷年的統計資料對某一地域某一時期人群的發病率、患病率、住院率以及門診住院醫療費等事項做出大致預測，但人的健康狀況受到諸多因素的影響，其中許多因素是不確定的，難以準確預測。另外，醫療條件的改善和醫療技術的日益發展，醫療費用開支中不能排除的人為因素，這些使得醫療費用總額的合理與否難以區分。因此，保險人的賠付也具有不易預測性。

（3）保險費率厘定困難，誤差大。首先，決定醫療保險費率的因素比人壽保險以及其他險種要多，而且這些因素很難進行可靠、穩定的測量，除了年齡、性別、健康狀況、職業與嗜好等因素外，還包括：疾病發生率、殘疾發生率、疾病持續時間、利息率、費用率、死亡率、損失率等因素。其次，同其他險種一樣，類似保單失效率、展業方式、承保習慣、理賠原則以及保險公司的主要經營目標等都影響著費率的高低。第三，由於醫療保險承保內容的特殊，確定保費時對諸如醫院的管理、醫療設備以及經濟發展、地理環境等條件的依賴程度較大，這些方面的些許變化都會使保險人對未來的賠付的預測產生較大的影響。總之，影響因素是多方面的，各個因素又不易完整而準確地預測，從而給確定醫療保險保費帶來一定的困難。

（4）在醫療保險中，疾病發生導致被保險人遭受實際的醫療費用損失可以用貨幣來衡量，所以醫療保險具有補償性，即被保險人在保險金額的限度內補償被保險人實際支出的醫療費用。醫療保險也可以採用定額給付方式，但僅適用於某些特定保障項目，如住院醫療費、手術費、護理費等。當醫療保險採用補償方式時，保險人通常按實際醫療費用進行補償。

3. 醫療保險的主要種類

（1）普通醫療保險。普通醫療保險是給被保險人提供治療疾病時的一般性的費用（包括門診費、醫藥費、檢查費）的保險。該險種比較適合於一般社會大眾，保費較低。在普通醫療保險中，醫藥費用與檢查費用的支出較難控制。為了克服這一問題，在保單中一般有免賠額與比例給付的規定。

（2）住院費用保險。住院費用保險是提供被保險人因疾病住院所需各種費用的保險。主要費用項目包括每天的病房費用、住院期間的診斷費用、手術費、醫藥費和醫

院設備使用費等。由於住院期間的長短直接影響其費用的高低，而且住院費用較高，所以一般保單對各種不同疾病的住院期限長短有限制。

（3）外科費用保險。外科費用保險又稱手術保險，這種保險提供因病人需做必要的手術而發生的費用。保險金給付通常根據一份外科手術費用表。通常外科費用保險中規定有承保各項手術的最高給付金額。該險種可以單獨保險，也可以列為附加險種。

（4）大額醫療費用保險。大額醫療費用保險通常由保險人以總括方式承保，為被保險人提供全面的醫療費用，包括醫療、住院、手術等一切費用。該險種具有保險責任範圍廣、給付限額很高、規定了免賠額與費用分擔、保險費較高等四大特徵。大額醫療費用保險很能體現商業保險公司的經營特色，保單設計細緻，附有很多限制條款。

（5）特種疾病保險。特種疾病保險是對特種疾病的醫療費用提供保障的保險，常被稱為重大疾病保險。特種疾病包括心臟病、癌症、腎衰竭、腦中風、癱瘓、嚴重燒傷、爆發性肝炎、重大器官移植手術等，這些疾病往往給病人及其家庭帶來高額醫療費用，造成嚴重的財務負擔。為確保能夠支付產生的各種費用，這種保險的保險金額比較高。特種疾病保險一般在被保險人被確診為患有某種特種疾病后一次性支付保險金額。由於發病率較低，一般規定較低的免賠額，有時甚至沒有免賠額與給付比例。

（二）收入補償保險

1. 收入補償保險的概念

收入補償保險又稱為殘疾收入補償保險、收入損失保險等，是對被保險人因疾病或遭受意外事故而導致殘疾、喪失部分或全部工作能力而不能獲得正常收入或使勞動收入減少造成損失的補償保險。它並不承保被保險人因疾病或意外傷害所發生的醫療費用。殘疾收入補償保險一般可分為兩類，一類是補償因疾病致殘的收入損失，另一類是補償因意外傷害致殘的收入損失。

2. 收入補償保險的特徵

（1）殘疾收入補償保險的目的是對被保險人因病或意外傷害致殘而導致的勞動收入減少損失提供經濟保障，相當於對其收入中斷的延續，因此它要求被保險人在投保時必須有固定的全職工作。

（2）殘疾收入補償保險的目的不是維持被保險人喪失部分或全部工作能力前的收入不變，而是緩解被保險人因喪失工作能力給自身及家庭所帶來的經濟壓力。保險人在確定保險金額時，一般要參考被保險人過去的專職工作收入水平或社會平均年收入水平。但一個人的收入來源總是多渠道的，如在專職收入之外還有兼職收入，有時兼職收入甚至要高於專職收入，按照專職收入確定最高賠付額顯然不能滿足這類人的保障需求，因此保險人在確定保險金額時難度較大。

（3）保險責任。殘疾收入補償保險的保險責任是被保險人因病或遭受意外傷害而喪失的工作能力，喪失工作能力是指被保險人在最初的一段時間內（也稱等待期，比如2年）無法從事其原有的工種，並且沒有從事其他任何工作；並且在等待期后仍然無法從事任何與其以往接受的教育和培訓合適的工作。

（4）保險費率的厘定。殘疾收入補償保險與醫療保險相比，受時間因素的影響程

度更大。因此，在確定保險費率時，保險人還需要考慮貨幣的時間價值、通貨膨脹狀況等。為此，保險人在保單中往往要制定生活指數條款，規定保險人給付的保險金額按照生活指數進行調整。

（5）殘疾收入補償保險的形式多樣，它既可以作為獨立險種進行承保，也可以作為主險的附加險。從保險期限看，也可長可短。在短期的殘疾收入補償保險中，保險人基本上把保險金額限制在被保險人每週收入的60%；在長期的殘疾收入補償保險中，保險人有時把保險金額限制在被保險人月收入的70%，但絕大多數的保險人是把月最大保險金給付額限制在某一限額上，規定這些限額的主要目的在於防止道德風險因素的發生。

3. 收入補償保險金的給付方式

（1）一次性給付

如果被保險人因病或遭受意外傷害導致全殘，同時保單規定保險金的給付方式為一次性給付，那麼保險公司通常按照合同約定的保險金額一次性給付被保險人。如果被保險人部分殘疾，同時殘疾收入補償保險合同規定被保險人可以領取部分殘疾收入補償保險金，那麼保險公司一般根據被保險人的殘疾程度及其對應的給付比例支付保險金。

（2）分期給付

①按月或按周給付。保險人根據被保險人的選擇，每月或每週提供合同約定金額的收入補償。由保險公司在等待期末開始給付，直至最長給付期間。

②按給付期限給付。給付期限分為短期或長期兩種。短期給付補償是被保險人在身體恢復以前不能工作的收入損失補償，期限一般為1年到2年。長期給付補償是被保險人因全部殘疾而不能恢復工作的收入補償，具有較長的給付期限，通常規定給付至被保險人年滿60周歲或退休年齡；若此期間被保險人死亡，保險責任即告終止。

③按推遲期給付。在被保險人殘疾后的一段時期為推遲期，一般為90天或半年，在此期間被保險人不能獲得任何給付補償。超過推遲期，被保險人仍不能正常工作的，保險人才開始承擔保險金給付責任。推遲期的規定，是由於被保險人在短期內通常可以維持一定的生活；同時設定推遲期也可以降低保險成本，有利於為確實需要保險幫助的人提供更好的保障。

復習思考題

1. 人身保險與人壽保險的聯繫與區別是什麼？
2. 簡述傳統人壽保險及創新人壽保險的主要內容。
3. 什麼是意外？
4. 什麼是疾病？
5. 簡述健康保險的主要險種。

第六章　財產保險

本章學習目的
  理解財產保險的概念與特徵
  掌握火災保險的基本內容及主要險種
  掌握運輸保險的主要內容及主要險種
  掌握工程保險的主要內容及主要險種
  理解責任保險的概念與特點
  瞭解責任保險的主要險種

第一節　財產保險概述

一、財產保險的概念與特徵

（一）財產保險的概念

  財產保險是以財產及與之相關的利益為保險標的，以自然災害及意外事故為保險事故的保險。財產保險有廣義與狹義之分，廣義財產保險是指包括財產損失保險、責任保險、信用保證保險等業務在內的一切非人身保險業務；而狹義財產保險僅指財產損失保險，它承保的保險標的是各種具體的財產物資。可見，狹義財產保險是廣義財產保險的重要組成部分。當然財產保險還有另一種劃分方法，即按承保標的的虛實，分為有形財產保險和無形財產保險。有形財產保險是指以各種實體的財產物資為保險標的的財產保險，它在內容上與狹義財產保險基本一致；無形財產保險則是指以各種沒有實體但屬於投保人或被保險人的合法利益為保險標的的保險，如責任保險、信用保險、利潤損失保險等。

  國際上，對財產保險還有不同的稱謂，如產物保險、損害保險和非壽險等。這些概念與中國的財產保險概念存在著差別，如產物保險強調以各種有形財產物資為保險標的，經營範圍較窄；而非壽險將各種短期性人身保險業務也包括在內，經營範圍最廣。

(二) 財產保險的特徵

1. 保險標的具有廣泛性

財產保險業務的承保範圍很廣，覆蓋著除自然人的身體與生命之外的一切危險責任，它不僅包括各種差異極大的財產物資，而且包括各種民事法律責任和信用風險等。大到航天工業、核電工程、海洋石油鑽探，小到家庭或個人生活用具等，無一不可以從財產保險中獲得相應的危險保障。財產保險承保標的的廣泛性，決定了財產保險的具體對象必然存在著較大的差異性，也決定了財產保險公司對業務經營方向具有更多的選擇性。與此同時，財產保險的保險標的無論歸法人所有還是歸自然人所有，均有客觀而具體的價值標準，均可以用貨幣來衡量其價值，保險客戶可以通過財產保險來獲得充分補償。而人身保險的保險標的限於自然人的壽命與身體，無法用貨幣來衡量，這就構成了財產保險與人身保險的根本區別。

2. 業務性質具有補償性

保險人經營各種類別的財產保險業務，意味著承擔起對被保險人保險利益損失的賠償責任。儘管在具體的財產保險經營實踐中，有許多被保險人因未發生保險事故而得不到賠償，但從理論上講，保險人的經營是建立在補償被保險人的保險利益損失基礎之上的。因此，財產保險費率的制定，需要以投保財產或有關利益的損失為計算依據；財產保險基金的籌集與累積，也需要以能夠補償所有被保險人的保險利益損失為前提。當保險事件發生後，財產保險實行損失補償原則，它強調保險人必須按照保險合同規定履行賠償義務，同時也不允許被保險人通過保險獲得額外收益，從而不僅適用代位原則，而且還適用重複保險分攤原則。這與人身保險不同，人身保險除不允許醫藥費用重複給付外，並不限制被保險人獲得多份合法的保險金，既不存在多家保險情況下的分攤給付問題，也不存在第三者代位問題。

3. 經營內容具有複雜性

財產保險經營內容具有相當複雜性，具體表現在三方面：第一，承保標的的複雜性。正如前文所述，從法人單位到個人家庭，從有形財產到無形責任，從高科技工程到普通商品物資，無所不包。第二，承保技術的複雜性。由於標的的複雜性，就要求保險人在經營過程中要熟悉與各種標的相關的技術知識，如要想獲得經營責任保險業務的成功，就必須熟悉各種民事法律、法規和訴訟知識；要想成功經營汽車保險，就要有汽車機械構造方面的專業知識，否則汽車保險的經營就會陷入被動或盲目狀態。第三，風險管理的複雜性。財產保險的危險相對集中，一旦巨災發生，如臺風、地震、洪水等，可能導致巨大損失，直接影響財產保險公司財務的穩定。所以必須採用再保險、巨災風險證券化等手段來分散風險，風險管理的技術相對複雜。

4. 單個保險關係具有不對等性

從財產保險整體來看，保險人是根據大數法則與損失概率來確定各種財產保險費率的，從而在理論上決定了保險人從被保險人那裡收取的保險費與所承擔的風險責任是相適應的，保險人與被保險人的關係是等價交換關係。但就單個保險關係來看，又存在著明顯的不對等性。一方面，保險人承保每一筆保險業務只收取保險標的實際價

值的千分之幾或百分之幾，而一旦被保險人發生保險事故，保險人往往要付出幾倍甚至幾百倍的保險賠款；另一方面，在所有承保業務中，發生保險事故的畢竟是少數，對大多數被保險人來講，保險人也收取了保險費，但不存在保險賠償問題，交易雙方同樣是不對等的。而人壽保險中，被保險人的受益總是與其繳費聯繫在一起的，絕大多數保險關係是一種相互對等的關係。

二、財產保險的業務體系

財產保險是一個龐大的業務體系，它由若干險類及其數以百計的具體險種構成，分為財產損失保險、責任保險和信用保證保險三大類。

(一) 財產損失保險

財產損失保險專指以財產物資及其相關利益為保險標的的各種保險業務。財產損失保險通常根據保險標的來劃分幾大業務種類，每一業務種類又包括若干類別，而各類別又由若干具體的險種構成。財產損失保險的業務體系一般包括四個層次，具體見表6-1：

表6-1　　　　　　　　　　　　財產損失保險業務體系表

第一層次	第二層次	第三層次
火災保險	企業財產保險	財產保險基本險、財產保險綜合險等
	家庭財產保險	普通家庭財產保險、家庭財產兩全保險等
運輸保險	運輸貨物保險	海洋運輸貨物保險、陸上運輸貨物保險、航空運輸貨物保險等
	運輸工具保險	機動車輛險、船舶保險、飛機保險等
工程保險	建築工程保險	
	安裝工程保險	
	機器損失保險	
農業保險	種植業保險	農作物保險、林木保險等
	養殖業保險	畜牧保險、水產養殖保險等

其中，農業保險標的的種類繁多，出險責任不易劃分，投保人的逆（向）選擇嚴重，一般賠付率較高。世界大多數國家將其列為政策保險，這實際上是政府對農業的政策支持。其性質是有別於商業保險和社會保險的第三種保險形態，具有典型的政策性特徵。因此下文中不再詳細講述。

(二) 責任保險

責任保險是以被保險人依法應對第三者承擔的民事賠償責任為保險標的，以第三者的財產損失或人身傷亡為保險事故的保險。首先，任何法人或個險事故發生前，應該轉移保險財產，以防範保險損失的發生。如平時加強對被保險人的防災防損檢查，發現隱患，及時向被保險人提出整改建議，督促被保險人將災害事故隱患消除在萌芽

狀態。其次,當採取預防措施仍然發生了保險事故時,就需要採取相應的措施來抑制保險損失的擴大,即保險人需要對被損害財產進行施救、整理和保護。如在發生洪水災害時,幫被保險人搶救財產物資等。最後,保險人還可以通過參與社會的防災防損工作來達到減輕保險損失的目的,如舉行風險管理培訓,開展防災防損宣傳,為某些重點保戶購買消防設施等,均可起到減損的作用。

(三) 信用保證保險

信用保證保險,是隨著商業信用的發展而產生的一類新興保險業務。國際上經營信用、保證保險業務的除一般保險公司外,還有一些專業性的保險公司。信用保證保險分為信用保險和保證保險,信用保險是保險人根據權利人的要求擔保被保證人(義務人)信用的保險;保證保險是保險人根據被保證人(義務人)的要求向權利人提供自己信用擔保的保險。信用保險和保證保險都是保險人對被保證人的作為或不作為致使權利人遭受損失負賠償責任的保險,但二者的對象不同,前者是權利人要求保險人擔保被保證人的信用;后者是被保證人要求保險人向權利人擔保自己的信用。下文中不再詳細講述。

三、財產保險的理賠

(一) 理賠程序

理賠是財產保險最後一個但是最重要的業務環節。理賠程序主要包括:受理索賠,現場查勘,責任審核,損失核定,賠款計算,支付賠款等環節。前一個環節是后一個環節的基礎,任一環節的失誤均可能損害保險人或被保險人的利益。在財產保險理賠過程中,需要注意以下幾個問題:第一,根據近因原則來判明保險責任,分清保險責任與除外責任的界限;第二,根據保險金額、保險利益或保險財產的實際損失來確定保險賠償的最高限額;第三,對第三者導致的財產損失,保險人在賠償后要行使代位追償權,以維護自身的利益;第四,對重複保險的財產損失,要按重複保險分攤原則在所有承保人之間分攤損失;第五,在賠款計算時,除剔除不屬於保險責任範圍以內的損失外,還應扣除免賠額,對有關費用還需要進行分攤。

(二) 賠償方式

1. 不定值保險與比例賠償方式

不定值保險是指在訂立合同時,未載明其保險價值,而只約定保險標的的保險金額,保險價值留待損失發生時再確定的保險。對不定值保險,當發生保險事故時,如果被保險人的保險金額低於損失發生時財產的實際價值,稱為不足額保險,出現這種情況,未投保部分應由被保險人自己負責,保險人按比例賠償損失。其計算公式為:

$$賠款 = \frac{保險金額}{損失發生時財產的實際價值(保險價值)} \times 損失$$

如果被保險人在損失發生后對保險標的進行了積極施救,為此支付了施救費用,那麼施救費用同樣要按比例計算賠償。其計算公式為:

$$\text{保險人支付的施救費用} = \frac{\text{保險金額}}{\text{損失發生時財產的實際價值(保險價值)}} \times \text{施救費用}$$

如果保險事故發生后有殘值，殘值折價歸被保險人所有后，保險人可以在賠款中扣除相應殘值，但殘值同樣應按比例扣除。其計算公式為：

$$\text{保險人扣除的殘值} = \frac{\text{保險金額}}{\text{損失發生時財產的實際價值(保險價值)}} \times \text{殘值}$$

2. 第一損失保險與第一損失賠償方式

第一損失保險又稱第一危險保險，它是指保險人在承保時把責任或損失分為兩部分：第一部分是小於或等於保險金額的損失，也稱第一損失；第二部分是大於保險金額的損失，也稱第二損失。保險人僅對第一部分的損失承擔賠償責任，第二損失不在保險責任範圍內，應由被保險人自己負責。在這種承保條件下保險人採用的賠償方式就是第一損失賠償方式。

第一損失賠償方式對被保險人更為有利。對於保險標的小、保險價值不易確定的險種，這種方式可以避免繁瑣的計算，提高辦事效率。目前國外適用第一損失賠償方式的險種已經不少，但中國目前只適用於家庭財產保險。

3. 定值保險與定值保險賠償方式

定值保險是指保險合同當事人將保險標的的保險價值事先約定並在合同中予以載明的保險。如果將合同載明的保險價值作為保險金額，則在保險期內發生保險事故造成標的損失時，只要是全部損失，保險人就按保險金額賠償，而不必考慮該財產損失時的實際價值如何變化。若發生部分損失，先確定受損程度，然后按保險標的的損失程度賠付。賠償的計算公式為：

賠款 = 保險金額 × 損失程度

定值保險賠償方式主要適用於運輸貨物保險和船舶保險，但財產保險中有些標的，如高檔工藝品、名貴書畫、古玩等，往往也使用此種賠償方式。

4. 重置價值保險與重置價值賠償方式

重置價值保險是指保險雙方按保險標的的重置價值確定保險金額的保險。重置價值是指以同一或類似的材料和質量重新置換的價值或費用。當發生保險責任範圍內的損失時，如果保險金額高於或等於損失發生當時保險標的的重置價值時，保險人應按重置價值賠償，但以損失發生當時保險標的的重置價值為限。如果保險金額低於損失發生當時保險標的的重置價值，保險人僅負比例賠償責任。賠償的計算公式為：

$$\text{賠款} = \frac{\text{保險金額}}{\text{損失發生當時保險標的的重置價值}} \times \text{損失}$$

四、財產保險的準備金

為了保證對被保險人及時履行經濟補償的義務，確保公司的賠償能力，保險人在每年年終決算時，應從保費收入中提存準備金，這樣才能保證保險人在賠償時有足夠的資金來源。

因補償內容的不同，準備金可以分為賠款準備金、未到期責任準備金和總準備金

三種。

(一) 賠款準備金

賠款準備金是財產保險人的一種法定準備金，它是衡量保險人某一時期賠償責任及理賠費用的估計金額。

在每個會計年度內發生的賠案中，總有一部分未能在當年結案。這主要包括以下幾種情況：

第一，被保險人已經提出索賠，但被保險人與保險人之間尚未對這些案件是否屬於保險責任範圍以內、保險賠付額應當為多少等事項達成協議。這類賠案稱為未決賠案。

第二，保險人對索賠案件已經理算完畢，應賠付金額也已經確定，但尚未賠付，或尚未支付全部款項。這類賠案稱為已決未付賠案。

第三，保險事故是在年內發生的，但索賠要到下一年才可能提出。這類賠案稱為已發生未報告賠案。

保險人需對第一種賠案提取未決賠款準備金，對第二種賠案提取已決未付賠款準備金，對第三種情況提取 IBNR（Incurred But Not Reported，簡稱 IBNR）賠款準備金。

(二) 未到期責任準備金

未到期責任準備金也是財產保險法定準備金的一種，它是保險人為未到期的保險責任所提留的準備金。

由於財產保險合同大多為一年期限的保險，當年簽發的保單不可能全部從 1 月 1 日起生效，12 月 31 日期滿。換句話說，除當年第一天簽發的保單外，其餘保單均不能在當年內到期，而要轉入第二年。因此，有一部分保單的生效期必然橫跨兩個年度。在這種情況下，保險人需要從當年所徵收的承保保費中留出一部分來，用於下一個會計年度保險責任的支付。也就是說，保險人當年的承保保費需要依據保險期限在兩個會計年度中所占的比例進行分配。留在當年的部分屬於當年的收入，稱之為已賺保費，跨入第二年度的部分屬於下一年度的收入，稱之為未賺保費。與未賺保費相對應的即保險人在下一個會計年度內需要繼續承擔的保險責任。針對這部分保險責任，保險人需建立起相應的責任準備金，即未到期責任準備金。

(三) 總準備金

總準備金是為了應付發生巨額賠款而提留的一種法定財產準備金，它主要用於巨災風險的賠付，因而又被稱為巨災風險準備金或特別風險準備金。

第二節　火災保險

一、火災保險的定義

在當今社會，火災造成的損失在所有風險導致的損失中所占比重最大，因為它不僅涉及各種財物，還會涉及人的生命。它導致的損失不僅包括直接損失，還包括間接

損失。

火災保險簡稱火險，又被稱之為普通財產保險，是以存放在固定場所並處於相對靜止狀態的財產物資為保險標的，由保險人承擔保險財產遭受保險事故損失的經濟賠償責任的一種財產保險。其主要險種有企業財產保險、家庭財產保險等。

二、火災保險的特徵

（1）火災保險的保險標的必須是處於相對靜止狀態的各種財產物資。這一特點實際上將處於流動狀態的貨物、運輸工具以及處於生長期的各種農作物、養殖動物排除在外，因這些是由運輸保險和農業保險來承保的。

（2）火災保險承保財產的存放地點是固定的，被保險人不得隨意移動。火災保險合同一般都規定保險財產必須存放在合同約定的固定地址範圍內，在保險期間不得隨意變動，否則，保險人將不負賠償責任。如果被保險人確實需要變動保險財產的存放地點，亦需徵得保險人的同意。

（3）火災保險的保險標的廣泛。與其他保險相比，火災保險的保險標的是相當廣泛的，既有土地、房屋、機器設備，又有各種各樣的原材料、在產品及產成品，還有各種消費資料等。

三、企業財產保險

企業財產保險（以下簡稱「企財險」）包括財產保險基本險和財產保險綜合險兩個險種，主要承保火災以及其他自然災害和意外事故造成保險標的的直接損失。企業財產險是中國財產保險的主要類別之一，在財產保險公司的業務經營中有著十分重要的地位。

(一) 企業財產保險的承保範圍

　1. 可保財產

可保財產是投保人可以直接向保險人投保的財產。可保財產一般有三種分類：第一是按所有權的關係分類，它以被保險人對於保險標的應具備的保險利益為條件分為三種：屬於被保險人所有或與其他人共有而由被保險人負責的財產；由被保險人經營管理或替他人保管的財產；具有其他法律上承認的與被保險人有經濟利害關係的財產。這是中國目前企業財產保險條款的分類。第二是用會計科目反應，分為固定資產、流動資產、專項資產、投資資產、帳外資產五大類。第三是按企業財產項目類別反應，分為：房屋、建築物及附屬裝修設備；機器及附屬設備；作為商品或資產存放在固定地點的交通運輸工具；工具、儀器及生產工具；通信設備和器材；管理用具及低值易耗品；原材料、半成品、在製品、產成品或庫存商品、特種儲備商品；建造中的房屋、建築物和建築材料；帳外或已攤銷的財產等九類。

　2. 特保財產

特保財產是保險雙方當事人必須特別約定后才能在保險單中載明承保的財產，主要分為兩類：一類是不增加費率、也不需加貼保險特約條款的特保財產，包括：①金

銀、珠寶、鑽石、玉器、首飾、古幣、古玩、古書、古畫、郵票、藝術品、稀有金屬和其他珍貴財物，該類財產的價值不易確定，或市場價格變化較大；②堤堰、水閘、鐵路、涵洞、橋樑、碼頭等，該類財產發生保險事故的可能性較小。另一類是需增加費率或需加貼保險特約條款的特保財產，該類財產的風險比一般財產的風險大，如礦井、礦坑內的設備和物資，將這些特約保險財產予以承保主要是為了滿足部分行業的特殊需要。

3. 不保財產

凡是下列特別列明的財產，無論是否可以成為可保標的，都不能在企業財產保險業務項下予以承保：①土地、礦藏、礦井、礦坑、森林、水產資源以及未經收割或收割后尚未入庫的農作物；②貨幣、票證、有價證券、文件、帳冊、圖表、技術資料、電腦資料、槍支彈藥以及無法鑒定價值的財產；③違章建築、危險建築、非法占用的財產；④在運輸過程中的物資；⑤領取執照並正常運行的機動車；⑥牲畜、禽類和其他飼養動物；⑦保險人根據保險業務風險管理的需要聲明不予承保的財產。

(二) 保險責任

中國企業財產保險目前分別採用財產保險基本險條款和財產保險綜合險條款。

財產保險基本險，是以企事業單位、機關團體等的財產物資為保險標的，由保險人承擔被保險人財產所面臨的基本風險責任的財產保險。財產保險基本險條款承保的基本責任有四項：火災、雷擊、爆炸、飛行物體及其他空中運行物體墜落。

財產保險綜合險條款採取一攬子保險責任的承保方式，通過在保險單中予以列明的方式承保16項意外危險和自然危險。它除了承保財產保險基本險條款的四項基本責任，還包括12項風險：洪水、暴雨、臺風、暴風、龍捲風、雪災、雹災、冰凌、泥石流、崖崩、突發性滑坡、地面突然塌陷。

在中國的財產保險基本險條款和財產保險綜合險條款中，保險人對於被保險人的因為上述16種風險導致的下列特別損失也承擔賠償責任：①被保險人擁有財產所有權的自有的供電、供水、供氣設備因保險事故遭受損壞，引起停電、停水、停氣以致造成保險標的的直接損失；②在發生保險事故時，為搶救保險標的，或防止災害蔓延，採取合理的、必要的措施而造成保險標的的損失；③保險事故發生後，被保險人為防止或減少保險標的的損失所支付的必要的合理的費用。

(三) 責任免除

1. 基本的責任免除項目

所謂基本的責任免除項目就是根據保險市場的承保技術狀況，保險人在開辦任何險種的保險業務中都不予承保的風險責任。中國財產保險基本險條款和財產保險綜合險條款對於下列基本的責任免除原因所導致的保險標的損失不予賠償：①戰爭、敵對行為、軍事行動、武裝衝突、罷工、暴動；②被保險人及其代表的故意或縱容行為；③核反應、核子輻射和放射性污染。

2. 特定的責任免除項目

所謂特定的責任免除項目是保險人根據企業財產保險業務的特點，根據企業財產

保險業務管理的需要而特別申明不予負責的風險責任。中國財產保險條款特定的責任免除項目包括如下內容：①保險標的遭受保險事故引起的各種間接損失；②保險標的本身缺陷、保管不善導致的損毀、保險標的的變質、霉爛、受潮、蟲咬、自然磨損、自然損耗、自燃、烘烤所造成的損失；③堆放在露天或罩棚下的保險標的以及罩棚由於暴風、暴雨造成的損失；④由於行政行為或執法行為所致的損失；⑤其他不屬於保險責任範圍內的損失和費用。

（四）附加責任

在中國保險市場上，對於財產保險基本險條款的投保人，可以通過單獨加費的方式投保附加險以擴展保險責任。目前，中國財產保險基本險條款和財產保險綜合險條款共同受理的附加險有：

（1）盜竊。這項責任是由於外來、有明顯盜竊痕跡的偷竊行為對於存放於保險單列明處所範圍內的保險標的造成的損失或破壞。由於盜竊行為是人為的故意因素所致，風險因素較複雜，除了特別約定並且在保險單或批單上載明的財產外，通常不包括財產保險單項下特約承保的保險財產。

（2）露堆財產損失。這項責任承保被保險人按照倉儲及有關部門的規定存放，並對存放於露天的保險標的採取了相應的防護安全措施，因遭受暴風、暴雨所致的損失。

（3）鍋爐壓力容器損失。這項責任承保符合鍋爐、壓力容器安全監察暫行條例規定，並經勞動部門檢驗合格發給證明的鍋爐或壓力容器由於物理性和化學性爆炸、本崗位工人或技術人員疏忽行為、鍋爐及壓力容器配套設備的機件或部件發生故障所導致的鍋爐及壓力容器的損失。

（4）管道破裂損失。這項責任承保由於上下水管道、暖氣管道發生意外破裂，致使保險單列明的保險標的遭受水淹、浸濕所引起的損失。

（五）保險金額

中國保險公司在承保國內企業財產中的固定資產時，通常採用三種方式確定固定資產的保險金額：①按照固定資產的帳面原值確定保險金額。在固定資產登記入帳時間較短，固定資產的市場價值變化不大的情況下，該方式基本上可以比較準確地反應固定資產的實際價值。②按照固定資產的帳面原值加成確定保險金額。採取這種方式必須由投保人和保險人事先協商，主要用於固定資產的市場價值變化較大的企業財產保險業務，以此抵禦通貨膨脹可能對於固定資產的實際價值造成的貶值影響。當帳面原值與實際價值差額過大時採用此種方法。③按照固定資產重置重建價值確定保險金額。由於該方式迴避了固定資產目前的實際價值，使得保險金額往往大於保險財產的實際價值。此種方法保障程度高，但費用也會增加。

中國保險公司在承保國內企業財產中的流動資產時，主要採取兩種方式確定保險金額：①按照流動資產最近12個月的平均余額確定保險金額。該方式一般適用於流動資產變化較大且資產擁有量大的企業單位。②按照流動資產最近帳目余額確定保險金額。

(六) 賠款計算

1. 固定資產發生全部損失情況下的賠款計算

無論採用何種方式確定保險金額，必須通過比較保險金額和保險價值確定賠償的實際金額。

當保險金額大於或等於重建重置價值時，其賠償金額以不超過重建重置價值為限。其計算公式為：賠額＝重建重置價值－應扣殘值。

當保險金額小於重建重置價值時，其賠償金額以不超過保險金額為限。其計算公式為：賠額＝保險金額－應扣殘值。

2. 固定資產發生部分損失情況下的賠款計算

按照帳面原值投保的財產發生保險責任範圍內的損失后，必須將保險單列明的保險金額與受損財產損失當時的保險價值進行比較。

如果受損財產的保險金額低於重建重置價值，則應根據保險金額與損失程度或修復費用與重置重建價值的比例計算賠償金額，其計算公式為：賠款＝保險金額－受損財產損失程度。

如果按帳面原值確定的保險金額等於或大於重置重建價值，則按實際損失計算賠款金額，即：賠款＝損失金額－應扣殘值。

按固定資產原值加成或按照重置重建價值的承保方式下，其賠償金額以不超過重置價值為限。

3. 按照流動資產最近12個月的平均余額承保方式下的賠款計算

在流動資產發生全部損失時，按照流動資產出險當時的帳面余額（即實際損失）確定保險人的賠償金額；流動資產發生部分損失時，在保險金額限度內，按照實際損失計算賠償金額。

4. 按照流動資產最近帳面余額確定保險金額方式下的賠款計算

在流動資產發生全部損失時，按實際損失計算賠償金額；在流動資產發生部分損失時，如果保險金額大於或等於流動資產損失當時的帳面余額，則按實際損失給予賠償；如果保險金額小於流動資產損失當時的帳面余額，則應根據保險金額與流動資產出險當時的帳面余額（實際損失）的比例計算賠償金額。

四、家庭財產保險

家庭財產保險一般分為基本險和附加險，基本險承保家庭財產火災保險責任範圍，附加險一般為附加盜竊險。按支付保費的不同，一般將支付保費方式的家庭財產保險稱為普通家庭財產保險，而將支付保險儲金方式的家庭財產保險稱為家庭財產兩全保險或定期還本家庭財產保險或家庭財產長效保險。另外，對以團體名義投保的家庭財產保險稱為團體家庭財產保險。

(一) 承保範圍

1. 可保財產

凡是屬於城鄉居民擁有並存放於固定地點的下列家庭財產均可以向保險公司投保：①衣著用品、床上用品；②家具、用具、室內裝修物；③家用電器、文化、娛樂用品；④農村家庭的農具、工具、已收穫入庫的農產品、副業產品；⑤由投保人代管或者與他人共有而由投保人負責的上述財產。

2. 特保財產

投保人必須向保險人特約才能投保的財產有如下特徵：①財產的實際價值很難確定，必須由專業鑒定人員或公估部門才能確定價值的財產，如金銀、珠寶、玉器、首飾、古玩、古書、字畫等；②不屬於普通的家庭財產，為專業人員在家庭從事業余研究和發明創造所使用的專業儀器和設備，如無線電測試儀器、專業光學設備等。因不同的保險人對於保險財產的界定有不同規定，上述必須特別約定才能投保的財產也可列入保險人不予承保的財產範圍。

3. 不保財產

家庭財產保險中的保險人不予承保的財產有如下特徵：①損失發生后無法確定具體價值的財產，如貨幣、票證、有價證券、郵票、文件、帳冊、圖表、技術資料等；②日常生活所必需的日用消費品，如食品、糧食、菸酒、藥品、化妝品等；③法律規定不容許個人收藏、保管或擁有的財產，如槍支、彈藥、爆炸物品、毒品等；④處於危險狀態下的財產；⑤保險人從風險管理的需要出發，聲明不予承保的財產。

(二) 保險責任

中國家庭財產保險直接承保的基本保險責任包括：①火災；②爆炸；③雷擊；④空中運行物體的墜落；⑤在發生上述災害事故時，因防止災害蔓延或施救所採取的必要措施造成保險財產的損失和所支付的合理費用。

保險人擴展承保的保險責任包括：雪災、暴風、龍捲風、暴雨、洪水、地面突然塌陷、崖崩、雹災、冰凌、泥石流。

同時，中國家庭財產保險附加盜竊險。即有明顯橇竊痕跡的盜竊行為對於存放在保險單列明地點的除了特約承保的財產之外的保險財產造成的破壞和損失，這是由於盜竊危險的特殊性，故保險人根據業務管理的需要，將其作為特約承保的危險。

(三) 責任免除

保險人對於家庭財產保險單項下所承保的財產由於下列原因造成的損失不承擔賠償責任：①戰爭、軍事行動或暴力行為；②核子輻射和污染；③電機、電器、電器設備因使用過度、超電壓、碰線、弧花、漏電、自身發熱等原因造成的本身損毀；④被保險人及其家庭成員、服務人員、寄居人員的故意行為，或勾結縱容他人盜竊或被外來人員順手偷摸，或窗外鈎物所致的損失；⑤地震所造成的一切損失；⑥其他不屬於家庭財產保險單列明的保險責任範圍內的損失和費用。

（四）保險金額

中國家庭財產保險的最低保險金額為人民幣 1,000 元，保險金額的計算標準為千元單位。家庭財產保險業務的保險金額的確定有下列兩種方式：①單一總保險金額制：保險單只列明保險財產的總保險金額。②分項總保險金額制：保險單列明的總保險金額為各項保險金額之和。

（五）賠款計算

中國保險公司對於家庭財產保險業務採取第一危險賠償方式，凡是屬於保險責任範圍內的損失可以在保險金額限度內獲得賠償。實際業務的處理過程是：保險人確定保險財產的損失屬於保險責任範圍後，根據保險財產的實際損失和保險財產損失當時的市場價值（地方物價部門認可的牌價），並且按照其使用年限折舊計算賠款，最高賠償金額以保險單規定的保險金額為限。保險財產損失後的殘餘部分折價後從賠款中扣除，歸被保險人所有。

在單一總保險金額制方式下，其賠款計算主要是使實際賠款控制在保險金額限度內；在分項總保險金額制方式下，其賠款計算應該使實際賠款控制在分項保險金額和總保險金額限度內。

第三節　運輸保險

一、運輸保險的定義

運輸保險是以處於流動狀態下的財產及相關責任為保險標的的一種保險，包括運輸貨物保險和運輸工具保險。與火災保險的保險標的存放於固定場所和處於相對靜止狀態所不同，運輸保險的保險標的或者保險財產一般處於運輸狀態或經常處於運輸狀態。

二、運輸保險的特徵

1. 保險標的具有流動性

無論是運輸貨物還是運輸工具，總是處於流動過程中或經常處於流動過程中，這一特點決定了保險標的及其風險很難為保險人所控制，貨物運輸中的風險甚至連被保險人也無法控制，完全掌握在承運人手中。

2. 保險風險具有複雜性

保險標的並非存放在固定場所而處於運行狀態。這一特點決定了運輸保險的風險結構也是動態、廣泛而複雜的，包括陸地上的各種風險、內河及海洋中的各種風險以及各種空中風險，均可能帶來運輸保險的索賠。

3. 保險事故具有異地性

由於保險標的的流動性，許多運輸保險事故往往發生在異地，即遠離保險合同簽

訂地或被保險人所在地，相對增加了保險人的理賠難度。如飛機出事往往遠離機場或在異地機場，船舶碰撞多發生在異地水域，貨物出險多發生在運輸途中。

　　4. 保險事故通常涉及第三者責任

　　一方面，運輸工具發生碰撞事故，往往損害第三者的利益，涉及第三者責任，如果受害人索賠屬於保險責任範圍，則保險人需要承擔起對第三者的賠償責任；另一方面，由於運輸貨物直接受承運人控制，一旦受損，首先被追究責任的往往是第三方——承運人。因此，運輸保險關係雖然僅存在於保險人與被保險人之間，但客觀上要涉及第三方，相對較為複雜。

三、運輸貨物保險

　　運輸貨物保險是以運輸過程中的各種貨物為保險標的、以運行過程中可能發生的有關風險為保險責任的一種財產保險。

　　根據運輸貨物方式不同，運輸貨物保險通常分為：海洋運輸貨物保險、陸上運輸貨物保險、航空運輸貨物保險和郵包運輸保險等。根據保險人承擔責任的方式不同，運輸貨物保險還可以劃分為基本險、綜合險和附加險三類。基於運輸貨物保險保障的是運輸過程中的貨物安全，所以該險種的投保人是收貨人或發貨人。在國際貿易中，運輸貨物保險是由收貨人投保還是由發貨人投保，通常由貿易合同明確規定，並往往包含在進出口貨物的價格中。

(一) 保險責任範圍

　　運輸貨物保險的保險責任通常分為基本險和綜合險兩種，后者較前者的責任範圍要寬。一般而言，運輸貨物保險的基本險責任通常包括：① 因火災、爆炸及相關自然災害所導致的貨物損失；② 因運輸工具發生意外事故而導致的貨物損失；③ 在貨物裝卸過程中的意外損失；④ 按照國家規定或一般慣例應當分攤的共同海損費用；⑤ 合理的、必要的施救費用等。而綜合性的保險責任在基本險基礎上，還承保盜竊、雨淋等原因造成貨物損失。

　　無論是基本險還是綜合險，保險人對下列原因導致的損失均不負責：① 戰爭或軍事行動；② 被保險貨物本身的缺陷或自然損耗；③ 被保險人的故意行為或過失；④ 核事件或核爆炸；⑤ 其他不屬於保險責任範圍內的損失等。

(二) 保險金額與保險費率

　　運輸貨物保險通常採用定值保險方式，即確定的保險金額是保險人承擔賠償責任的最后價值，從而避免了受市場價格變動的影響。國內運輸貨物保險的保險金額可依據起運地的成本價、目的地成本價、目的地市場價確定；涉外運輸貨物保險的保險金額可依據離岸價（FOB）、成本加運費價（CFR）、到岸價（CIF），由投保人根據貿易合同確定。

　　運輸貨物保險費率的厘定通常要考慮所選用的運輸工具、運輸路線、運輸方式和所經區域，以及貨物本身的性質與風險等因素，保險人據此綜合評估風險，並根據費率規章確定費率。

(三) 主要險種

目前中國開辦的運輸貨物保險主要有海洋運輸貨物保險，國內水路、陸路運輸貨物保險和國內航空運輸貨物保險等。

1. 海洋運輸貨物保險

海洋運輸貨物保險是指保險人對於貨物在運輸途中因海上自然災害、意外事故或外來原因而導致的損失負賠償責任的一種保險。習慣上分為基本險、附加險和專門險三類。基本險根據承保責任大小不同分為平安險、水漬險和一切險；附加險分為一般附加險和特殊附加險；專門險主要有海洋運輸冷藏貨物保險和海洋運輸散裝桐油保險。

2. 國內水路、陸路運輸貨物保險

中國國內水路、陸路貨運輸保險分為基本險和綜合險兩種。基本險的責任主要有：①因火災、爆炸、雷電、暴風、暴雨、海嘯等自然災害；②由於運輸工具發生碰撞、擱淺、觸礁、沉沒等意外事故造成的損失；③在裝貨、卸貨或轉載時，因遭受不屬於包裝質量不善或裝卸人員違反操作規程所造成的損失；④按國家規定或一般慣例應分攤的共同海損的費用；⑤在發生上述災害事故時，因紛亂而造成的貨物散失以及因施救或保護貨物所支付的直接而合理的費用。綜合險的責任，保險人除承擔基本險責任外，還要承擔：①因受震動、碰撞、擠壓而造成破碎、彎曲、折斷、開裂等導致貨物散失的損失；②液體貨物因受震動、碰撞或擠壓導致所用容器損壞而滲漏的損失；③遭受盜竊或承運人責任造成的整件提貨不著的損失；④符合安全運輸規定而遭受雨淋所致的損失。

國內水路、陸路運輸貨物險的保險期限為：自簽發保險憑證和保險貨物運離起運地發貨人的最后一個倉庫或儲存處所時起，至該保險憑證上該貨物的目的地收貨人在當地的第一個倉庫或儲存處所時終止。但保險貨物運抵目的地后，如果收貨人未及時提貨，則保險責任的終止期最多延長至以收貨人接到到貨通知單后的 15 日為限。

國內水路、陸路運輸貨物險的保險金額採取定值的方法加以確定並載明於保單，保險金額按貨價加運費、保險費計算確定。

3. 國內航空運輸貨物保險

中國國內航空運輸貨物保險的保險責任主要有：① 由於飛機遭受碰撞、傾覆、墜落、失蹤（在 3 個月以上），以危難中發生卸載以及遭受惡劣氣候或其他危險事故發生拋棄行為所造成的損失；② 被保險貨物因遭受火災、爆炸、雷電、冰雹、暴風、暴雨、洪水等所造成的損失；③ 被保險貨物受震動、碰撞或壓力而造成的破碎、彎曲、折斷、開裂等損傷以及由此引起包裝破裂而造成的損失；④ 屬液體、半流體或需要用液體保藏的被保險貨物，在運輸中受震動、碰撞或壓力致使容器損壞發生滲漏而造成的損失；⑤ 被保險貨物因遭受偷竊或者提貨不著的損失；⑥ 裝貨、卸貨時和地面運輸過程中，因遭受不可抗力的意外事故及雨淋造成的被保險貨物的損失。

國內航空運輸貨物保險的保險期限是：自保險貨物經承運人收訖並簽發航空貨運單註明保險時起，至空運目的地的收貨人在當地的倉庫或儲存處所時終止。但保險貨物運抵目的地后，如果收貨人未及時提貨，則保險責任的終止期最多以承運人向收貨

人發出到貨通知單后的 15 天為限。

四、運輸工具保險

運輸工具保險承保因遭受自然災害和意外事故造成運輸工具本身的損失，採取施救、保護所支付的合理費用，以及對第三者的人身傷害和財產損失依法應負的經濟賠償責任。運輸工具保險專門承保各種機動運輸工具，包括機動車輛、船舶、飛機、摩托車等運載工具。在中國，運輸工具保險主要包括機動車輛保險、船舶保險、飛機保險等。

（一）機動車輛保險

機動車輛保險國外稱為汽車保險，但在中國除承保汽車外，還承保摩托車、拖拉機等陸上交通工具，故稱機動車輛保險。機動車輛保險承保公務、商用和民用的各種機動車輛因遭受自然災害或意外事故造成的車輛本身及相關利益的損失和採取施救保護措施所支付的合理費用，以及被保險人對第三者人身傷害、財產損失依法應負的民事賠償責任。

按照保險責任的不同，機動車輛保險可以分為車輛損失保險和車輛責任保險兩類。車輛損失保險除了主險車輛損失險外，還包括全車盜搶險、玻璃單獨破碎險、自燃損失險、車輛停駛損失險等附加險種。車輛責任保險除了主險第三者責任險外，還包括車上責任險、無過失責任險等附加險種。

1. 車輛損失險

車輛損失險的保險標的是投保車輛本身，包括汽車、電車、電瓶車、摩托車、拖拉機、各種機械車、特種車等。

車輛損失險責任分碰撞責任和非碰撞責任。碰撞責任是指保險車輛與其他車輛或物體碰撞造成的損失和費用，是車輛損失險的主要責任。非碰撞責任是指機動車輛在行駛或停放過程中，由於各類自然災害或意外事故造成的損失和費用。

車輛損失險的保險金額通常根據投保車輛的重置價值確定，也可以由保險合同雙方協商確定。車輛損失險的保險費率由保險公司自主制定，因車輛使用性質、駕駛員性別等因素的不同而有一定差異。當被保險車輛發生保險損失時，保險人根據其損失情況進行賠償，全損時按照保險金額賠償，但以不超過重置價值為限；部分損失時，則按照實際修理費用賠償。

2. 第三者責任險

機動車輛第三者責任保險承保機動車輛駕駛員在使用車輛過程中，發生意外事故，給第三者造成損害，被保險人及其駕駛員依法應負的民事賠償責任。

機動車輛第三者責任保險屬於責任保險範疇。許多國家均對機動車輛第三者責任保險採取強制保險的措施，以維護公眾安全和社會穩定。在中國，依據 2011 年 5 月 1 日實施的《中華人民共和國道路交通安全法》，第三者責任保險屬於強制保險的範疇。

目前，中國機動車輛第三者責任險採取最高賠償限額責任方式。賠償限額是保險人計算和收取保險費的依據，也是每次承擔責任事故補償的最高額度。

（二）船舶保險

船舶保險是指以各種船舶、水上裝置及其碰撞責任為保險標的的一種運輸工具保險，它是傳統財產保險業務的重要險種之一。

船舶保險的保險責任可以劃分為碰撞責任與非碰撞責任。碰撞責任指保險標的與其他物體碰撞並造成對方損失且依法應由被保險人承擔經濟賠償責任的責任；非碰撞責任包括有關自然災害、火災、爆炸等，以及共同海損分攤、施救費用、救助費用等。

船舶保險的保險期限為定期和航次保險兩種，定期保險一般為1年。航次保險按保險單訂明的航次為準，不載貨船舶自起運港解纜或起錨時開始，至目的港抛錨或繫纜完畢時終止；載貨船舶自起運港裝貨時開始，至目的港卸貨完畢時終止。

船舶保險的保險金額：船齡在3年（含3年）以內的船舶視為新船，新船的保險價值按重置價值確定，船齡在3年以上的視為舊船，舊船的保險價值按實際價值確定。保險金額按保險價值確定，也可以由保險雙方協商確定，但保險金額不得超過保險價值。

（三）飛機保險

飛機保險是航空保險的一種，是以飛機及其相關責任風險為保險對象的保險，它主要包括機身保險、第三者責任保險、航空旅客責任保險三個基本險及飛機戰爭劫持險和飛機承運貨物責任險兩個附加險。

機身保險以各種飛機本身作為保險標的，它適用於任何航空公司、飛機擁有者、有利益關係者以及看管、控制飛機的人。保險人對飛機機身的承保責任通常以一切險方式承保，即除外責任以外的任何原因造成的損失或損壞，保險人均負責賠償。

飛機第三者責任保險承保由於飛機或從飛機上墜人、墜物造成第三者的人身傷亡或財物損失，依法應由被保險人承擔經濟賠償責任的風險。

航空旅客責任保險承保旅客在乘坐或上下保險飛機時發生意外，致使旅客受到人身傷害，或隨身攜帶和已經交運登記的行李、物件的損失，以及旅客、行李或物件在運輸過程中因延遲所造成的損失根據法律或合同應由被保險人負擔的賠償責任。保險責任一般從乘客起點驗票后開始到終點離開機場止。

飛機保險的保險金額一般採用定值保險方式。機身險的保險金額可以按淨值確定，也可由雙方協商確定；飛機第三者責任險的賠償限額按不同飛機類型判定，以保險單附表規定的最高賠償額為限。通常在飛機保險中，第三者責任及旅客責任都有一個責任限額，這兩個責任限額與其他責任限額合併規定一個最高責任限額，即綜合責任限額。

第四節　工程保險

一、工程保險的定義

工程保險是對建築工程、安裝工程及各種機器設備因自然災害和意外事故造成物質財產損失和第三者責任進行賠償的保險。它是以各種工程項目為主要承保對象的

保險。

二、工程保險的特徵

工程保險在性質上屬於綜合保險，既承保財產風險，也承保責任風險。與傳統的財產保險相比，工程保險有以下特點：

第一，工程保險承保的風險是一種綜合性風險，表現為風險承擔者的綜合性、保險項目的綜合性和風險範圍的綜合性；第二，工程保險承保的風險是一種巨額風險。許多工程項目本身投資巨大，加之先進的設計和科學的施工方法在工程中的應用，使得保險標的價值昂貴，工程項目風險複雜；第三，工程保險承保的風險是一種技術風險。現代工程項目的技術含量高，專業技術強，而且涉及多學科和多領域，從而對工程保險的承保技術、承保手段和承保能力要求更高。

工程保險主要包括建築工程保險、安裝工程保險和機器損壞保險等。

三、建築工程保險

（一）定義與特徵

建築工程保險簡稱「建工險」，是承保以土木建築為主體的民用、工業用和公共事業用的工程在整個建築期間因自然災害和意外事故造成的物質損失，以及被保險人對第三者人身傷亡或財產損失依法應承擔的賠償責任為保險標的的保險。

它是隨著現代工業和現代科學技術的發展在火災保險、意外傷害保險及責任險的基礎上逐步演變而成的一種綜合性保險。其主要特點有：

（1）承保範圍廣。傳統的財產保險只承保物質標的，而建工險則不但承保物質標的，而且承保責任標的，並對保險事故發生後的清理費用均予以承保，系綜合性保險。

（2）被保險人可能有多個。在傳統的財產保險中，保險標的的利害關係人即投保人或被保險人一般為單個的法人或自然人，因此，一張保險單通常只有一個被保險人；而在建工險中，保險標的的利害關係人往往涉及多個，一般有工程所有人、承包人、供貨方、技術顧問、貸款銀行等，凡對保險標的具有利益的人均可作為被保險人列明在一張保險單上。

（3）保險期限長短不一。傳統財產保險的保險期間通常為一年，期滿可以續保；而建築工程險的保險期間則一般按工期計算，即自工程開始生效至工程竣工為止。特別是建築大型綜合性工程，其中有的項目是分期施工並交付使用，因而各個項目的期限有先有後，有長有短，同時建工險還可加保保證期保險，對此類保險期限又有特別的要求。總之，建工險的期限比傳統的財產險複雜。

（二）保險責任

建築工程保險的保險責任可以分為物質部分的保險責任和第三者責任兩大部分。物質部分的保險責任主要包括四類風險：①自然災害，包括風暴、洪水、水災、暴雨、地震、冰雹、雷電、地面下陷等；②意外事故，包括火災和爆炸等；③技術風險，包括工人經驗不足、施工工藝不善、材料缺陷、設計錯誤等導致的損失；④道德風險，

包括管理不善、安全措施不落實等導致的損失。第三者責任是指被保險人在建築工程保險期間因意外事故造成工地及工地附近的第三者人身傷亡或財產損失依法應負的民事賠償責任。

(三) 責任免除

物質部分建工險特有的責任免除包括下列 7 項：①錯誤設計引起的損失、費用或責任；②換置、修理或矯正標的本身原材料的缺陷或工藝不善所支付的費用；③非外力引起的機械或電器裝置的損壞或建築用機器、設備裝置失靈；④全部停工或部分停工引起的損失、費用或責任；⑤保單中規定應由被保險人自行負擔的免賠額；⑥領有公共運輸用執照的車輛、船舶、飛機的損失；⑦建築工程保險的第三者責任險條款規定的責任範圍和責任免除。

由於保險標的不同，其遭受的風險各異，因而對一些特殊的保險標的除上述責任免除外，保險人還有必要規定特別責任免除，以限制其責任。常用的物質部分特別責任免除條款主要有隧道工程特別責任免除條款和大壩水庫工程特別責任免除條款。

建築工程第三者責任險的責任免除包括：①明細表中列明的應由被保險人自行承擔的第三者物質損失的免賠額（但對第三者人身傷亡不規定免賠額）；②領有公共運輸用執照的車輛、船舶、飛機造成的事故；③被保險人或其他承包人在現場從事有關工作的職工的人身傷亡和疾病，被保險人及其他承包人或他們的職工所有或由其照管、控制的財產損失；④由於震動、移動或減弱支撐而造成的其他財產、土地、房屋的損失或由於上述原因造成的人身傷亡或財產損失；⑤被保險人根據與他人的協議支付的賠償或其他款項。

四、安裝工程保險

(一) 定義與特徵

安裝工程保險，簡稱安工險，是指以各種大型機器設備的安裝工程項目在整個安裝期間因自然災害和意外事故造成的物質損失，以及被保險人對第三者依法應承擔的賠償責任為保險標的的保險。

安裝工程保險與建築工程保險業務內容和業務經營方式上具有相通性。但是，與建築工程保險相比，安裝工程保險有著不同的特點，主要包括：承保對象主要是安裝項目，也可包括附屬建築項目；承保風險具有階段性，安裝工程在試車、考核和保證階段的風險最集中，造成損失的可能性最大；承保風險主要是人為風險，並具有較強的技術性。

(二) 保險責任

安工險在保險責任規定方面與建工險略有區別。安工險物質部分的保險責任除與建工險的部分相同外，一般還有如下內容：①安裝工程出現的超負荷、超電壓、碰線、電弧、走電、短路、大氣放電及其他電氣引起的事故；②安裝技術不善引起的事故。「技術不善」是指按照要求安裝但沒達到規定的技術標準，在試車時往往出現損失。這

是安工險的主要責任之一。

除安裝工程保險有關物質部分的基本保險責任外，有時因投保人的某種特別要求或因工程有其特殊性質需要增加額外的風險保障，因而，通常在基本保險責任項下可附加保險責任。物質部分的附加保險責任可供選擇的條款一般有：罷工、暴亂、民眾騷亂條款；工地外儲存物質條款；有限責任保證期條款；擴展責任保證期條款；使用、移交財產條款等。

安裝工程第三者責任險的保險責任與建築工程第三者責任險相同。若一項工程中有兩個以上被保險人，則為了避免被保險人之間相互追究第三者責任，則由被保險人申請，經保險人同意，可加保交叉責任。

(三) 責任免除

安工險物質部分的責任免除，多數均與建工險相同。不同點在於，建工險將設計錯誤造成的損失一概除外；而安工險對設計錯誤本身的損失除外，對由此引起的其他保險財產的損失予以負責。安裝工程第三者責任險的責任免除與建築工程第三者責任險的責任免除相同，在此不再贅述。

五、機器損壞保險

機器損壞保險是承保以各類安裝完畢並已轉入運行的機器設備因人為的、意外的或物理的原因造成物質損失為保險標的的保險。與火災保險相比，機器損壞險承保的危險主要是保險標的本身固有的危險，即工廠機器內部本身的損失。機器損壞保險業務中，用於防損的錢比用於賠款的錢更多。如果一臺機器同時投保了財產險和機器損失險，就能獲得完善的保障，因此機器損壞險還可以作為財產一切險的附加險來承保。

機器損壞險的保險責任包括：①設計、製造或安裝錯誤、鑄造和原材料缺陷；②工人、技術人員操作失誤、缺乏經驗、技術不善、疏忽、過失、惡意行為；③離心力引起的斷裂；④超負荷、超電壓、碰線、電弧、漏電、短路、大氣放電、感應電及其他電氣原因；⑤責任免除規定以外的其他原因。

機器損壞險的責任免除包括：①機器設備運行必然引起的后果，如自然磨損、銹蝕等；②一切操作中的媒介物（如潤滑油等）及其他各種易損、易耗品；③被保險人及其代表在保險生效時已經知道或應該知道的保險機器及其附屬設備的缺點或缺陷；④根據法律或契約應由供貨方、製造人、安裝人或修理人負責的損失或費用；⑤由於公共設施部門的限制性供應及故意地或非意外行為引起的停電、停氣、停水；⑥火災、爆炸；⑦自然災害（地震、海嘯、雷電等）；⑧飛行物體墜落；⑨機動車碰撞；⑩水箱、水管爆裂；⑪被保險人及其代表的重大的過失或故意行為；⑫保險事故發生后引起的各種間接損失或責任；⑬應由被保險人自行負責的免賠額；⑭戰爭和類似戰爭行為；⑮政府命令或任何公共當局沒收、徵用、銷毀或毀壞；⑯核裂變、核聚變、核武器、核材料、核輻射及放射性污染。

第五節　責任保險

一、責任保險的定義與基本內容

(一) 責任保險的定義與特徵

責任保險是以被保險人依法應負的賠償責任作為保險標的的保險。它是保險人對被保險人由於過失等行為造成他人的財產損失或人身傷亡，根據法律或合同的規定，應對受害者承擔的賠償責任提供經濟賠償。

責任保險屬於財產保險，但與一般財產保險比較又有如下基本特徵：

1. 責任保險產生和發展的基礎是健全和完善的法律制度

只有法律制度界定了人們存在對他人應負的賠償責任時，人們才通過責任保險來轉嫁這種責任風險。因此，健全的法律制度尤其是民法和各種專門民事法律和法規是責任保險產生與發展的基礎。

2. 責任保險的「替代性」和「保障性」

責任保險的直接補償對象是與保險人簽訂保險合同的被保險人，但被保險人自身的損失則無須保險人補償。間接補償對象是受害人。由於保險人承保的是被保險人依法應對他人（第三人）所負的賠償責任，因而保險人支付的保險金最終落實到受害人手中，並歸其所有。這樣，既替代了被保險人的賠償責任，又保障了受害人應有的合法權利。而在一般財產保險中，保險人是對被保險人的經濟損失進行補償，並歸其所有。

3. 責任保險只有賠償限額

在一般財產保險中，保險人承擔的最高賠償限度是保險金額；而責任保險承保的是被保險人依法應對第三者承擔的賠償責任。由於第三者事先的不確定性構成保險人承擔經濟賠償額度的不確定性，這種不確定的賠償責任只有在保險合同中加以確定，才有利於穩定經營。因此，在責任保險中只能以賠償限額來作為保險人承擔賠償責任的最高限度。

4. 責任保險的特殊承保方式

責任保險具有兩種承保方式：獨立的責任險、附加的或基本的責任險，前者指保險人出立專門的獨立保單的責任保險，一般分為：產品責任保險、公眾責任保險、雇主責任保險、職業責任保險；后者與特定的物質財產保險有密切聯繫，可分為作為一般財產保險的附加險承保和作為一般財產保險的基本險承保，作為附加險的，如船舶碰撞責任保險、飛機旅客責任保險等；作為基本險的，如機動車輛第三者責任險。

5. 賠償處理的特殊決定方式

一般財產保險中，保險人的賠償金額是由保險人根據投保方式、保險金額、損失金額等因素來確定；而在責任保險中，賠償責任產生後，被保險人承擔的賠償金額通常是由法院或仲裁機構根據責任的大小及受害人的財產或人身的實際損害程度來裁定。

當然，保險人在決定賠償金額時要受到責任限額的約束。

(二) 責任保險的分類

責任保險的種類紛繁複雜，可按不同的標準分類，其主要分類有：

1. 承擔獨立責任的責任保險和承保基本責任或附加責任的責任保險

這是按承保方式進行的分類，前者以責任性質區分並各自簽發專門的責任保險單，一般有四種類型——產品責任保險、公眾責任保險、雇主責任保險、職業責任保險；后者與財產保險密切結合，如建築工程、安裝工程的第三者責任保險，一般作為附加責任予以承保，機動車輛第三者責任保險則作為機動車輛的基本險予以承保。

2. 過失責任保險和無過失責任保險

這是按責任發生原因進行的分類，前者承保被保險人因過失行為對他人造成損害依法應負的賠償責任，如場所責任保險、廠家責任保險、汽車第三者責任保險、職業責任保險、個人責任保險、其他過失責任保險；后者承保被保險人無論有無過失，都要對造成他人的損害依法應負賠償責任，如雇主責任保險、產品責任保險、核電站責任保險、其他無過失責任保險。

3. 強制責任保險與自願責任保險

這是按實施方式進行的分類，前者是通過制訂有關法律、法規實施的責任保險，屬於法定責任保險，如機動車輛第三者責任保險、勞工險等，世界上許多國家對機動車輛第三者責任保險實行法定保險；后者是在自願原則基礎上投保人與保險人通過簽訂保險合同而建立保險關係的責任保險，大部分責任保險均為自願責任保險。

(三) 責任保險的共性規定

1. 保險責任

保險人在責任保險單下承擔的賠償責任，一般包括以下兩項：①侵權責任和違約責任，責任保險人承保的侵權責任和違約責任是指過錯責任中的過失責任和無過錯責任以及經過特別約定的違約責任，按照有關法律規定被保險人對造成他人財產損失或人身傷亡應承擔的賠償責任，由保險人負責。②因賠償糾紛引起的由被保險人支付的訴訟、律師費用以及其他事先經保險人同意支付的費用。

保險承保的賠償責任一般為有形的財產損失和有形的人身傷害，而對無形的財產損失和無形的人身傷害，一般不予承保，但對於被保險人的無形財產損失是因有形的財產損失和無形的人身傷害所致，則另當別論。

2. 責任免除

責任免除包括：①戰爭、罷工；②核風險（核保險責任除外）；③被保險人的故意行為；④被保險人的家屬、雇員的人身傷害或財物損失（雇主責任保險除外）；⑤被保險人的合同責任（特別約定除外）；⑥被保險人所有、佔有、使用或租賃的財產或由保險人照顧、保管或控制的財產損失。上述除外責任中，有些經特別約定，也可以加保，或者還可以增加責任免除。

3. 保險費與保險費率

保險費率是計收保險費的依據。責任保險的保險費率是根據各種責任保險的風險

大小及損失率高低而確定的，在釐定責任保險費率時，應考慮以下因素：①被保險人的業務性質、種類和產品等產生意外損失賠償責任可能性大小；②賠償限額及免賠額的高低；③當地法律對損害賠償的規定；④承保區域大小；⑤同類業務的歷史損失資料；⑥保險人的業務水平和每筆業務的酬勞。

4. 賠償限額與免賠額

責任保險承保的是被保險人的民事賠償責任，而非有固定價值的標準，因此不論何種責任保險，均無保險金額的規定，而是確定賠償限額作為保險人承擔賠償責任的最高額度。超過了賠償限額的索賠，仍由被保險人自行負責。

賠償限額的確定，一般都由保險人與被保險人協商訂入保險合同中，也可由保險人事先在保險單上列明，被保險人認可即行。責任保險中，通常規定兩項賠償限額：一是事故賠償限額，即每次責任事故或同一原因引起的一系列責任事故的賠償限額，它分為財產損失賠償限額與人身傷亡賠償限額；二是累積賠償限額，即保險期內累計的賠償限額，它分為累計的財產損失賠償限額和累計的人身傷亡賠償限額。

此外，責任保險單上一般還有免賠額的規定，以此促使被保險人減少保險事故和降低零星賠款數量。免賠額通常是絕對免賠。

二、公眾責任保險

(一) 公眾責任保險的定義

公眾責任保險是以被保險人在公眾活動場所由於過失等侵權或違約行為，致使他人的人身或財產受到損害，依法由被保險人承擔受害人的賠償責任為保險標的的保險。其中：公眾責任是指致害人在公眾活動場所由於過失等侵權或違約行為，致使他人的人身或財產受到損害，依法由致害人對受害人承擔的賠償責任；被保險人是加害人。公眾責任以法律上負有責任為前提，各國的民法及各種有關的單行法規是公眾責任的法律依據。

公眾責任風險普遍存在，如商店、旅館、展覽館、醫院、影劇院、運動場、動物園等各種公共場所，都有可能在生產、營業過程中發生意外事故，造成他人的人身傷害或財產損失，致害人就必須依法承擔相應的民事賠償責任。因此，就有分散、轉嫁公眾責任風險的必要，這是各種公眾責任保險產生並得到迅速發展的基礎。

(二) 公眾責任保險的保險責任範圍

1. 保險責任

中國公眾責任保險的保險責任包括兩項：①被保險人在保單列明的地點內發生意外事故造成第三者人身傷害或財產損失，依法應承擔的賠償責任；②因損害事故引起的訴訟抗辯費用和經保險人事先同意支付的其他費用。

2. 責任免除

中國的公眾責任保單的責任免除規定有：①被保險人根據合同應承擔的責任，除非該合同責任同時構成法律責任。②被保險人的雇員所遭受的人身傷害。③下列損失的責任：被保險人或其雇傭人員或其代理人所有的財產或由其照管或由其控制的財產；

被保險人雇傭人員或其代理人正在從事或一直從事工作的任何物品、土地、房屋或建築。此項責任屬雇主責任保險的範圍。④由下列引起的損失或傷害責任：未載入本保單表列，而屬於被保險人的或其所佔有的或以其名義使用的任何牲畜、腳踏車、車輛、火車頭、各類船只、飛機、電梯、升降機、起重機等；火災、地震、爆炸、洪水、菸薰和水污；有缺陷的衛生裝置或任何類型的中毒或任何不潔或有害的食物或飲料；大氣、土地水污染及其他類型的污染；被保險人作出或認可的醫療措施或醫療建議。⑤由震動、移動或減輕支撐引起任何土地或財產的損害責任。⑥由戰爭、類似戰爭行為、敵對行為、武裝衝突、恐怖活動、謀反、政變直接或間接引起的任何后果所致的責任。⑦由罷工、暴動、民眾騷亂或惡意行為直接或間接引起的任何后果所致的責任。⑧由核裂變、核聚變、核武器、核材料、核輻射及放射性污染所引起的直接或間接的責任。⑨被保險人及其代表的故意行為及其重大過失。⑩罰款、罰金、懲罰性賠款。⑪保險單明細表或有關條款中規定的應由被保險人自行負擔的免賠額，保險人均不負賠付責任。

以上責任免除，一般可概括為三類：一是絕對責任免除，即責任保險人不能承保的風險；二是在其他保險中承保的風險；三是經過加貼批單、增收保費才能承保的風險。

三、產品責任保險

(一) 產品責任保險的定義

產品責任保險是產品的生產者或銷售者由於產品存在缺陷，造成使用者或其他人的人身傷害或財產損失，依法應承擔的賠償責任的保險。其保險標的是指由於產品存在缺陷造成使用者或其他人的人身傷害或財產損失，生產商或銷售商依法應承擔的賠償責任。

在產品責任關係中，產品製造者、修理者、銷售者是產品責任關係的責任方，都可以投保產品責任保險；而產品用戶、消費者或公眾是產品責任關係中的受害方，也是產品責任法律制度所保障的對象。

產品發生責任事故后，責任方如何承擔賠償責任，由當地法院或仲裁機構根據有關產品質量法律裁定。但在產品責任的歸責原則方面，目前在西方國家分為兩大體系：美國的絕對責任制（少數其他國家也開始採用）和其他國家的疏忽責任制，兩者有較大差別。美國按嚴格責任原則，客戶因使用某種產品造成損害，即使未能證明製造商或銷售商有過失，製造商或銷售商也要負賠償責任，而且不能援用其在銷售合同項下的免責規定來推脫對受害人的賠償責任；英、日等其他國家主要採用疏忽責任制，即用戶在使用產品過程中受到損害，便可向生產者或銷售者提出索賠，但需承擔「舉證之責」，證明損失是由於生產者或銷售者的疏忽所致。顯然，絕對責任制比疏忽責任制對受害者更有利，因而，英、日等其他國家有採用絕對責任制的趨向。

產品責任保險與產品保證保險都與產品有關，但二者的保險標的不同，產品責任保險承保的是產品責任事故造成他人財產損失或人身傷害依法應負的賠償責任；而產

品保證保險則是承保產品事故中產品本身的損失。

(二) 產品責任保險的保險責任範圍

1. 保險責任

①在保險有效期內，被保險人生產、銷售、分配或修理的產品在承保區域內發生事故，造成用戶、消費者或其他任何人的人身傷害或財產損失，依法應由被保險人承擔的損害賠償責任；②被保險人為產品事故所支付的訴訟、抗辯費用及其他經保險人事先同意支付的合理費用，保險人亦負責賠償。

2. 責任免除

除了責任保險的一般責任免除以外，產品責任保險的責任免除還包括：①根據合同應由被保險人對其他人承擔的責任，除非這種合同責任已構成了法律責任；②根據勞動法或雇傭合同，被保險人對其雇員及有關人員應當承擔的損害賠償責任；③被保險人所有、保管或控制的財產的損失；④被保險人故意違法生產、出售或分配的產品或商品造成任何人的人身傷害或財產損失；⑤被保險產品或商品本身的損失及被保險人因退換回收有缺陷產品造成的費用及損失；⑥被保險產品造成的大氣、土地及水污染及其他各種污染所引起的責任等。

四、雇主責任保險

(一) 雇主責任保險的定義

雇主責任保險是以雇主對其雇員在受雇期間執行任務時，因發生意外事故或因職業病而造成人身傷殘或死亡時依法應承擔的賠償責任為保險標的的保險。雇主通過投保雇主責任保險將雇主責任轉嫁給保險人。其構成的前提條件是雇主與雇員之間存在直接的雇傭合同關係。

雇主責任保險的法律依據因各國法律制度的差異和立法完備的程度不同而存在差別。在立法完備的英、美等國家，民法、勞動法、雇主責任法同時並存，民法作為雇主責任保險的法律基礎，勞動法是社會保險性質的勞工保險（強制性雇主責任保險）的法律依據，雇主責任法則是雇主責任保險的直接法律依據，在只有勞動法，而沒有雇主責任法的國家和地區，包括中國，雇主責任保險的法律依據就是勞動法及雇傭合同。在沒有勞動法和雇主責任法的國家和地區，以民法作為法律基礎，以雇主和雇員之間的雇傭合同作為法律依據。在這種法律缺乏時，保險人承擔的實質上是一種合同責任，尚未上升至法律責任。

在中國，國家機關、事業單位、國有與大集體企業單位的工作人員或職工均依照國家勞動保險條例實行強制保險，它屬於社會保險性性質，是政府為勞動者提供的福利保障；但私營企業、合資企業以及外國駐華機構等的雇員卻缺乏上述保障，它只能依照雇主責任方面的法律和勞動合同通過投保雇主責任保險來保障雇員的權益。因此，雇主責任保險在中國保險市場上具有充足的業務來源。

(二) 雇主責任保險的保險責任範圍

1. 保險責任

根據雇主責任保險的習慣做法，保險人一般承擔下述四項責任：①雇員在保單列明的地點於保險有效期內從事與其職業有關的工作時遭受意外而致傷、殘、死亡，被保險人依據法律或雇傭合同應承擔的賠償責任；②因患有與業務有關的職業性疾病而致雇員人身傷殘、死亡的賠償責任；③被保險人依法應承擔的雇員的醫藥費，此項醫藥費的支出以雇員遭受前述兩項事故而致傷殘為條件，對於非前述兩項事故所致的雇員醫藥費，保險人不予負責；④應支出的法律費用，包括抗辯費用、律師費用、取證費用以及經法院判決應由被保險人代雇員支付的訴訟費用，但該項費用必須是用於處理保險責任範圍內的索賠糾紛或訴訟案件，且是合理的訴諸法律而支出的額外費用。上述前三項為賠償金；第4項為訴訟費用。

2. 責任免除

雇主責任保險的責任免除一般如下：①戰爭、類似戰爭行為、叛亂、罷工、暴動或由於核輻射所致的被雇人員的傷殘、死亡或疾病；②被保險人的故意行為或重大過失；③被雇人員由於疾病、傳染病、分娩、流產以及因這些疾病而施行內外科治療手術所致的傷殘或死亡；④雇員自身的故意行為和違法行為造成的傷害，如雇員自傷、自殺、犯罪行為、酗酒及無照駕駛各種機動車輛所致的傷殘或死亡；⑤被保險人對其承包人雇傭的員工的責任。因為承包人的雇員與承包人的雇主之間不存在直接的雇傭關係。

3. 擴展責任

中國雇主責任保險在經保險雙方約定后，可以擴展附加醫藥費保險和附加第三者責任保險。

五、職業責任保險

(一) 職業責任保險的定義

職業責任保險是從事各種專業技術工作的單位或個人在履行自己的責任中，因過失行為而給他人造成的財產損失或人身傷害依法應負賠償責任的保險，又稱職業賠償保險或業務過失責任保險。如醫生在治療過程中出現診斷錯誤、手術錯誤或用藥錯誤等對病人造成的人身傷害或費用損失；建築設計師由於設計錯誤，使承建方發生重大問題造成損失；保險代理人的失誤導致保險人或被保險人的損失等，此時，這些有過失的專業技術人員都要承擔相應的職業責任。

(二) 職業責任保險的保險責任範圍

1. 保險責任

職業責任保險在國外並無統一的條款及保單格式，而是由保險公司根據不同種類的職業責任設計制訂專門的保險單承保。對於保險責任範圍，職業責任保險承保的保險責任是各種職業技術人員職業上的疏忽、錯誤或失職行為造成的損失，包括兩項：

賠償金和訴訟費用。

2. 責任免除

除了責任保險的一般責任免除以外，職業責任保險的特定責任免除包括：①被保險人或從事該業務的前任或其任何雇員或從事該業務的雇員的前任不誠實、詐欺、犯罪或惡意行為所引起的任何索賠；②因文件的滅失或損毀引起的任何索賠，但也可加費後擴展責任承保；③因被保險人的隱瞞或詐欺行為，以及被保險人在投保或保險有效期內不如實向保險人報告應報告的情況而引起的任何索賠；④被保險人被指控有對他人誹謗或惡意中傷行為而引起的索賠，但對特定的職業責任險，也可承保這種賠償責任。

復習思考題

1. 什麼是財產保險？它有哪些特點？
2. 簡述火災保險的特徵。
3. 簡述企業財產保險的保險金額確定方式與賠款計算方式。
4. 機動車輛保險的險種有哪些？
5. 建築工程保險與安裝工程保險的區別是什麼？
6. 簡述責任保險的共性規定。

第七章　保險市場

本章學習目的
　　理解保險市場的概念和特徵
　　理解保險市場的構成要素和類型
　　明確保險市場的需求與供給
　　掌握保險產品供給方和保險仲介
　　瞭解保險市場的組織結構

第一節　保險市場概述

一、保險市場的概念

　　傳統意義的保險市場是進行保險商品交易的場所，它既可以是有形的，也可以是無形的。有形的保險市場是以保險代理人和保險經紀人為仲介，並且具有固定的交易地點和穩定的交易方式，較為典型的如保險交易所。無形的保險市場是指並不設立某一固定場所，即保險業務並不一定在保險交易所內集中進行，而是由各種保險組織和其他仲介機構分散完成保險交易，在這一市場中，由於現代的通信設備和電子計算機技術的應用，使得保險市場的範圍越來越廣，並逐步擺脫了固定的交易場所和行為模式。尤其當今，隨著保險業和信息產業的高速發展，通過信息網路，人們足不出戶，就可以完成保險的交易活動。因而，現代意義的保險市場應該從廣義上來理解，即現代的保險市場是保險商品交換關係的總和，它既包括保險商品交換的場所，也包括保險商品交換中需求與供給的關係及其活動。

二、保險市場的特徵

　　保險市場的特徵是由保險市場的交易對象的特殊性所決定的。保險市場的交易對象是一種特殊形態的商品——保險經濟保障，因此，保險市場表現出其獨有特徵。

（一）保險市場是直接的風險市場

　　這裡所說的直接風險市場，是就交易對象與風險的關係而言的。儘管任何市場都存在風險，交易雙方都可能因市場風險的存在而遭受經濟上的損失。但是，一般的商品市場的交易對象，其本身並不與風險聯繫，而保險企業的經營對象就是風險，保

市場的交易對象是保險經濟保障，即對投保人轉嫁於保險人的各類風險提供保險經濟保障，所以本身就直接與風險相關聯。保險商品的交易過程，本質上就是保險人聚集與分散風險的過程。風險的客觀存在和發展是保險市場形成和發展的基礎和前提。沒有風險，投保人或者被保險人就沒有通過保險市場需求保險保障的必要。無風險，無保險。所以，保險市場是一個直接的風險市場。

(二) 保險市場是非即時清結市場

所謂即時清結的市場是指市場交易一旦結束，供需雙方立刻就能夠確切知道交易結果的市場。無論是商品市場，還是一般的金融市場，都是能夠即時清結的市場。即使是銀行存款，由於利率是事前確定的，交易雙方當事人在交易完成時也就立即確切地知道了交易結果。保險交易活動，因風險的不確定性和保險合同的射幸性使得交易雙方都不可能確切知道交易結果，因此，不能立刻結清。相反，還需通過訂立保險合同來明確雙方當事人的保險關係，並且依據保險合同履行各自的權利與義務。因此，保險單的簽發看似保險交易的完成，實則是保險保障的剛剛開始，最終的交易結果則要看雙方約定的保險事件是否發生。所以，保險市場是非即時清結市場。

(三) 保險市場是特殊的「期貨」交易市場

由於保險的射幸性，保險市場所成交的任何一筆交易，都是保險人對未來風險事件發生所致經濟損失進行補償的承諾。而保險是否履約即是否對某一特定的對象進行經濟補償，卻取決於保險合同約定時間內是否發生約定的風險事件以及這種風險事件造成的損失是否達到保險合同約定的補償條件。只有在保險合同所約定的未來時間內發生保險事件，保險人才可能對被保險人進行經濟補償。這實際上交易的是一種「災難期貨」。因此，保險市場是一種特殊的「期貨」市場。

三、保險市場的構成要素

(一) 保險市場的主體

保險市場的主體是指保險市場交易活動的參與者，包括保險商品的供給方和需求方以及充當供需雙方媒介的仲介方。保險市場就是由這些參與者締結的各種交換關係的總和。

1. 保險商品供給方

保險商品的供給方是指在保險市場上提供各類保險商品，承擔、分散和轉移他人風險的各類保險人。它們以各類保險組織的形式出現在保險市場上，如國有保險人、私營保險人、合營保險人、合作保險人、個人保險人。通常它們必須是經過國家有關部門審查認可並獲準專門經營保險業務的法人組織。根據中國《保險法》的規定，保險人的組織形式只能是國有獨資公司和股份有限公司，亦即只能是法人組織，不允許個人經營保險。因此，在中國提供各類保險商品的是各類保險公司，它們構成中國保險市場的供給方。

2. 保險商品的需求方

保險商品的需求方是指保險市場上所有現實的和潛在的保險商品的購買者，即各

類投保人，他們有各自獨特的保險保障需求，也有各自特有的消費行為。根據保險消費者不同的需求特徵，可以把保險商品需求方分為個人投保人、團體投保人等。根據保險需求的層次還可以把保險商品需求方劃分為當前的投保人與未來的投保人等。

3. 保險市場仲介方

保險市場仲介方包括活動於保險人與投保人之間，充當保險雙方媒介，把保險人和投保人聯繫起來並建立保險合同關係的人；也包括獨立於保險人與投保人之外，以第三者身分處理保險事務，受當事人委託辦理有關保險業務的公證、鑒定、理算、精算等事項的人。從中國目前的情況來看，保險仲介人主要包括保險代理人、保險經紀人和保險公估人。

在現代保險市場上，保險商品交易的方式一般為圖7-1所示：

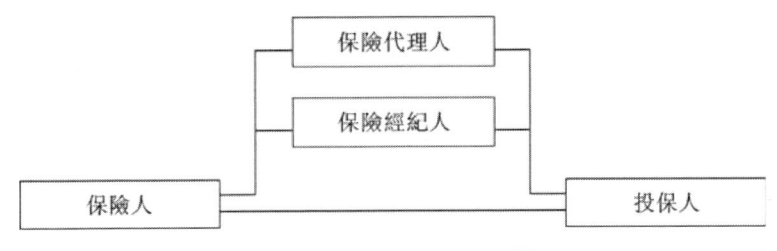

圖7-1 保險商品交易關係圖

由上述可知：保險市場展業有三種方式——保險人直接展業、保險代理人展業、保險經紀人展業。採用何種展業方式，應視一國保險業的監管制度、經濟發展水平及慣例而定。英國的保險展業以保險經紀人為主；日本在1996年實施新的保險業法以前，以保險代理人展業為主，1996年允許成立保險經紀人，才開始有保險經紀人參與保險展業；美國則是保險代理人與經紀人展業並存，但以代理人展業為主。無論何種形式，這些國家的保險仲介人展業已占80%以上。

(二) 保險市場的客體

保險市場的客體是指保險市場上供求雙方具體交易的對象，這個交易對象就是保險商品，亦即保險經濟保障。保險商品是保險人向被保險人提供的在保險事故發生時給予經濟保障的承諾。其形式是保險合同，保險合同實際是保險商品的載體；其內容是保險事故發生時提供經濟保障的承諾。保險經濟保障是一種特殊形態的商品，具有服務形態商品的一般特性，即它是一種無形的抽象的商品，而且生產與消費同步進行。這兩個基本特徵決定了保險商品的質量高低取決於保險業務人員的專業素質，因為保險客戶事先無法感知保險商品的質量，而是通過與之打交道的保險業務人員所提供的服務來消費保險商品。因此，配備一批高素質的業務人員對保證保險企業穩健經營，乃至促進保險市場的健康發展都非常重要。

(三) 保險市場的價格

保險市場的價格就是保險費率，它是被保險人取得保險保障應支付的價金。按照市場供求理論的一般原理，保險市場的供求關係決定了保險價格水平，同時保險費率

的高低又調節著保險市場供求。但是，保險市場價格有其特殊的值得注意的一方面，即保險商品的價格具有固定性。以壽險為例，保險商品的價格是根據經驗生命表中的生存率和死亡率、投資回報率以及保險公司的經營費用率來制定的，非常客觀，一經制定，其變化的可能性就較小。而且在保險交易過程中不允許討價還價，買方一般只能作取與舍的決定，沒有與賣方商議價格高低的自由和權利。這也是各國政府對保險市場價格進行比較嚴格的監管的原因之所在。

四、保險市場的類型

現代保險市場可按不同的標誌分類，但一般有如下主要分類：

1. 原保險市場和再保險市場

這是按保險業務承保的程序進行的分類。原保險市場亦稱直接業務市場，是保險人與投保人之間通過訂立保險合同而直接建立保險關係的市場；再保險市場亦稱分保市場，是原保險人將已經承保的直接業務通過再保險合同轉分給再保險人的方式形成保險關係的市場。

2. 人身保險市場和財產保險市場

這是按照保險業務性質進行的分類。人身保險市場是專門為社會公民提供各種人身保險商品的市場；財產保險市場是從事各種財產保險商品交易的市場。在西方國家，前者稱為壽險市場，后者稱為非壽險市場。

3. 國內業務市場和國際保險市場

這是按保險業務活動的空間進行的分類。國內業務市場是專門為本國境內提供各種保險商品的市場，按經營區域範圍又可分為全國性保險市場和區域性保險市場；國際保險市場是國內保險人經營國外保險業務的保險市場。

4. 壟斷型保險市場、自由競爭型保險市場、壟斷競爭型保險市場

這是按保險市場的競爭程度進行的分類。其中，自由競爭型保險市場是保險市場上存在數量眾多的保險人、保險商品交易完全自由、價值規律和市場供求規律充分發揮作用的保險市場，如西方發達國家早期的保險市場大致屬於這種類型；壟斷型保險市場是由一家或幾家保險人獨占市場份額的保險市場，包括完全壟斷和寡頭壟斷型保險市場；壟斷競爭型保險市場是大小保險公司在自由競爭中並存，少數大公司在保險市場中分別具有某種業務的局部壟斷地位的保險市場，如英國保險市場。

五、保險市場的需求與供給

(一) 保險市場的需求

保險需求是全社會在一定時期內購買保險商品的貨幣支付能力。它包括保險商品的總量需求和結構需求。保險商品的結構需求是各類保險商品占保險商品需求總量的比重，如財產保險保費收入占全部保費收入的比率、財產保險和人身保險各自內部的結構。影響保險需求的因素較多，主要有：

(1) 風險因素。保險商品服務的具體內容是各種客觀風險，無風險，則無保險。

因此風險的客觀存在是保險需求產生的前提。保險需求總量與風險因素存在的程度成正比；風險因素存在的程度越大、範圍越廣，保險需求的總量也就越大；反之，保險需求量就越小。

（2）社會經濟與收入水平。保險是社會生產力發展到一定階段的產物，並且隨著社會生產力的發展而發展。一方面，經濟發展帶來保險需求的增加；另一方面，收入水平的提高也會帶來保險商品需求總量和結構的變化。衡量保險需求量變化對收入變化反應程度的指標是保險需求收入彈性。它是需求變化的百分數與收入變化的百分數之比，表示收入變化對需求變化影響的程度。保險需求的收入彈性一般大於1，即收入的增長引起對保險需求更大比例的增長。但不同險種的收入彈性不同。

（3）保險商品價格。保險商品的價格是保險費率。保險需求主要取決於可支付保險費的數量。保險費率與保險需求一般成反比例關係，保險費率愈高，則保險需求量愈小；反之，則愈大。反應保險需求量變化對保險商品價格變化反應程度的指標是保險需求的價格彈性表示，它是保險商品需求變化的百分數與保險商品價格變化的百分數之比，表示保險價格變化對保險商品需求變化影響的程度。不同險種的價格彈性不同。

（4）人口因素。人口因素包括人口總量和人口結構。保險業的發展與人口狀況有著密切聯繫。人口總量與人身保險的需求成正比，在其他因素一定的條件下，人口總量越大，對保險需求的總量也就越多，反之就越少。人口結構主要包括年齡結構、職業結構、文化結構、民族結構。由於年齡風險、職業風險、文化程度和民族習慣不同，對保險商品需求也就不同。

（5）商品經濟的發展程度。商品經濟的發展程度與保險需求成正比，商品經濟越發達，則保險需求越大；反之，則越小。

（6）強制保險的實施。強制保險是政府以法律或行政的手段強制實施的保險保障方式。凡在規定範圍內的被保險人都必須投保，因此，強制保險的實施，人為地擴大了保險需求。

此外，利率水平的變化，對儲蓄型的保險商品有一定影響。

(二) 保險市場的供給

保險供給是保險人在一定時期內通過保險市場可能提供給全社會的保險商品數量。保險供給包括供給總量和結構。保險商品供給結構體現為險種結構，體現為某種保險品種所提供的經濟保障的額度；供給總量是指全社會所提供的保險供給的總量，即全社會的所有保險人對社會經濟所擔負的危險責任的總量，即所有承保的保險金額之和。影響保險供給的因素主要有：

（1）保險資本量。保險供給是由全社會的保險公司和其他保險組織所提供的，而保險公司經營保險業務必須有一定數量的經營資本。在一定時期內，社會總資本的量是一定的。因而能用於經營保險的資本量在客觀上也是一定的。因此，這個有限的資本量在客觀上制約著保險供給的總規模。在一般情況下，可用於經營保險業的資本量與保險經營供給成正比關係。

（2）保險供給者的數量和素質。通常保險供給者的數量越多，意味著保險供給量越大。在現代社會中，保險供給不但要講求數量，還要講求質量，質量的提高，關鍵在於保險供給者的素質。保險供給者素質高，許多新險種就容易開發出來，推廣得出去，從而擴大保險供給。

（3）經營管理水平。由於保險業本身的特點，在經營管理上要有相當的專業水平和技術水平，即以風險管理、險種設計、業務選擇、再保險分出分入、準備金的提存、費率厘訂，以及人事管理和法律知識等方面均要具有一定的水平，其中任何一項水平的高低，都會影響保險的供給，因而這些水平高低與保險供給成正比關係。

（4）保險價格。保險供給是通過保險市場進行的。由於在保險成本及其他因素一定的條件下，保險價格越高，則保險營業利潤率越高，從理論上講，保險商品價格與保險供給成反比：保險商品價格愈高，則保險商品供給量愈小；反之，則愈大。反應保險供給量變化對保險商品價格變化敏感程度的指標是保險供給的價格彈性，它是保險商品供給量變化的百分數與保險商品價格變化的百分數之比，表示保險價格變化對保險商品供給變化影響的程度。

（5）保險成本。保險成本一般包括賠款、佣金、工資、房屋和租金、管理費用等。對保險人來說，如果保險成本低，在保險費率一定時，所獲的利潤就多，那麼保險人對保險業的投資就會擴大，保險供給量就會增加。顯然，在一般情況下，保險成本與保險供給成反比例關係，保險成本高，保險供給就少；反之，保險供給就大。

（6）保險市場競爭。保險市場競爭對保險供給的影響是多方面的，保險競爭的結果，會引起保險公司數量上的增加或減少，從總的方面來看會增加保險供給；同時，保險競爭使保險人改善經營管理，提高服務質量，開闢新險種，從而擴大保險供給。

（7）政府的政策。政府的政策在很大程度上決定保險業的發展，決定保險經營的性質，決定保險市場競爭的性質，也決定了保險業的發展方向。如果政府的政策對保險業採用扶持政策，則保險供給增加；反之，若採取限制發展的政策，則保險供給減少。

第二節　保險產品供給方

保險產品的供給方稱為保險人。保險人是指依法註冊登記的以經營保險為業的單位或個人。在各國保險市場上，保險人的組織可以有多種不同的形態。就經營的主體而言，保險人可分為公營保險組織與民營保險組織；就其經營目的而言，可分為營利保險組織和非營利保險組織。

一、國有保險公司

國有保險組織是由國家或政府投資設立的保險經營組織，由政府或其他公共團體所經營，其經營可能以營利為目的作為增加財政收入的手段，組織形式為舉辦商業保險的保險組織；也可能以政策的實施為宗旨，並無營利的動機，組織形式為舉辦社會

保險的保險組織等。國有保險就實施而言，通常有強制保險和非強制保險，后者採取商業經營方式，它又可分為：第一，由政府壟斷的保險，如美國政府設立的聯邦存款保險公司依法承保銀行的存款；日本現行的簡易人身保險也是這種壟斷性保險。第二，與民營保險自由競爭的非壟斷性保險，如德國以前的公營火災保險及人壽保險，日本現在的官營森林火災保險等。強制保險主要是社會保險，但強制保險並不一定都由國家辦理。如美國的勞工補償保險，可由州政府壟斷經營，也可由州政府授權民營保險公司經營，或者由民營保險公司自由經營，在某種條件下也可由企業自行舉辦。

　　國有保險公司中，國有獨資保險公司是其中最為重要的一種形式。國有獨資保險公司是國家授權投資機構或國家授權的部門單獨投資設立的保險有限責任公司。其基本特徵為：投資者的單一性，財產的全民性，投資者責任的有限性。因為只有一個股東，即出資者只有國家一人，故而也稱為「一人保險公司」；從組織機構上不設立股東會，只設立董事會、總經理和監事會；財產具有特殊性。國有獨資公司具有的優點為：資金雄厚，給被保險人以可靠的安全感；多為大規模經營，風險較分散，業務穩定；一般採用固定費率，且費率較低；在公平經營基礎上，注重社會效益，有利於實施國家政策。中國完成股份制改造前的中國人民保險公司、中國人壽保險公司屬於國有獨資保險公司。蘇聯、朝鮮等國家所設立的國家保險局，在一定程度上，也具有國有保險公司的性質。

　　由於國有保險公司其產權不明晰、籌資能力有限、效率較低等原因，對商業保險而言，國際上存在一種國有獨資保險公司逐步股份化的浪潮，一些則轉為國家控股的保險公司；而對從事政策性保險業務的，則仍然適合採用國有獨資保險公司的形式。

二、股份保險公司

　　股份保險公司是將全部資本分成等額股份，股東以其所持股份為限對公司承擔責任，公司則以其全部資產對公司債務承擔責任的企業法人。股份保險公司又稱保險股份有限公司，其性質為組織資合性、資本股份性。股東以領取股息的辦法分配公司所取得的利潤。為了保證股份保險公司的穩定經營，各國保險業法對其實收資本的最低限額，一般都有明確的規定。股份有限公司的資本以股東購買股票的形式募集資金，股東以領取股息或紅利的辦法分配公司的利潤，並以自己認購的股份為限對公司的債務負責。

　　股份有限公司具有分散風險、規模龐大的優點，一般具有雄厚的財力，對被保險人的保障較大，因而，許多國家的保險業法也規定，經營保險業者必須採用股份有限公司的形式。股份保險公司的內部組織機構主要由權力機構、經營機構和監督機構三部分組成：股東會是公司的權力機構；公司的經營機構是董事會；監事會是股份保險公司的監督機構。股份保險公司的不足之處在於：①公司的控制權操縱在股東之手，經營目的是為投資者攫取利潤，被保險人的利益往往被忽視；②對保險賠償金的給付，往往附以較多的限制性條款；③對那些風險較大、利潤不高的險種，股份保險公司往往不願意承保。因此，近幾年來，各國股份保險公司相互化的觀念與行動日漸普遍。

三、相互保險

相互保險是保險業特有的組織形式，是以社員間相互保險為目的的一種社會互助行為。相互保險公司的會員既是保險的加入者，又是被保險者。此類保險組織在創立時經由社員出資，用於支付創立費用以及作為事業資金與擔保資金，經營有剩餘時，或分給社員或補充下期以後的保險費，經營虧損則削減一部分保險金。其組織形式有：

(一) 相互保險公司

相互保險公司是保險業中特有的公司組織形態，是由預想特定風險可能發生的多數經濟單位為達到保險目的而共同構成的非營利保險組織。這種保險組織是一種中性的社團法人，它既不是公益法人，也不是營利性法人。相互保險公司的社員必須是保險加入者，即一方面發生社員關係，另一方面又發生保險關係。社員與保險合同持有人是同一個人，當保險關係終止時，社員資格也隨之消失。相互保險公司的最高權力機關是社員大會或社員代表大會，但其理事也常聘請公司外部人員而並不局限於社員，因而可以利用非社員理事的各種社會關係，便於促進業務的發展。

相互保險公司雖不以營利為目的，但其經營方式是在創立時須由社員或非社員共同出資，用以支付創立費用以及作為業務費用和擔保資金。這種資金與股份公司用作業務費用和擔保資金的資本不同，即不屬於股本，而是基金，具有負債性質，於創立時借入，償還時還需付利息。但是，這種基金債務與普通的單純性債務也有所不同：一是關於利息的支付必須等彌補了公司承保業務的損失以後才能執行；二是關於基金的償還也須等到全部創立費用與業務費用攤銷完畢並減除損失補償的準備金后，若還有同額的儲蓄金，方可執行。

相互保險公司的經營結果是：當有剩餘時，因無股東分配，故要麼分配給投保人（也即社員），要麼留作公積金，作為以後保險費的補充；當不敷支出時，則按剩餘金、公積金、法定準備金的順序彌補，若還有不足則因實行定額保險費制而排除了社員的追補義務，故採取減額賠償制，即削減一部分保險金。

社員兼具投保人與保險人雙重身分，並且雙重身分同時存在；經營目的是為參加該組織投保人謀取福利。相互保險公司較適合於保險合同有效期比較長、投保人變動不大的各種人身保險。

股份保險公司與相互保險公司相比較：①從企業主體上看，股份保險公司由股東組成，相互保險公司由社員組成；股份保險公司的股東並不限於保險加入者，而相互保險公司的社員與保險加入者為同一人。②從權力機關上看，股份公司為股東大會，相互保險公司為社員大會；股份保險公司的董事限於股東，相互保險公司的理事並不以社員為限。③從經營資金上看，股份公司的資金來源於股東，相互保險公司的資金來源於社員。④從保險費的形式看，股份保險公司採取確定保險費制，股東承擔股份保險公司的經營責任。當保險費有剩餘時一般計入盈利；保險費不足時由股東設法填補，即投保人無須承擔追補保險費的義務。相互保險公司則大多採取不定額保險費制，所收保險費有剩餘時分別攤還給社員，不足時再臨時向社員徵收，即社員有補交保險費

的義務。⑤從保險契約性質看，股份保險公司的契約屬商業行為，對其營業課以稅款，相互保險公司屬非營利性質，故免除營業所得稅。⑥從利益處理看，股份公司股東對利益有全權處理權，相互保險公司的剩余須先支付借入資金及其利息后，其余額方可由社員享受。

(二) 相互保險社

相互保險社是由一些對某種危險有同一保障要求的人（通常為同一行業的人員）組成的一個集團，是為了應付自然災害或意外事故造成的經濟損失而自願結合起來的集體組織。相互保險社是最早出現的保險組織，也是保險組織最原始的狀態。但是，在歐美國家現在仍然相當普遍，如在人壽保險方面有英國的「友愛社」，美國的「同胞社」，海上保險方面有「船東相互保障協會」等。

相互保險社的組織與經營都很簡單，以地區範圍或職業類別為其業務範圍，保單持有人就是該社社員，各保單的保險金額相差不大，因而每人有相等的投票權來選舉理事及高級職員。通常設一專職或兼職秘書，領受工薪，他是相互保險社的實際負責人。所有保險賠償款項及管理方面的開支均由社員共同分擔；但是保險費的計算並無數理基礎，而是採用賦課方式。相互保險社的適用領域很廣，涉及海上、火災、人壽及其他有關險種。

與保險合作社及相互保險公司相比較，相互保險社具有以下特徵：首先，參加相互保險社的成員之間互相提供保險，即每個社員為其他社員提供保險，每個社員同時又獲得其他社員提供的保險，真正體現了「我為人人，人人為我」。其次，相互保險社無股本，其經營資本的來源僅為社員繳納的分擔金，一般在每年年初按暫定分攤額向社員預收，在年度結束計算出實際分攤額后，再多退少補。再次，相互保險社保險費採取事後分攤制，事先並不確定。最后，相互保險社的最高管理機構是社員選舉出來的管理委員會。

四、保險合作社

保險合作社是由社員共同出資、共同經營並共同享有利益的一種特殊的保險組織形態。它與相互保險社非常相似，因而有人認為它是與相互保險質同而形異的保險組織。按照保險的發展進行理性推論，可以認為相互保險社是相互保險組織的最初形態，以后隨著其發展而分化為兩支：一支依相互公司的組織規定而成立，即相互保險公司；另一支依合作社的章程而組織經營，即成為保險合作社。

在歐美各國，有由相互保險社轉變為保險合作社的，也有由保險股份公司演變為相互保險公司的，其關係錯綜複雜；而就相互保險公司與保險合作社來說，在擁有較多的準備金、採取定額保險費制、規定長期人壽保險合同的盈余分配等方面，二者是十分接近的。因此，人們往往對二者不加區別，實際上它們之間存在著很大的差異。

第一，保險合作社是由社員共同出資入股設立的，加入保險合作社的社員必須繳納一定金額的股本。社員即為保險合作社的股東，其對保險合作社的權利以其認購的股金為限。而相互保險社卻無股本。

第二，只有保險合作社的社員才能作為保險合作社的被保險人，但是社員也可以不與保險合作社建立保險關係。也就是說，保險關係的建立必須以社員為條件，但社員卻不一定必須建立保險關係，保險關係的消滅也不影響社員關係的存在，也不喪失社員身分，因而保險社與社員間的關係比較長久，只要社員認繳股本後，即使不利用合作社的服務，仍與合作社保持聯繫。而相互保險社與社員之間是為了一時目的而結合的，如果保險合同終止，雙方即自動解約。

第三，相互保險社社員所繳納的保險費依事後的實際損失或需要分擔，事先並不確定。保險合作社則採取定額保險費制，事後不再補繳，這一點，相互保險公司與保險合作社是相同的。

五、個人保險組織

個人保險組織是個人為保險人的組織。各國為了保護投保人和被保險人的利益，加強對保險人的管理，一般不準個人經營保險業務，中國亦如此。該組織主要存在於英國，英國的勞合社（Lloyd's）是世界上最大的、歷史最悠久的個人保險組織。

嚴格地說，勞合社並不是一家保險公司，而是一個組織，該組織不僅提供保險交易得以實現的地點，更重要的是提供了保險交易的規則和程序。勞合社的承保社員是由個體承保人組成的承保小組，其成員各自經營一定範圍的保險業務，並以個人的全部財產對承保的風險承擔責任。勞合社的組織成員主要有：承保會員，這是經營保險業務的主體，實際擔負保險責任；非承保會員，主要作為保險經紀人的代表；年費會員，主要作為保險商的代表；準會員，是提供專門職業服務的人員，如海損理算師、律師等；從業員，上述四類會員雇用的工作人員。勞合社的運作程序是：保險業務代理人並不直接招攬業務，而是由經紀人從仲介紹。受投保人委託，保險經紀人與保險代理人經過洽談達成協議，保險代理人代表承保會員予以確認，各承保會員即自動依照約定比例承擔責任。勞合社的財務保證：一是對每一欲加入該組織的會員進行嚴格審查，只有財力雄厚且願意承擔賠償責任的人員才被允許成為承保會員；二是建立存款保證金、保費信託資金、中央保證金、保險業務準備金制度。

在美國也有類似的組織，稱為美國勞合社。但由於各州法律都加以限制，有的州還禁止此類組織成立，故其在保險市場中所處地位，遠不如英國。

六、保險組織的特殊形態

(一) 自我保險

自我保險簡稱自保，是承擔風險的一種特殊形態，也是保險組織的特殊形態。它是指企業通過對自己擁有的足夠數量的風險單位的損失頻率與損失程度的估計預先提存一筆基金以供彌補損失之需的一種財務安排。因此，自保也就是企業運用保險原理與經營技術，主動承擔自身風險的一種風險處理技術。

自保的優勢表現在以下幾個方面：第一，可以節省保險費支出。第二，損失發生後能迅速獲得補償。第三，可以處理屬於商業保險不可保的風險。第四，可獲取基金

投資收益。自保基金的提存一般都先於損失發生，該企業可利用此間的時差從事投資以獲取收益，且實行自保的時間越長，所累積的投資收益就越大。

自保的採用也有局限性：第一，企業擁有的風險單位數目有限。如果企業擁有的同質風險單位數不是足夠多，那麼就不能準確計算其可能的損失，從而也就不宜實行自保。第二，可能發生財務調度困難。自保基金由逐年提存累積而成，如果在累積之初發生超過累積基金的巨大損失，則需以其他財源來彌補，此時就可能發生財務調度的困難。因此，在自保基金累積初期，可以採取購買超過自保累積額的保險以求保障的處理對策。第三，稅法的限制。許多國家的稅制都規定，投保的保險費可以免稅，但自保計劃提存的基金卻不能。

(二) 專屬保險

專屬保險也是承擔風險的一種特殊形態，是指若干非保險業的大規模企業或企業集團為節省費用（主要是租稅）及承保自己所擁有的風險單位而投資設立的附屬保險機構，也稱為專屬保險公司。由於專屬保險公司以公司所有的保險業務為主要業務，因此被保風險標的的所有人也就是專屬保險公司的資產所有人。

自1950年以來，專屬保險公司的設立逐漸受到重視。跨國公司由於業務規模龐大，資產遍布世界各地，所有各種風險若完全在當地購買保險則很不經濟，因此選擇在保險稅賦較輕的國家或地區設立專屬保險公司借以減免租稅負擔，並可承保傳統的保險市場所不提供的保險保障。

專屬保險的優點在於：第一，增加承保彈性。對傳統保險市場所不願承保的業務，專屬保險也予承保，故其承保業務的伸縮性較大，一方面可避免母公司所在地政府的限制，另一方面又可擴展保險市場。第二，節省保險成本。與自我保險相同，專屬保險可節省各種附加費用，如業務招攬費、稅負等。此外，專屬保險還可在再保險市場上直接談判費率，獲得較國內保險公司有利的地位。第三，減輕租稅負擔。設立專屬保險公司的一個主要動機就是獲取租稅方面的利益。因此，其設立地點的選擇，首先考慮的是避稅問題。例如，英屬地百慕大的有關法律規定：凡繳付給專屬保險公司的保費，可從所得稅中扣減；專屬保險公司的保險收益可以免繳或緩繳所得稅，因此，這裡便集中了全世界約70％的專屬保險公司。第四，加強損失控制。這是因為母公司可以利用其專屬保險公司的專業人才與管理技術，處理母公司及其所屬機構的各種預防工作，從而更有效地控制損失的發生。

專屬保險的缺點在於：第一，業務量有限。第二，風險品質較差。專屬保險公司承保的業務多是商業保險公司不願承保的責任風險，容易導致風險的過分集中，增加業務經營的困難。第三，技術與人才較弱。專屬保險公司通常因規模較小，組織較為簡陋，不易羅致人才，也難以採用各種損失預防或財產保護的措施，故難以創造良好業績，僅能獲得稅務較輕的利益。第四，財務基礎脆弱。專屬保險公司的設立資本較小，資金運用常不敷所需，財務基礎脆弱。若外來業務品質不齊，來源不穩，則不僅起不到分散經營風險的作用，反易導致財務上的困擾。

第三節　保險仲介

　　保險仲介人是指介於保險人之間、保險人與投保人之間和獨立於保險人與被保險人之外，專門從事保險仲介服務並依法獲取佣金的單位或個人。保險仲介主要由保險代理人、保險經紀人、保險公估人三種形式組成，廣義上也包括與保險有關的律師、理算師、精算師等。這裡主要介紹前三種形式。

(一) 保險代理人及其組織形式

　　保險代理是代理行為的一種，屬民事法律行為。從經營角度看，保險代理是保險人委託保險代理人擴展其保險業務的一種制度。保險代理人是指根據保險人的委託，向保險人收取手續費，並在保險人授權的範圍內代為辦理保險業務的單位和個人。保險代理人的權利來自保險代理合同中所規定的保險人的授權。關於保險代理人的分類有以下幾種形式：

　　(1) 按保險代理人銷售的險種分類，保險代理人可分為產險代理人和壽險代理人。產險代理人是指接受保險人的委託，從事財產保險業務銷售的代理人。壽險代理人是指接受保險人的委託，從事人壽保險業務銷售的保險代理人。

　　(2) 按保險業務活動的程序分類，保險代理人可分為承保代理人和理賠代理人。承保代理人是指接受保險人的委託代為辦理承保業務的代理人。理賠代理人是指接受保險人的委託，從事保險事故現場的檢驗、索賠計算、追償和處理損余的保險代理人。

　　(3) 按職權範圍的不同，保險代理人可分為專用代理人和獨立代理人。專用代理人是指僅為一個保險人或一個保險集團代理保險業務，並且由保險人保留其佔有、使用和控制保險單記錄的權利。獨立代理人是指同時獨立地為多個保險人代理保險業務的代理人。在國際保險市場上，獨立代理人的代理權限一般為簽發保險單、收取保險費、招攬續保的獨占權等，酬金一般比專用代理人低。

　　(4) 中國保險代理人的形式。根據中國《保險法》及有關管理規定，保險代理人分為專業代理人（即保險代理機構）、兼業代理人和個人代理人三種形式。

　　①保險專業代理人，即專業保險代理機構，是指根據保險人的委託，在保險人授權的範圍內代為辦理保險業務的單位。中國現行法律規定保險代理公司的組織形式可以為合夥企業、有限責任公司和股份公司。一般情況下，保險代理公司經授權后，可以代理銷售保單，代理收取保險費，進行保險和風險管理諮詢服務，代理損失勘查和理賠等業務。

　　②保險兼業代理人是指受保險人委託，在從事自身業務的同時，為保險人代辦保險業務的單位。常見的兼業代理人主要有銀行代理、行業代理和單位代理三種。

　　③保險個人代理人是指根據保險人委託，向保險人收取代理手續費，並在保險人授權範圍內代為辦理保險業務的個人。

（二）保險經紀人及其組織形式

保險經紀人是基於投保人的利益，為投保人和保險人提供仲介服務的組織和個人。中國《保險法》第118條規定：「保險經紀人是基於投保人的利益，為投保人與保險人訂立保險合同提供仲介服務，並依法收取佣金的機構。」在中國，保險經紀人的存在形式是保險經紀公司。從全球範圍看，保險經紀人分別有以下幾種分類方式：

1. 根據委託方劃分，保險經紀人分為直接保險經紀人和再保險經紀人

（1）直接保險經紀人是指直接介於投保人和保險人之間、直接接受投保人委託的保險經紀人。按業務性質的不同，直接保險經紀人又可分為壽險經紀人和非壽險經紀人。壽險經紀人是指在人身保險市場上代表投保人選擇保險人、代辦保險手續並從保險人處收取佣金的保險經紀人。非壽險經紀人是指為投保人安排各種財產或責任保險，在保險合同雙方間斡旋，促成保險合同訂立並從保險人處收取佣金的保險經紀人。

（2）再保險經紀人是指促成再保險分出公司與接受公司建立再保險關係的保險經紀人。

2. 根據人員的規模劃分，保險經紀人分為小型保險經紀人和大型保險經紀人兩種

（1）小型保險經紀人。根據英國法律的規定，小型保險經紀人是指公司員工少於25人的保險經紀人。一般地，小型保險經紀人的傳統業務有三類：個人業務、商業業務和人壽保險及年金業務。

（2）大型保險經紀人。大型保險經紀人是相對於小型保險經紀人而言的，其特點是人員多、機構全、業務廣。

3. 根據組織形式劃分，保險經紀人分為個人保險經紀人、合夥保險經紀組織和保險經紀公司

（1）個人保險經紀人。大多數國家允許個人從事保險經紀業務活動，個人保險經紀人是保險經紀行業中的重要組成部分。但目前中國的《保險法》和《保險代理機構管理規定》只認可法人形式的保險經紀人。

（2）合夥保險經紀組織。合夥保險經紀組織是由各合夥人訂立合夥協議，共同出資、合夥經營、共享收益、共擔風險，並對合夥企業債務承擔無限連帶責任的營利性組織。這是中國《保險代理機構管理規定》認可的形式之一。

（3）保險經紀公司。一般是有限責任公司和股份有限公司形式。這是所有國家都認可的保險經紀人組織形式，也是中國《保險代理機構管理規定》認可的形式。

（三）保險代理人與保險經紀人的聯繫與區別

保險經紀人與保險代理人同屬保險仲介範疇，均憑藉自身的保險專業知識和優勢活躍於保險人與被保險人之間，成為保險市場的重要組成部分，都應當具備金融監督管理部門規定的資格條件，並取得金融監督管理部門頒發的許可證，向工商行政管理機關辦理登記，領取營業執照，方可從事保險仲介服務。但是二者也具有明顯區別，表現在以下方面：

（1）保險代理人是保險人的代表。保險代理人是受保險人的委託，代表保險人的利益辦理保險業務；保險經紀人則是基於被保險人的利益從事保險經紀業務，為被保

險人提供各種保險諮詢服務，進行風險評估，選擇保險公司、保險險別和承保條件等。

（2）保險代理人代銷售的產品為保險人自己指定，保險代理人通常是代理銷售保險人授權的保險服務品種；保險經紀人則接受投保人的委託為其與保險公司協商投保條件，向被保險人提供保險服務。

（3）保險代理人的代理佣金由保險人支付，保險代理人按代理合同的規定向保險人收取代理手續費；保險經紀人則根據被保險人的要求向保險公司投保，保險公司接受業務后向經紀人支付佣金，偶爾投保人也會根據保險經紀人提供的服務給予一定的報酬。

（4）保險代理人是保險人的代理人，中國《保險法》第127條規定「保險代理人根據保險人的授權代為辦理保險業務的行為，由保險人承擔責任」；而保險經紀人是獨立的一方經濟主體，因此，中國《保險法》第128條規定：「保險經紀人因過錯給投保人、被保險人造成損失的，依法承擔賠償責任。」

（四）保險公估人及其組織形式

保險公估人是指接受保險合同當事人的委託，為其辦理保險標的的勘查、鑒定、估損及賠款的理算等並出具證明的仲介人。保險公估人是保險仲介人之一，與保險合同雙方都沒有利害關係，獨立於保險合同的當事人之外，既可以接受保險人的委託，也可以接受被保險人的委託。保險公估人通常具有各行業專門的知識和技術，同時熟悉金融、保險、法律、會計，憑藉其專業特長公正地為保險人或被保險人提供服務。在中國，保險公估人被稱為保險公估機構。中國《保險公估機構管理規定》第2條規定：「保險公估機構是指依照《保險法》等有關法律、行政法規以及本規定，經中國保險監督管理委員會批准設立的，接受保險當事人委託，專門從事保險標的的評估、勘驗、鑒定、估損、理算等業務的單位。」

保險公估機構在國外被稱為保險公估行或保險理算局等。按照不同的標準，保險公估人可以劃分為不同的種類，常見的分類方式有以下幾種：

（1）按執業的順序分類，保險公估人可分為核保公估人和理賠公估人。前者主要從事保險標的的價值評估和風險評估。後者是在保險事故發生後，受託處理保險標的的檢驗、估損和理算。保險理賠公估人依其執行業務的性質或範圍的不同，又可以細分為三種，即損失理算師、損失鑒定人和損失評估人。

（2）按執業性質的不同分類，保險公估人可分為保險型公估人、技術型公估人和綜合型公估人。保險型保險公估人主要側重於解決保險業務問題，英國的保險公估人多屬此類；技術型保險公估人主要側重於解決技術方面的問題，其他保險方面的問題涉及較少，德國的保險公估人多屬此類；綜合型保險公估人不僅解決保險業務中的一般性問題，同時解決保險業務中的技術性問題，其他國家的保險公估人多屬此類。

（3）按參與保險公估業務類型的不同，保險公估人可分為海上保險公估人、火災及特種保險公估人和汽車保險公估人。海上保險公估人主要處理海上及航空運輸保險等方面的業務；火災及特種保險公估人主要處理火災及特種保險等方面的業務；汽車保險公估人主要處理與汽車保險有關的業務。

（4）按組織形式不同，保險公估人可分為保險公估有限責任公司、合夥制保險公估行和合作制保險公估行。保險公估有限責任公司簡稱保險公估有限公司，是指股東以其出資額為限對公司承擔責任，公司以其全部資產對公司的債務承擔責任並開展保險公估業務的企業法人。這是保險公估人主要的組織形式。合夥制保險公估行是指由各合夥人訂立合夥協議，共同出資、合夥經營、共享收益、共擔風險，對合夥企業債務承擔無限連帶責任，並開展保險公估業務的營利性組織。合作制保險公估行是指兩個以上投資者以合作企業方式開展保險公估業務的營業性組織。

（5）按公估業務委託方不同，保險公估人可分為只接受保險人委託的保險公估人、只接受被保險人委託的保險公估人和既接受保險人委託又接受被保險人委託的保險公估人三類。在日本和韓國，保險公估人一般只能受聘於保險公司開展工作。在法國，則明文規定保險公估人不能接受保險公司的委託。英國的損失鑒定人和美國的公共損失理算人只接受被保險人的委託，辦理保險標的的損失查勘、理算。美國的獨立損失理算人則只接受保險公司的委託。在德國和義大利，各類保險公估人都可以接受保險人或被保險人的委託。中國的保險公估人也屬於這種類型。

（6）按委託方與保險公估人的關係，保險公估人可分為獨立保險公估人和雇用保險公估人。獨立保險公估人可以同時接受數家保險公司或被保險人的委託來處理理賠事務。雇用保險公估人長期受雇於某一家保險公司，按照該保險公司委託或者指令處理理賠業務，一般不能接受其他保險公司委託的業務。

第四節　保險公司的組織結構

保險公司是保險市場上提供保險產品的主要組織。所謂組織機構就是保險公司為了達到有效經營管理目的，確定各個部門及其組成人員的職責以及不同職責間的相互關係，從而使全體參加者既要有明確的分工，又要通力合作的一種形式。

許多保險公司的組織形式都處在變革中，實際組織形式各不相同。股份有限公司以其嚴密而健全的組織形式早已被各國保險業廣泛推崇，《中華人民共和國保險法》也將這一組織形式規定為中國保險公司設立的形式之一。且相互保險公司與股份保險公司有著相近的組織形式。因此，本節以股份有限公司為例，介紹結構完善的一般保險公司較為重要的職位、委員會和部門，並簡述其各自的職能和責任。

一、權力層

保險股份有限公司的組織中，一般設置4個權力層：股東大會、董事會、監事會和經理。

1. 股東大會

股東大會由保險股份有限公司的股東組成，它是保險股份有限公司的最高權威機構，股東大會會議由股東選舉的董事會負責召集，董事長主持，一般每年召開一次，某些特殊情況下可以召開臨時股東大會。股東大會行使的職權一般是有關公司的重大

決策，如對公司合併、分立、解散和清算等事項進行投票表決，一般採取「一股一票」表決權。

2. 董事會

董事會是由股東選舉的，一般由5～19名成員組成，設董事長1人，副董事長1～2人。

董事會是公司組織的主要統治集團，它受股東的委託執掌決策大權，並對重大過失、詐欺、使用公司資產為個人目的而損害公司利益的行為向股東負責，但對正常業務判斷錯誤不負直接責任。董事會主要是負責宣布派息方針，決定收益留存的比例和股息的支付方式，並決定擴大和縮減生產和經營規模，任命高級管理人員。

董事長為保險股份有限公司的法定代表人，他負責主持股東大會和召集、主持董事會會議；檢查董事會決議的實施情況；簽署公司股票、公司債券。

董事會每年度至少要召開兩次會議，也可召開臨時會議。

3. 監事會

監事會由股東代表和適當比例的公司職工代表組成，成員一般不得少於3人。監事會行使的主要職權有：檢查公司財務；監督董事執行公司職務時違反法律、行政規或公司章程的行為；要求董事、經理糾正損害公司利益的行為；提議召開臨時股東大會。

監事的任期每屆三年，任期屆滿，可連選連任。監事會應當依照公司法律、行政法規、公司章程，忠實履行監事職責。監事可列席董事會會議。

4. 經理

經理由董事會聘任或解聘，負責執行公司的經營方針，並向董事會負責。經理是公司的代理人，有權以公司名義簽約，但應當遵守公司的章程，忠實履行職務，維護公司利益，不得利用在公司地位和職權為自己牟私利。

二、部門設置與職能

保險的業務組織可分別按職能、業務、區域的不同進行分類。這裡僅介紹按職能分類的內部組織結構。

（1）承保部。該部門是保險企業選擇風險並辦理承保業務的部門。該部門的工作質量對保險公司的經營安全具有決定性影響。

（2）理賠部。該部門是在保險事故發生后，對保險責任範圍內的保險事故負責賠償處理的部門。

（3）再保險部。該部門主要負責保險企業所承擔風險的轉嫁工作。其基本職能是：依據風險管理的理論決定公司的自留額，而對超過本公司承保能力的部分或全部業務轉嫁給其他保險公司，以謀求公司經營的穩健。

（4）代理部，或稱展業部。該部門主要負責保險代理人、保險經紀人的選擇、培訓、監督等工作，並負責有關其他業務的擴展等工作。

（5）法律部。該部門主要負責公司的所有法律事務，主要包括：遵照監管要求所需要處理的事務；處理有爭議的索賠、取消訴訟程序和瑕疵所有權；增加保單格式、

代理合同和債券與票據的充足性和正確性；調查公司所購財產和公司據以發放貸款的抵押品的所有權；分析和解釋公司經營地所屬區域的相關法律規定等。

(6) 投資部。該部門負責根據董事會確定的投資政策處理公司的投資計劃。投資部負責保險公司資金運用的收益性、安全性、流動性等工作。保險資金運用需要高超的投資技巧與知識，在保險公司處於非常重要地位。

(7) 會計與審計部。會計與審計部負責建立和監控公司的會計和控制程序。主要負責保險公司會計事務的處理、財務報表的編製，保險代理人、經紀人往來帳目的處理。

(8) 精算和統計部。該部門主要由精算師負責保險費率的制定、準備金的提存、盈餘及佣金或代理手續費的計算等工作。

(9) 工程部。該部門主要負責保險標的的查勘、風險的評估、損失的估價調查等工作。該部門為財產保險公司所獨有的部門。

(10) 其他部門。保險公司還設有一些其他部門，如人事教育、秘書、稽核、總務等部門。

三、組織結構的發展趨勢

隨著技術的發展、對盈利的要求和優質客戶服務需求的增加，保險公司的內部組織結構正在發生變化，傳統的等級式組織正在發展成為網路式組織。網路式組織強調任務的完成，使用包括外部資源在內的關係網路。這種組織機構包括延伸到傳統公司結構之外的戰略聯盟、外包和外部交換系統的使用。網路式組織是一個學習中的組織，它使雇員能夠持續地更新他們的知識和技能。網路式組織的特徵在組織內部表現為以下三點：

1. 更少的管理層

上級對下級的管理過度或管理疏漏是常見現象，管理層級過多將導致決策速度降低，並引致不必要的成本。由於信息系統的廣泛使用，促使管理層數目減少。其優點在於：去除多餘的職能和責任；提高個人的自尊感，雇員可以更多地瞭解決策並享有更高的決策自由；更及時地對客戶的要求和意見作出反饋；提高對市場變化和產品需求的敏感度。

2. 更廣泛的控制力

對雇員的監控電子化，使得監控效率大大提高，給了雇員更強的獨立感，也使管理人員可以集中精力處理戰略性問題和改善公司經營狀況，而不是耗費大量時間與精力處理策略性的事務。

3. 工作組和工作團隊

在網路組織中，通過成立負責特定產品、市場、客戶和分銷體系的戰略性業務單位和小型工作組，責任和義務被下放到更低層。在新業務處理、客戶服務和理賠給付領域則往往會成立工作團隊。小型工作團隊的建立可以改善對客戶服務需求的反應敏感度，有助於分清職責，並通過業績評價、資本管理體系等使經營成果的記錄更便利；此外，還有助於訂立恰當的薪酬激勵計劃，促進資本資源根據資本收益率目標和特定

險種的資產負債管理目標進行分配。總之，工作團隊和小型業務單位有助於通過給予成員更廣泛的職責和自主性來吸引、發展並留住有用的人才。

復習思考題

1. 簡述保險市場的特徵。
2. 簡要分析影響保險需求的因素。
3. 談談你對勞合社的認識。
4. 什麼是專屬保險？
5. 典型的保險公司有哪些部門？

第八章 保險經營

本章學習目的
　　瞭解保險經營的基本原則和主要環節
　　理解壽險保費計算原理
　　理解非壽險保費計算原理
　　掌握再保險的業務種類
　　掌握保險投資的原則及形式
　　瞭解保險經營效益分析

第一節 保險經營概述

一、保險經營的基本原則

(一) 風險大量原則

　　風險大量原則是指在可保風險的範圍內，保險人根據自己的承保能力，爭取承保盡可能多的保險標的。風險大量原則是保險經營的首要原則。這是因為：

　　第一，保險經營過程實際上就是風險管理過程，而風險的發生是偶然的、不確定的，保險人只有承保盡可能多的保險標的，才能建立雄厚的保險基金，以保證保險經濟補償職能的履行。

　　第二，保險經營是以大數法則為基礎的，只有承保大量的保險標的，才能使風險發生的實際情形更接近預先計算的風險損失概率，以確保保險經營的穩定性。

　　第三，擴大承保數量是保險公司提高經營效益的重要途徑。因為承保標的越多，保費收入就越多，單位經營費用就相對下降。

(二) 風險選擇原則

　　風險選擇原則要求保險人充分認識、準確評價承保標的的風險種類與程度，以及投保金額的恰當與否，從而決定是否接受投保，以及以什麼樣的費率承保。

　　保險人對風險的選擇表現在兩個方面：一是盡量選擇同質風險的標的承保；二是淘汰那些超出可保風險條件或範圍的保險標的。

　　1. 事先風險選擇

　　事先風險選擇是指保險人在承保前考慮決定是否接受承保。此種選擇包括對「人」

和「物」的選擇。對「人」的選擇，是指對投保人或被保險人的評價與選擇。對「物」的選擇，是指對保險標的及其利益的評估與選擇。

2. 事后風險選擇

事后風險選擇是指保險人對保險標的物的風險超出核保標準的保險合同作出淘汰的選擇。保險合同的淘汰通常有三種方式：第一，等待保險合同期滿后不再續保；第二，按照保險合同規定的事項予以註銷合同；第三，保險人若發現被保險人有明顯誤告或詐欺行為，可以終止承保，解除保險合同。

(三) 風險分散原則

風險分散是指由多個保險人或被保險人共同分擔某一風險責任。風險分散一般採用承保時的分散和承保后的分散兩種手段。

1. 承保時的風險分散

(1) 控制保險金額。保險人在承保時對保險標的合理劃分危險單位，按照每個危險單位的最大可能損失確定保險金額。例如，對於市區密集地段的建築群，應分成若干地段，並科學估測每一地段的最大可能損失，從而確定保險人對每一地段所能承保的最高限額。若保險價值超過保險人的承保限額，保險人對超出部分不予承保。

(2) 實行比例承保。保險人按照保險標的實際價值的一定比例確定保險金額，而不是全部承保。例如，在農作物保險中，保險人通常按平均收穫量的一定成數確定保險金額，如按正常年景的平均收穫量的六或七成承保，其余部分由被保險人自己承擔責任。

(3) 規定免賠額（率）。對一些保險風險造成的損失規定一個額度或比率，由被保險人負責賠償。例如，在機動車輛保險中，對於車輛損失險和第三者責任保險，每次保險事故發生，保險人賠償時要根據駕駛員在交通事故中所負責任實行絕對免賠，以起到分散風險和督促被保險人加強安全防範的作用。

2. 承保后的風險分散

承保后的風險分散以再保險為主要手段。再保險是指保險人將其所承擔的業務中超出自己承受能力的風險轉移給其他保險人承擔。

二、保險經營的主要環節

保險經營主要包括展業、承保、理賠三個環節。展業實際就是保險產品的行銷；承保是展業的繼續，是在展業的基礎上就保險條件進行實質性談判的階段；理賠是保險業務的終點，也是保險合同最終得以履行和實踐的驗證。

(一) 保險展業

展業又稱推銷保險單，是保險經營的起點，是爭取保險客戶的過程。展業的目標是通過滿足人們的保險需求和願望，樹立公司形象，提高保險產品的市場佔有率，獲得經營效益。

1. 保險展業的渠道

保險展業的渠道主要有直接展業和間接展業兩種。

（1）直接展業渠道。直接展業是保險公司業務部門的專職業務人員直接向準客戶推銷保險，招攬保險業務。這種展業渠道的優點是保險業務的質量較高，缺點是受保險公司機構和業務人員數量的限制，保險業務開展的範圍較窄，數量有限。此外，採用這種渠道支出的成本較高。所以，直接展業渠道適用於那些規模較大、分支機構較為健全的保險公司。對團體保險和金額巨大的保險業務，也適合採用此渠道。

（2）間接展業渠道。間接展業是由保險公司利用保險專職業務人員以外的個人或單位，代為招攬保險業務。代保險公司展業的主要是保險仲介人，包括保險代理人和保險經紀人。保險代理人是根據保險人的委託，向保險人收取代理手續費，並在保險人授權的範圍內代為辦理保險業務的單位或者個人，分為專業代理人、兼業代理人和個人代理人。保險代理人可以代保險人推銷保險產品和收取保險費。保險經紀人是基於投保人的利益，為投保人與保險人訂立保險合同提供仲介服務，並依法收取佣金的單位，它們為投保人擬定投保方案、選擇保險人、辦理投保手續等。保險經紀人在開展業務的過程中，客觀上為保險公司招攬了保險業務。間接展業的優點是範圍廣，招攬的業務量大，而且費用較少，成本低。不足之處是由於仲介人的素質參差不齊，業務質量會受到一定的影響。

2. 保險展業的創新發展

隨著經濟和社會的發展，特別是信息化的深入，人們交流聯繫的方式以及通信工具不斷更新，從而也使保險展業的渠道和方式發生了很多變化。

（1）電話行銷的開展。電話行銷是指利用電話進行行銷，即保險公司成立專門的電話行銷部門，招募專門的電話行銷人員和業務人員，通過撥入、撥出電話的方式與客戶進行業務聯繫，介紹公司狀況和保險產品的特點，吸引客戶購買本公司的相關保險產品以及續保。其中，撥入電話行銷是指保險公司提供一個免費電話，供消費者進行產品諮詢或訂購產品；撥出電話行銷是公司為了銷售而與目標市場中的個人進行電話溝通、建立關係，並最終完成銷售的一種行銷方式。

（2）網路保險展業。網路保險，也稱保險電子商務，是指保險公司以互聯網和電子商務技術為工具，開展險種介紹、承保、理賠、售後服務等一系列經營活動的經濟行為，以達到與投保人、保險仲介結構甚至保險監管機構的信息交流與溝通。投保人在互聯網上獲取各種保險產品的信息，選擇自己滿意的險種，通過網路填寫投保單，保險公司在網上進行核保與承保，再通過網路發出正式的保險單，投保人可以通過網路銀行將保險費劃轉到保險公司的帳戶，從而實現網上在線銷售的過程。網路保險除了可以實現網上在線銷售業務之外，還可以開展包括被保險人網上報案、保險公司網上理賠以及網上續保等業務。

（3）銀行保險展業。銀行保險是指保險公司利用銀行行銷網路和客戶資源銷售保險產品，銀行收取一定的手續費，實現優勢互補、共同發展的目的。銀行保險展業的優勢主要體現在以下三個方面：①信譽度高，銀行的信譽一般要高於保險公司或其他代理機構，把保險產品放到銀行的櫃臺去銷售和個人代理上門推銷相比，更容易被客戶接受；②覆蓋面大，銀行的機構齊全，網點密布城鄉，客戶在銀行就可以享受到保險服務，降低了客戶的信息收集成本和交易成本，極大地方便了客戶；③成本低，銀

行具有詳細的客戶資料庫，與銀行共享這些資源，保險公司既可以減少增設網點的投資，降低展業和經營成本，又可以吸引中高收入階層人群參保，獲得更為豐厚的利潤。

(二) 保險承保

保險承保是指保險人與投保人對保險合同的內容協商一致，並簽訂保險合同的過程。保險承保是保險經營的一個重要環節。承保的程序包括接受保險單、審核驗險、接受業務、繕製單證等步驟。

1. 接受保險單

投保人購買保險，首先要提出投保申請，即填寫投保單，交給保險人。投保單是投保人向保險人申請訂立保險合同的依據，也是保險人簽發保險單的依據。投保單的內容主要包括：投保人名稱、投保日期、被保險人名稱、保險標的名稱、種類和數量、投保金額、保險標的坐落地址或運輸工具名稱、保險期限以及保險人需要向投保人瞭解的事項等。

2. 審核驗險

(1) 審核。審核是保險人接受投保單後，詳細審核投保單的各項內容：①投保人的審核。投保人的審核主要是審核投保人對保險標的是否具有保險利益。一般來說，財產保險合同中，投保人對保險標的的保險利益來源於所有權、抵押權、債權、保管權等合法權益。人身保險合同中，保險利益的確定是採取限制家庭成員關係範圍並結合被保險人同意的方式。②保險標的的審核。保險風險的種類和大小會隨著保險標的的不同而不同，保險人應對保險標的的風險性質、風險管理的狀況進行調查審核，對於那些風險大的標的，保險人可以拒絕承保或採用較高的保險費率。③保險金額的審核。如果投保人申請的保險金額超過了其相對收入水平，則有可能出現逆選擇和可保利益問題，因此，保險人必須認真審核投保金額。

(2) 驗險。驗險是對保險標的的風險進行查驗，以達到對風險進行分類的目的。財產保險的驗險內容主要包括以下幾個方面：①查驗投保財產所處的環境；②查驗投保財產的主要風險隱患和重要防護部位及防護措施狀況；③查驗有無正處在危險狀況中的財產；④查驗各種安全管理制度的制定和落實情況，若發現問題，應督促其及時改正；⑤查驗被保險人以往的事故記錄，包括被保險人發生事故的次數、時間、損害後果及賠償情況等。

人身保險的驗險內容包括醫務檢驗和事務檢驗。醫務檢驗主要是檢查被保險人的健康狀況，如檢查被保險人的病史，包括家庭病史，以瞭解各種遺傳因素可能給被保險人帶來的影響。有時也會根據投保險種的需要進行全面的身體檢查。事務檢驗主要是對被保險人的工作環境、職業性質、生活習慣、經濟狀況以及社會地位等情況進行調查瞭解。

3. 接受業務

保險人按照規定的業務範圍和承保權限，在審核驗險之後，有權作出拒保或承保的決定。如果投保金額或標的風險超過了保險人的承保權限，只能向上一級主管部門提出建議，而無權決定是否承保。

4. 繕製單證

繕製單證是在接受業務后填製保險單或保險憑證等手續的程序。保險單或保險憑證是載明保險合同雙方當事人權利和義務的書面憑證，是被保險人向保險人索賠的主要依據。因此，保險單質量的好壞，往往影響保險合同能否順利履行。填寫保險單的要求有以下幾點：①單證相符；②保險合同要素明確；③數字準確；④復核簽章，手續齊備。

(三) 保險理賠

保險理賠是指保險人在保險標的發生風險事故導致損失后，對被保險人或受益人提出的索賠請求進行處理的過程。

1. 保險理賠的原則

被保險人發生的經濟損失有的是由保險風險引起的，有的則是由非保險風險引起的。即使被保險人的損失是由保險風險引起的，因多種因素和條件的制約，被保險人的損失不一定等於保險人的賠償額和給付額。因此，保險理賠應遵循以下原則：

(1) 重合同、守信用的原則。重合同、守信用是保險理賠過程中應遵循的首要原則。保險理賠是保險人對保險合同履行義務的具體體現。在保險合同中，明確規定了保險人與被保險人的權利與義務，保險合同雙方當事人都應遵守合同約定，保證合同順利實施。對保險人來說，處理賠案時，應嚴格按照保險合同的條款規定受理賠案，確定損失，計算賠償金額時，應提供充足的證據，拒賠時更應如此。

(2) 實事求是的原則。由於案發原因錯綜複雜，被保險人提出的索賠案件形形色色。因此，在處理賠案過程中，保險人要實事求是地進行處理，正確確定保險責任、給付標準、給付金額。

(3) 主動、迅速、準確、合理的原則。「主動、迅速」，即要求保險人在處理賠案時積極主動，不拖延並及時深入事故現場進行查勘，及時厘算損失金額，對屬於保險責任範圍內的災害事故所造成的損失，應迅速賠償。「準確、合理」，即要求保險人在審理賠案時，分清責任，合理定損，準確履行賠償義務。對不屬於保險責任的案件，應當及時向被保險人發出拒賠的通知書，並說明不予賠付的理由。

2. 保險理賠的程序

(1) 受理賠案。保險事故發生后，被保險人或受益人應將保險事故發生的時間、地點、原因及其他有關情況，以最快的方式通知保險人，並提出索賠請求。發出損失通知書通常有時限要求，根據險種不同，對被保險人或受益人報案的時間要求也不同。目前，各保險公司的保險條款一般規定，權利人應於知道保險事故發生之日10日內通知保險公司，因不可抗力導致者除外，否則，權利人應承擔由於通知延遲致使保險公司增加的調查、檢驗等事項費用。

(2) 初步審核。保險人在收到損失通知后，應立即審核索賠案件是否屬於保險人的責任，審核的內容主要包括以下幾個方面：①損失是否發生在保險單的有效期內；②損失是否由所承保的風險所引起；③損失的財產是否為保險財產；④損失是否發生在保單所載明的地點；⑤請求賠償的人是否有權提出索賠等。

(3) 現場查勘。保險人在審核保險責任后，對重大案件應派人到出險現場進行實際勘查，及時瞭解和掌握災害情況及損失原因的第一手資料，現場查勘主要完成兩個任務：查勘案情和審定責任。

①查勘出險地點，對相關證據進行記錄、拍照、留存。查明出險地點以核實出險地點是否與有關規定相符合，查明出險時間以核實出險時間是否在保單的有效期內。

②確定損失原因、理清責任範圍。保險理賠中所遵循的一個基本原則是近因原則，如果有兩個以上造成損失的原因，並且各原因之間的因果關係未斷，則最先發生並造成一連串事故的原因，即可被認為是損失原因。

(4) 賠償給付保險金。保險事故發生后，經調查屬實並估算賠償給付金額後，保險人應立即履行賠償給付的責任。對於人壽保險合同，只要保險人認定壽險保單是有效的、受益人的身分是合法的、保險事故的確發生了，便可在約定的保險金額內給付保險金。對於財產保險合同，賠償的方式通常以貨幣居多，保險人也可與被保險人約定其他方式，如恢復原狀、修理、重置等。

第二節　保險費率的計算原理

一、保險費率厘定的基本原則

（一）公平合理原則

公平合理原則是指厘定保險費率時，使保險人與投保人之間及投保人之間要相互體現公平合理。第一，保險人與投保人之間的公平合理。保險人與投保人之間的公平合理，要求純費率的厘定必須以損失概率（壽險純費率根據生命表上的死亡率和生存率以及預定利率）為依據，使保險人收取的保費應當與其承擔的風險相當，而制定附加費率時對業務費用和預期利潤的估算均須適當。因為保險費率不能偏高，否則會使投保人負擔太重，損害投保人利益，而使保險公司獲得過多的利潤。保險費率也不能過低，否則會影響到保險人的財務穩定性和償付能力。第二，各投保人之間的公平合理。保險人向投保人收取的保險費，應當與保險標的所面臨的危險程度相適應。要按照危險性的大小，相應地分擔保險的損失和費用。對危險程度高的保險標的，按較高的保險費率收取保險費用；對危險程度低的保險標的，按較低的費率收取保險費。

（二）財務穩定性及償付能力

財務穩定性是指保險人在正常情況下，向投保人收取的保險費是否足以應付賠付支出。如果足以支付，則表示財務穩定性是良好的；反之則較差。償付能力是指發生超出正常情況的賠付時，保險人是否具有賠付能力。

在競爭激烈的保險市場上，為了提高自己的競爭力，保險人常常不惜降低保險費率以招徠客戶。這種惡性競爭的結果，會影響保險人的財務穩定性和償付能力。為了保證保險經營的健康發展，維護被保險人的利益，很多國家的保險監管機構對保險費

率要實施監管。

(三) 相對穩定原則

相對穩定原則是指在一定時期內應保持費率的穩定，避免過於頻繁的變動。第一，經常變動費率，會給客戶一種保險人業務發展不穩定、經營管理不善的感覺，導致投保人對保險人的不信任，影響保險業務的開展。第二，當費率呈現下降趨勢時，可能誘使投保人為追求低費率而中途解約；當費率呈現上漲趨勢時，可能誘使長期性的保險合同數量驟減，影響保險業務的健康發展。因為，在制定費率上，要遵循相對穩定原則。但這一原則並不是指保險費率一成不變，當風險環境、保險責任以及保險需求狀況發生變化時，費率應及時進行調整。

(四) 促進防災防損原則

從減少保險人的賠付支出和減少整個社會財富的損失考慮，保險費率的釐定應有利於促進防災防損。具體而言，就是對注重防災防損工作的被保險人採取較低的費率；對不注重防災防損工作的被保險人採取較高的費率。比如機動車輛保險對在保險期內無賠款發生的客戶，續保時可享受無賠款優待費率。

二、人壽保險費率計算原理

(一) 壽險保費計算的影響因素

壽險保費由純保費和附加費用構成。影響純保費的因素主要是生命表上的死亡率和生存率以及預定利率，影響附加費用的因素主要是預定費用率。

1. 生命表

(1) 生命表的意義。

生命表是根據一定時期某一國家或地區的特定人群的有關生存、死亡的統計資料，加以分析整理而形成的一種表格。它是壽險測定風險的工具，是壽險精算的數理基礎，是釐定壽險純費率的基本依據。生命表以年齡為綱，全面反應某一國家或地區一定人群的生死狀況。在生命表中，最重要的是計算每個年齡段的死亡率。

以死亡統計的對象為標準，生命表可分為國民生命表和經驗生命表。國民生命表是根據全體國民或某一特定地區人口的死亡資料編製而成的。經驗生命表是根據人壽保險、社會保險的以往的死亡記錄（經驗）所編製的生命表。保險公司使用的是經驗生命表，這主要是因為國民生命表是全體國民生命表，沒有經過保險公司的風險選擇，一般情況下與保險公司使用的生命表中的死亡率不同。

(2) 生命表的內容。

在生命表中，首先要選擇初始年齡且假定在該年齡生存的一個合適的人數，這個數稱為基數。一般選擇 0 歲為初始年齡，並規定此年齡的人數，通常取整數如 10 萬、100 萬、1,000 萬等。在生命表中還規定最高年齡，用 ω 表示，滿足 $l_{\omega+1}=0$。一般的生命表中都包含以下內容：

x：表示年齡。

l_x：生存數，是指從初始年齡至滿 x 歲尚生存的人數。例：l_{25} 表示在初始年齡定義的基數中有 l_{25} 人活動 25 歲。

d_x：死亡數，是指 x 歲的人在一年內死亡的人數，即指 x 歲的生存數 l_x 人中，經過一年所死去的人數。已知在 $x+1$ 歲時生存數為 l_{x+1}，於是有 $d_x = l_x - l_{x+1}$。

q_x：死亡率，表示 x 歲的人在一年內死亡的概率。顯然 $q_x = \dfrac{d_x}{l_x} = \dfrac{l_x - l_{x+1}}{l_x}$。

p_x：生存率，表示 x 歲的人在一年后仍生存的概率，即到 $x+1$ 歲時仍生存的概率。因為 $p_x = \dfrac{l_{x+1}}{l_x}$，所以 $p_x + q_x = 1$。

e_x：平均余命或生命期望值，表示 x 歲的人以后還能生存的平均年數。如果假設死亡發生在每一年的年中，則有 $e = \dfrac{1}{l_x}(l_{x+1} + l_{x+2} + \cdots + l_\omega) + \dfrac{1}{2}$。

在壽險數理的計算中，還要遇到一些符號：

${}_n p_x$：表示 x 歲的人在 n 年末仍生存的概率。

$${}_n p_x = \dfrac{l_{x+n}}{l_x}$$

${}_n q_x$：表示 x 歲的人在 n 年內死亡的概率。

$${}_n q_x = \dfrac{l_x - l_{x+n}}{l_x} = 1 - {}_n p_x$$

${}_{t|u} q_x$：表示 x 歲的人在生存 t 年後 u 年內死亡的概率。

$${}_{t|u} q_x = \dfrac{l_{x+t} - l_{x+t+u}}{l_x}$$

當 $u = 1$ 時，用 ${}_{t|} q_x$ 表示 x 歲的人在生存 t 年後的那一年（$t+1$）年中死亡的概率。

$${}_{t|} q_x = {}_t p_x - {}_{t+1} p_x = {}_t p_x \cdot q_{x+t}$$

2. 利息

（1）利息的含義。

利息是資金所有者由於借出資金而獲得的報酬，它來自於利潤。利息廣泛存在於現代生活之中，已成為衡量經濟效益的一個尺度。利率是指借貸期間所形成的利息額與所貸資金的比值。以不同的標準，可以劃分出各種各樣的利率類別。以計算利息的期限單位為標準，利率可劃分為年利率、月利率和日利率。以利息本身是否生息來劃分，利息可劃分為單利和複利。壽險保費計算採用的是複利。

（2）單利的計算。

單利計算公式為：$I = P \times i \times n$，$S = P(1 + i \times n)$。其中，I 為利息額，P 為本金，i 表示利率，n 表示借貸期間，S 表示本利和。

如一筆為期 3 年、年利率為 5% 的 10,000 元存款，利息額為 $10,000 \times 5\% \times 3 = 1,500$ 元，本息和為 $10,000 \times (1 + 5\% \times 3) = 11,500$ 元。

（3）複利的計算。

複利是一種將上期利息轉化為本金一併計算利息的方法，即上期的利息在本期也

生息。如按年計息，第1年按本金算出利息，第2年計算利息時，要把第1年利息加在本金之上，然后再計算，如此類推，直到期滿。

複利計算公式為：$S = P(1 + i)^n$，$I = S - P$。用複利計算上述實例的利息。$S = 10,000 \times (1 + 0.05)^3 = 11,576$，$I = 11,576 - 10,000 = 1,576$。可見，用複利計算，利息多出了76元。

(4) 終值和現值的計算。

在壽險費率的厘定過程中，常常會遇到終值和現值的問題。終值又稱將來值，是現在一定量的貨幣，在確定的利率下在未來某一時點上的價值，也即本利和。在上例中，3年后的本利和11,500元就是終值。

現值又稱本金，是指未來某一時點上的一定量的貨幣，在確定的利率下折合到現在的價值。在上例中，3年后的11,500元折合到現在的價值為10,000元，這10,000元就是現值。

以上都是在單利計算的情況下討論的終值和現值。在以複利計算時，終值可表示為：終值 = $P(1 + i)^n$。值可表示為：現值 = $\dfrac{終值}{(1+i)^n}$。令 $V = \dfrac{1}{(1+i)}$，V被稱為貼現因子。

(5) 確定複利率下，確定年金的現值與終值。

年金是有規則地收付一定款項的方法。確定年金是年金的一種形式。確定年金的給付與年金領取人的生命無關，年金支付總期間事前確定，以預定利率作為累積或折現基礎。確定年金有多種分類，由於期末付年金和期首付年金在厘定費率時較為常用，因此下面介紹這兩種年金的計算。

①期末付確定年金的計算。

期末付確定年金是指在約定年金期間內，每逢期末收付一次確定年金。以 n 表示年金支付的期間，用 i 表示利率，求期末支付額為1元的該年金的現值和終值。如果用符號 $a_{\overline{n}|i}$ 和 $s_{\overline{n}|i}$ 分別表示期末付確定年金的現值和終值，則有：

$$\begin{aligned} a_{\overline{n}|i} &= V + V^2 + \cdots + V^n \\ &= V(1 + V + \cdots + V^{n-1}) \\ &= V \cdot \frac{1 - V^n}{1 - V} \\ &= \frac{1 - V^n}{i} \end{aligned}$$

$$\begin{aligned} s_{\overline{n}|i} &= (1 + i)^{n-1} + (1 + i)^{n-2} + \cdots + 1 \\ &= \frac{(1 + i)^n - 1}{(1 + i) - 1} \\ &= \frac{(1 + i)^n - 1}{i} \end{aligned}$$

$a_{\overline{n}|i}$ 和 $s_{\overline{n}|i}$ 具有如下關係：

$$s_{\overline{n}|i} = (1 + i)^n \cdot a_{\overline{n}|i}$$

$$\frac{1}{a_{\overline{n}|i}} = \frac{1}{s_{\overline{n}|i}} + i$$

②期首付確定年金的計算。

期首付確定年金是指在約定年金期間內，每逢期首收付一次確定年金。以 n 表示年金支付的期間，用 i 表示利率，求期初支付額為 1 元的該年金的現值和終值。如果用符號 $\ddot{a}_{\overline{n}|i}$ 和 $\ddot{s}_{\overline{n}|i}$ 分別表示期首付確定年金的現值和終值，則有：

$$\ddot{a}_{\overline{n}|i} = 1 + V + \cdots + V^{n-1}$$

$$= \frac{1 - V^n}{1 - V}$$

$$= (1 + i) \cdot \frac{1 - V^n}{i}$$

$$= (1 + i) \cdot a_{\overline{n}|i}$$

$$\ddot{s}_{\overline{n}|i} = (1 + i)^n + (1 + i)^{n-1} + \cdots + (1 + i)$$

$$= (1 + i) \cdot \frac{(1 + i)^n - 1}{i}$$

$$= (1 + i) \cdot s_{\overline{n}|i}$$

$a_{\overline{n}|i}$ 和 $s_{\overline{n}|i}$ 具有如下關係：

$$\ddot{s}_{\overline{n}|i} = (1 + i)^n \cdot \ddot{a}_{\overline{n}|i}$$

$$\frac{1}{\ddot{a}_{\overline{n}|i}} = \frac{1}{\ddot{s}_{\overline{n}|i}} + i \cdot V$$

3. 壽險業務費用

壽險業務費用是保險人在經營壽險業務過程中所發生的各項費用。這部分費用也應由被保險人負擔，因此業務費用也是壽險保費計算的一項重要內容。按不同的標準可將壽險業務費用分成不同的類別。按經營過程各環節的費用發生分為承保費用和維持費用等。

壽險業務費用的實際發生在未來，保費計算時通過分析同類業務過去長期發生的費用來確定一個預定費用的額度，因此預定費用（率）的高低會影響壽險保費的計算。一般而言，在其他條件不變的情況下，預定費用率高，保費增加；反之預定費用率低，則保費降低。

4. 換算基數

由於壽險保費計算涉及眾多的符號和關係，直接計算往往使運算繁雜，公式表達冗長，所以人們通過長期的實踐，總結出用於計算的換算基數及其換算基數表。

常見的換算基數有：

$D_x = V^x \cdot l_x$

$N_x = D_x + D_{x+1} + \cdots$

$S_x = N_x + N_{x+1} + N_{x+2} \cdots$

$C_x = V^{x+1} \cdot d_x$

$M_x = C_x + C_{x+1} + \cdots$

$$R_x = M_x + M_{x+1} + \cdots$$

$$\bar{C}_x = V^{x+\frac{1}{2}} \cdot d_x$$

$$\bar{M}_x = \bar{C}_x + \bar{C}_{x+1} + \cdots$$

$$\bar{R}_x = \bar{M}_x + \bar{M}_{x+1} + \cdots$$

（二）壽險純保費的計算

壽險保費的繳付有躉繳和分期繳付兩種。躉繳是指投保人將保費一次繳清；分期繳付是指在一定期限內按某一數額繳付保費，而分期繳付的週期一般以年為單位。因此，純保費的計算分躉繳純保費的計算和年繳純保費的計算。

1. 躉繳純保費的計算

（1）定期生存保險躉繳純保費的計算。

定期生存保險是以被保險人生存到保險期滿為條件給付保險金的一種人壽保險。

設投保時被保險人的年齡為 x 歲，保險期限為 n，保險金額為 1 元，在投保時一次應繳的純保費為 $A_{x:\overline{n}|}$，則計算步驟為：

第一步，計算保險人應承擔的給付責任的現值。根據定期生存保險的定義，保險人只對生存到 $x+n$ 歲的被保險人給付 1 元的保險金，其給付的保險金總額為 l_{x+n} 元。此值在 x 歲的現值為 $V^n \cdot l_{x+n}$。

第二步，計算投保人在投保時一次繳付純保費的現值。在 x 歲的所有投保人在投保時應繳付的躉繳純保費總額為 $A_{x:\overline{n}|} \cdot l_x$ 元。

第三步，根據收支平衡原則列出計算式。

$$A_{x:\overline{n}|} \cdot l_x = V^n \cdot l_{x+n}$$

$$A_{x:\overline{n}|} = V^n \cdot \frac{l_{x+n}}{l_x}$$

第四步，利用換算基數對計算式進行化簡。在分子分母上同乘以 V^x，根據 $D_x = V^x \cdot l_x$，可知：

$$A_{x:\overline{n}|} = \frac{D_{x+n}}{D_x}$$

（2）定期死亡保險躉繳純保費的計算。

定期死亡保險又叫定期壽險，是以被保險人在保險期限內死亡為條件支付保險金的一種壽險。也就是說，只有當被保險人在保險期限內死亡時，保險人才支付保險金，如果繼續存活，則不予支付。同上面的計算原理一樣，設 x 歲的人投保險金額為 1 元的 n 年定期死亡保險的躉繳純保費為 $A^1_{x:\overline{n}|}$，根據收支平衡原則：

$$A^1_{x:\overline{n}|} \cdot l_x = V^{\frac{1}{2}} \cdot d_x + V^{1\frac{1}{2}} \cdot d_{x+1} + \cdots + V^{(n-1)\frac{1}{2}} \cdot d_{x+n-1}$$

$$A^1_{x:\overline{n}|} = \frac{V^{\frac{1}{2}} \cdot d_x + V^{1\frac{1}{2}} \cdot d_{x+1} + \cdots + V^{(n-1)\frac{1}{2}} \cdot d_{x+n-1}}{l_x}$$

$$= \frac{\bar{C}_x + \bar{C}_{x+1} + \cdots + \bar{C}_{x+n-1}}{l_x}$$

$$= \frac{\overline{M}_x - \overline{M}_{x+n}}{D_x}$$

（3）終身死亡保險躉繳純保費的計算。

終身死亡保險是指投保以後，無論被保險人何時死亡，保險人都得給付合同約定的保險金。同樣設 x 歲的人投保保險金額為 1 元的終身死亡保險的躉繳純保費為 A_x，根據收支平衡原則：

$$A_x \cdot l_x = V^{\frac{1}{2}} \cdot d_x + V^{1\frac{1}{2}} \cdot d_{x+1} + \cdots$$

$$A_x = \frac{V^{\frac{1}{2}} \cdot d_x + V^{1\frac{1}{2}} \cdot d_{x+1} + \cdots}{l_x}$$

$$= \frac{\overline{C}_x + \overline{C}_{x+1} + \cdots}{D_x}$$

$$= \frac{\overline{M}_x}{D_x}$$

（4）兩全保險躉繳純保費的計算。

兩全保險是一種生死合險，如果被保險人在保險期內死亡，保險人給付保險金；如果被保險人生存至期滿，保險人仍給付保險金。因此，該保險可以看作是定期生存保險和定期死亡保險的混合。既然被保險人無論生死均能請求支付保險金，那麼，其應繳的保費應是定期生存保費和定期死亡保費之和。設兩全保險躉繳純保費為 $A_{x:\overline{n}|}$，則有：

$$A_{x:\overline{n}|} = A^1_{x:\overline{n}|} + A_{x:\overline{n}|}^{1}$$

$$= \frac{\overline{M}_x - \overline{M}_{x+n} + D_{x+n}}{D_x}$$

2. 年繳純保費的計算

由於躉繳純保費往往需要投保人一次繳納大量的保費，會給投保人帶來一定的經濟困難，投保人難以接受，因此在現實業務中，壽險大多採用分期繳付的方法，而其中又以年繳為多，所以這裡我們只討論年繳純保費的計算。

（1）定期生存保險年繳純保費的計算。

設投保時被保險人的年齡為 x 歲，保險期限為 n，保險金額為 1 元，定期生存保險年繳純保費為 $P_{x:\overline{n}|}^{1}$，則計算步驟為：

第一步，計算保險人應承擔的給付責任的現值。根據定期生存保險的定義，保險人只對生存到 $x+n$ 歲的被保險人給付 1 元的保險金，其給付的保險金總額為 l_{x+n} 元。此值在 x 歲的現值為 $V^n \cdot l_{x+n}$。

第二步，計算投保人在保險期限內每年繳付純保費的現值。每年年初活著的被保險人都得繳納純保費，而且是在每年的年初繳納，因此保險期限內投保人年繳的純保費的現值為：

$$P_{x:\overline{n}|}^{1} \cdot l_x + P_{x:\overline{n}|}^{1} \cdot V \cdot l_{x+1} + \cdots + P_{x:\overline{n}|}^{1} \cdot V^{n-1} \cdot l_{x+n-1}$$

$$= P_{x:\overline{n}|}^{1} (l_x + V \cdot l_{x+1} + \cdots + V^{n-1} \cdot l_{x+n-1})$$

第三步，根據收支平衡原則列出計算式。

$$P_{x:\overline{n}|}^{1}(l_x + V \cdot l_{x+1} + \cdots + V^{n-1} \cdot l_{x+n-1}) = V^n \cdot l_{x+n}$$

$$P_{x:\overline{n}|}^{1} = \frac{V^n \cdot l_{x+n}}{l_x + V \cdot l_{x+1} + \cdots + V^{n-1} \cdot l_{x+n-1}}$$

第四步，利用換算基數對計算式進行化簡。在分子分母上同乘以 V^x，根據 $D_x = V^x \cdot l_x$，可知：

$$P_{x:\overline{n}|}^{1} = \frac{D_{x+n}}{N_x - N_{x+n}}$$

（2）定期死亡保險年繳純保費的計算。

設投保時被保險人的年齡為 x 歲，保險期限為 n，保險金額為1元，定期死亡保險年繳純保費為 $P_{x:\overline{n}|}^1$，根據收支平衡原則有：

$$P_{x:\overline{n}|}^1 \cdot l_x + P_{x:\overline{n}|}^1 \cdot V \cdot l_{x+1} + \cdots + P_{x:\overline{n}|}^1 \cdot V^{n-1} \cdot l_{x+n-1}$$
$$= V^{\frac{1}{2}} \cdot d_x + V^{1\frac{1}{2}} \cdot d_{x+1} + \cdots + V^{(n-1)\frac{1}{2}} \cdot d_{x+n-1}$$

$$P_{x:\overline{n}|}^1 = \frac{V^{\frac{1}{2}} \cdot d_x + V^{1\frac{1}{2}} \cdot d_{x+1} + \cdots + V^{(n-1)\frac{1}{2}} \cdot d_{x+n-1}}{l_x + V \cdot l_{x+1} + \cdots + V^{n-1} \cdot l_{x+n-1}}$$

$$= \frac{\overline{C}_x + \overline{C}_{x+1} + \cdots + \overline{C}_{x+n-1}}{D_x + D_{x+1} + \cdots + D_{x+n-1}}$$

$$= \frac{\overline{M}_x - \overline{M}_{x+n}}{N_x - N_{x+n}}$$

（3）終身死亡保險年繳純保費的計算。

設投保時被保險人的年齡為 x 歲，保險期限為 n，保險金額為1元，終身死亡保險年繳純保費為 P_x，根據收支平衡原則有：

$$P_x \cdot l_x + P_x \cdot V \cdot l_{x+1} + \cdots + P_x \cdot V^{n-1} \cdot l_{x+n-1} = V^{\frac{1}{2}} \cdot d_x + V^{1\frac{1}{2}} \cdot d_{x+1} + \cdots$$

$$P_x = \frac{V^{\frac{1}{2}} \cdot d_x + V^{1\frac{1}{2}} \cdot d_{x+1} + \cdots}{l_x + V \cdot l_{x+1} + \cdots + V^{n-1} \cdot l_{x+n-1}}$$

$$= \frac{\overline{C}_x + \overline{C}_{x+1} + \cdots}{D_x + D_{x+1} + \cdots + D_{x+n-1}}$$

$$= \frac{\overline{M}_x}{N_x - N_{x+n}}$$

（4）兩全保險年繳純保費的計算。

設投保時被保險人的年齡為 x 歲，保險期限為 n，保險金額為1元，兩全保險年繳純保費為 $P_{x:\overline{n}|}$。由於兩全保險可以看作是定期生存保險和定期死亡保險的混合，所以兩全保險年繳純保費是定期生存保險與定期死亡保險年繳純保費之和。

$$P_{x:\overline{n}|} = P_{x:\overline{n}|}^1 + P_{x:\overline{n}|}^{1}$$

$$= \frac{\overline{M}_x - \overline{M}_{x+n} + D_{x+n}}{N_x - N_{x+n}}$$

(三) 壽險毛保費的計算

毛保費是由純保費和附加保費構成的。計算毛保費，一般可使用三種方法。

1. 三元素法

三元素法把附加費用分為三類：原始費用、維持費用、收費費用。原始費用是保險公司為招攬新合同，在第一年度支出的一切費用。維持費用是指整個保險期間為使合同維持保全的一切費用，它應分攤於各期。收費費用是指收取保費時的支出。與維持費用一樣，它也分攤於各期。把未來年份的附加費用折合成現值，就可得到附加保費的現值之和。再根據「毛保費現值＝純保費現值＋附加保費現值」的原理來計算總保費。三元素法的優點是計算結果準確，缺點是計算過程複雜、繁瑣。

2. 比例法

比例法假設附加保費為毛保費的一定比例 K。這一比例通常是根據經驗來確定的。設毛保費為 $\bar{P}$，純保費為 P，附加保費比例為 K，則有：

$\bar{P} = P + K\bar{P}$

整理得：

$\bar{P} = \dfrac{P}{1-K}$

比例法的優點是計算簡便，不足之處在於 K 的確定缺乏合理性。

3. 比例常數法

比例常數法是根據每張保單的平均保險金額確定出的每單位保險金額所必須支付的費用，並把其作為一個固定常數。然后，再確定一個毛保費的比例作為附加保費。設固定常數為 C，則可得：

$\bar{P} = P + K\bar{P} + C$

整理得：

$\bar{P} = \dfrac{P+C}{1-K}$

三、財產保險費率計算原理

(一) 財產保險費率的構成

財產保險費率可以分為純費率和附加費率兩部分。純費率是基本的，由保險金額損失率和穩定系數來確定，對應於每單位保險金額可能的賠償金額。按照純費率收取的保費即純保費，構成賠償基金，用於補償被保險人由於發生保險事故所致保險財產及其保險利益的損失。附加費率，對應的是保險人每單位保險金額的經營費用。按附加費率收取的保費即附加保費，用於保險人的各項業務開支和預期利潤。

(二) 財產保險純費率的計算

1. 保險金額損失率是確定純費率的基本因素

依純費率所收取的保險費既然是用於保險賠償支出的，那麼確定純費率的基本因

素必是財產的損失概率。根據損失概率確定的純費率所收取的純保險費，恰好足以補償保險財產的損失。

在財產保險費率計算中，保險金額損失率就是反應損失概率的一個綜合指標。保險金額損失率是各類財產在一定時期內的賠款支出和總保險金額的比率，它是制定純費率的基礎，其計算公式為：

$$保險金額損失率 = \frac{總賠款支出}{總保險金額} \times 1,000‰$$

保險金額損失率的計算不能依據短期或少量的資料，必須依據長期的大量統計資料。關於保險金額損失率的概念，應當注意保險金額損失率不是保險標的損失額與保險金額之比，而是保險賠款額與保險金額之比。因為保險人並不是對所有的保險標的損失都予以賠償。

2. 影響保險金額損失率的因素

確定純費率，需要運用歷史經驗數據，對未來有效索賠額的規律進行統計分析。從理論上講，保險金額損失率主要受以下四項因素的影響：

第一，各類保險發生災害事故的頻率 $\frac{C}{A}$（承保數量的出險次數）；

第二，損毀率 $\frac{D}{C}$（每次出險的受災數量）；

第三，損毀程度 $\frac{F}{E}$（每一保險金額受災財產所支出的賠償金額）；

第四，風險比例 $\frac{E}{D} : \frac{B}{A}$（受災財產與保險財產兩者的平均保險金額之比）。

將以上四項因素相乘：

$$\frac{C}{A} \times \frac{D}{C} \times \frac{F}{E} \times \left(\frac{E}{D} : \frac{B}{A}\right) = \frac{F}{B}$$

其中，A 為承保數量；B 為保險金額；C 為出險次數；D 為受災數量；E 為受災財產的保險金額；F 為保險金額。

從以上公式得出保險金額損失率為 $\frac{F}{B}$。由於受災事故的出險頻率和各種物質損毀程度不同，上述四項因素的變動都將引起保險金額損失率的變動。

3. 純費率的測定

(1) 歷年保險金額損失率的選擇。

保險金額損失率是構成純費率的基本因素。但每年的保險金額損失率不一樣，如果把過去若干年保險金額損失率平均，可得出以往年份的平均保險金額損失率。為使平均保險金額損失率能替代損失概率，必須選擇適當的歷年保險金額損失率。因為對於過去的真實情況反應越準確，它與未來損失概率越接近。所謂「適當」是指：①必須有足夠的年數。一般來說，至少需要有保險事故發生比較正常的連續5年的保險金額損失率。②每年的保險金額損失率的測定必須基於大量的統計資料。③這一組保險金額損失率必須是穩定的。④適當從動態角度考慮損失率的逐年變化規律。

現舉一個比較簡單的列子來說明。如某類財產，據統計其以前 5 年的保險金額損失率分別為：1.40‰，1.34‰，0.98‰，1.20‰，1.08‰。根據以往 5 年各年份的保險金額損失率，列表 8－1：

表 8－1　　　　　　　　　某類財產保險金額損失率　　　　　　　　單位:‰

年份	保險金額損失率 x	偏差 $x-\bar{x}$	偏差平方 $(x-\bar{x})^2$
1	1.40	0.2	0.04
2	1.34	0.14	0.019,6
3	0.98	−0.22	0.048,4
4	1.20	0	0
5	1.08	−0.12	0.014,4
$\sum n=5$	$\sum x=6.00$	0	0.122,4

（2）附加均方差。

根據一組適當的保險金額損失率，我們可以得到純費率的近似值——平均保險金額損失率，但還不能直接把它定為純費率。因為它既是以往各年份的平均值，那就必然有些年份保險金額損失率比它低。如果以平均保險金額損失率作為純費率，一般說來，賠償金額超過當年純保費的可能性是很大的。

為了減少不利年份（即賠償金額超過純保費的年份）的出現，通常採用在平均保險金額損失率上附加這組年保險金額損失一次、二次或若干次均方差的方法確定純費率。

上例附加一次均方差，則純費率為：

1.20‰＋0.175‰＝1.375‰

附加二次均方差，則純費率為：

1.20‰＋2×0.175‰＝1.55‰

純費率中究竟應包括多大的風險附加較為合適呢？從保險人的角度講，風險附加越大，財務越穩定，但從投保人角度講，風險附加越大負擔越重。為減輕被保險人的負擔，一般宜採用較低限度的風險附加。一般認為，所附加的均方差與平均保險金額損失率之比，以 10%～20% 為宜。

（三）財產保險附加費率的計算

財產保險附加費率的計算，可以按照統計資料求出的各項費用支出總額與保險金額總數之間的比率計算，也可以在純費率的基礎上附加適當的百分比作為附加費率。

第三節　再保險

一、再保險的概念及特徵

(一) 再保險的概念

再保險 (reinsurance) 也稱分保,是指保險人在原保險合同的基礎上,通過簽訂合同,將其所承擔的部分風險和責任向其他保險人進行保險的行為。《保險法》第 29 條指出:「保險人將其承擔的保險業務,以分保形式,部分轉移給其他保險人的,為再保險。」

在再保險業務中,分出業務的公司稱為原保險人 (original insurer)、分出公司 (ceding company) 或分保分出人;接受再保險業務的公司稱為再保險人 (reinsurer)、分入公司 (ceded company) 或分保接受人。分保接受人將接受的再保險業務再分保出去,稱為轉分保 (retrocession),分出方為轉分保分出人,接受方為轉分保接受人。

在再保險業務中,分保雙方責任的分配與分擔是通過確定自留額和分保額來體現的,分出公司根據償付能力所確定的自己承擔的責任限額稱為自留額或自負責任額;經過分保由接受公司承擔的責任限額稱為分保額、分保責任額或接受額。自留額與分保額可以用百分率表示,如自留額與分保額分別占保險金額的 25% 和 75%,也可以用絕對值表示,如超過 100 萬元以后的 200 萬元。根據分保雙方承受能力的大小,自留額與分保額均有一定的控制線,如果保險責任超過自留額與分保額的控制線,則超過部分應由分出公司自負或另行安排分保。

自留額與分保額可以以保額為基礎計算,也可以以賠款為基礎計算。計算基礎不同,決定了再保險的種類不同。以保險金額為計算基礎的分保方式叫比例再保險,以賠款金額為計算基礎的分保方式叫非比例再保險。

自留額與分保額都是按危險單位來確定的。危險單位是指保險標的發生一次災害事故可能造成的最大損失範圍。危險單位的劃分既重要又複雜,應根據不同的險種和保險標的來確定。危險單位的劃分關鍵是要和每次事故最大可能損失範圍的估計聯繫起來考慮,而不一定和保單份額相等同。劃分危險單位並不是一成不變的。危險單位的劃分有時需要專業知識。對於每一危險單位或一系列危險單位的保險責任,分保雙方通過合同按照一定的計算基礎對其進行分配。

(二) 再保險的特徵

再保險的基礎是原保險,再保險的產生是基於原保險人經營中分散風險的需要。再保險具有以下兩個重要特徵:

1. 再保險是保險人之間的一種業務經營活動

再保險只在保險人之間進行,按照平等互利、互相往來的原則分出分入業務。原

保險人可以充當再保險人，再保險人也可以充當原保險人，它們之間的法律地位可以互換。但是，再保險人與投保人和被保險人不發生任何業務關係，再保險人也無權向投保人收取保險費；同樣，被保險人對再保險人沒有索賠權；原保險人也不得以再保險人不對其履行賠償義務為借口而拒絕、減少或延遲履行其對被保險人的賠償或給付義務。

2. 再保險合同是一種獨立合同

再保險合同是在原保險合同的基礎上產生的，沒有原保險合同就不可能有再保險合同。但是，再保險合同與原保險合同在法律上沒有任何繼承關係，因為保險與再保險沒有必然聯繫，除法定再保險成分外，是否再保險、分出多少業務，由原保險人根據自己的資產和經營狀況自主決定。所以，再保險是一種獨立性的保險業務，再保險合同也獨立於原保險合同。

二、再保險的業務方式

再保險的業務方式，按責任限額分為比例再保險（proportional reinsurance）和非比例再保險（non-proportional reinsurance）；按分保方式分為臨時再保險（facultative reinsurance）、合同再保險（treaty reinsurance）和預約再保險（facultative obligatory reinsurance）。

(一) 比例再保險和非比例再保險

1. 比例再保險

比例再保險是以保險金額為基礎來確定分出公司自留額和接受公司責任額的再保險方式，故有金額再保險之稱。在比例再保險中，分出公司的自留額和接受公司的責任額都表示為保險金額的一定比例。分出公司和分入公司要按這一比例分割保險金額、分配保險費和分攤賠款。比例再保險包括成數再保險（quota share reinsurance）、溢額再保險（surplus reinsurance）以及成數溢額再保險三種。

(1) 成數再保險

成數再保險是原保險人將每一危險單位的保險金額，按照約定的比率分給再保險人的再保險方式。按照成數再保險方式，不論原保險人承保的每一危險單位的保額大小，只要是在合同規定的限額以內，都按照雙方約定的比率進行分配和分攤。成數再保險方式的最大特徵是「按比率」再保險，是最典型的比例再保險。

假設某分出公司組織一份海上運輸險的成數分保合同，規定每艘船的最高責任限額為1,000萬元，自留部分為20%，分出部分為80%。假定原保險金額均在合同最高限額之內，在該合同項下有5筆業務，每筆業務的保險金額、保費收入和賠款情況及其計算如表8－2所示。

表 8-2　　　　　　　　　　　　成數再保險計算表　　　　　　　　　　單位：萬元

船名	總額 100% 保險金額	保費	賠款	自留 20% 自留額	保費	自負賠款	分出 80% 分保額	分保費	攤回賠款
A	200	2	0	40	0.4	0	160	1.6	0
B	400	4	10	80	0.8	2	320	3.2	8
C	600	6	20	120	1.2	4	480	4.8	16
D	800	8	0	160	1.6	0	640	6.4	0
E	1,000	10	0	200	2	0	800	8	0
總計	3,000	30	30	600	6	6	2,400	24	24

（2）溢額再保險。

溢額再保險是指原保險人與再保險人簽訂協議，對每個危險單位確定一個由原保險人承擔的自留額，保險金額超過自留額的部分稱為溢額，分給再保險人承擔。

溢額再保險與成數再保險相比，最大的區別在於：如果某一業務的保險金額在自留額之內，據無需辦理分保，只有保險金額超過自留額時，才將超過部分分保給溢額再保險人。也就是說，溢額再保險的自留額，是一個確定的自留額，不隨保險金額的大小變動，而成數再保險的自留額表現為保險金額的固定百分比，隨保險金額的大小而變動。

溢額再保險也是以保險金額為基礎來確定再保險當事雙方的責任的。對於每一筆業務，自留額已先定好，將保險金額與自留額進行比較，即可確定分保額和分保比例。例如，溢額分保的自留額確定為 40 萬元，現有三筆業務，保險金額分別為 40 萬元、80 萬元和 200 萬元，第一筆業務在自留之內無需分保，第二筆業務自留 40 萬元，分出了 40 萬元，第三筆業務自留 40 萬元，分出 160 萬元。溢額和保險金額的比例即為分保比例。如本例中第二筆業務的分保比例為 50%，第三筆業務的分保比例為 80%。

溢額再保險的分入公司不是無限度地接受分出公司的溢額責任，通常以自留額的一定倍數，即若干「線」數為限，1「線」相當於分出公司的自留額。如自留額為 50 萬元，分保額為 5 線，則分入公司最多接受 250 萬元，即分保額最高為 250 萬元。對於分出公司承保的巨額業務，可以簽訂多個溢額再保險合同，按合同簽訂的順序，有第一溢額再保險、第二溢額再保險等。

（3）成數溢額再保險。

成數溢額再保險，是將成數再保險和溢額再保險組織在一個合同裡，以成數再保險的限額，作為溢額再保險的起點，再確定溢額再保險的限額。

關於成數和溢額混合分保責任分配，見表 8-3（假定成數分保最高限額 50 萬元，溢額合同限額為 4 線）。

表 8-3　　　　　　　　　　　混合分保的責任分配　　　　　　　　　　單位：元

保險金額	成數分保				溢額分保
	金額	自留 40%	分出 60%	
100,000	100,000	40,000	60,000	0
500,000	500,000	200,000	300,000	0
1,000,000	500,000	200,000	300,000	500,000
2,000,000	500,000	200,000	300,000	1,500,000
2,500,000	500,000	200,000	300,000	2,000,000

成數溢額混合分保合同並無一定的形式，可視分出公司的需要和業務品質而定。這種混合合同通常只適用於轉分保業務和海上保險業務，多於特殊情況下採用。如某種業務若組織成數再保險合同則要支付較多的分保費，而組織溢額再保險合同，保費和責任又欠平衡，這種情況下就可以採用這種混合再保險方式，來協調各方的矛盾。

2. 非比例再保險

非比例再保險是以賠款為基礎來確定再保險當事人雙方的責任，故又稱為損失再保險，一般稱之為超過損失再保險。當賠款超過一定額度或標準時，再保險人對超過部分的責任負責。

與比例再保險不同，在這種再保險方式中，分出公司與分入公司的保險責任和有關權益與保險金額之間沒有固定的比例關係，因此稱其為非比例再保險。非比例再保險有兩個限額：一是分出公司根據自身的財力確定的自負責任額，即非比例再保險的起賠點，也稱為免賠額；二是分入公司承擔的最高責任額。以上兩個限額需要在訂立再保險合同時由當事人雙方約定，一旦保險事故發生，便依據規定的限額進行賠付。如果損失額在自負責任額（再保險起賠點）以內，賠款由分出公司負責；損失額超過自負責任額，分入公司負責其超過部分，但不超過約定的最高限額。有時損失額可能超過分出公司的自負責任額和分入公司的最高責任限額之和，在此情況下，超過的部分由分出公司自己承擔，或依據分出公司與其他分入公司簽訂的再保險合同處理。

例如，分出公司的自負責任額為 1,000,000 元，分入公司的最高責任限額為 3,000,000 元。現以保險金額和賠款不等的 5 個保險標的為例，說明賠款責任的分攤情況。

表 8-4　　　　　　　　　　　賠款責任的分配情況表　　　　　　　　　　單位：元

保險標的	保險金額	賠款	分出人自負額	接受人自負額	其他
A	700,000	500,000	500,000	0	0
B	900,000	700,000	700,000	0	0
C	2,000,000	1,400,000	1,000,000	400,000	0
D	4,000,000	4,000,000	1,000,000	3,000,000	0
E	4,800,000	4,200,000	1,000,000	3,000,000	200,000

非比例再保險分為超額賠款再保險和超額賠付率再保險。超額賠款再保險是非比例再保險的典型代表。

(1) 超額賠款再保險。

原保險人與再保險人簽訂協議，對每一危險單位損失或者一次巨災事故的累積責任損失，規定一個自負額，自負額以上至一定限度由再保險人負責。超額賠款再保險又稱為險位超額再保險和事故超額再保險。

①險位超額再保險。

以每一危險單位的賠款金額為基礎確定分出公司自負賠款責任限額即自負額，超過自負額以上的賠款，由分入公司負責。

②事故超額再保險。

以一次巨災事故中多數危險單位的累積責任為基礎計算賠款，是險位超賠在空間上的擴展。目的是要確保分出公司在一次巨災保險事故中的財務穩定。

無論是險位超賠再保險，還是事故超賠再保險，分入公司可接受分出公司的全部分出責任，也可只接受部分分出責任。超過分入公司接受部分的保險責任，仍由分出公司自己負責。

(2) 超額賠付率再保險。

超額賠付率再保險也稱損失中止再保險，是按年度賠款與保費的比率來確定自負責任和再保險責任的一種再保險方式。在約定的年度內，當賠付率超過分出公司自負責任比率時，超過的部分由分入公司負責。

與超額賠款再保險不同，在超額賠付率再保險合同項下，分出公司與分入公司的責任劃分並不以單個險位的賠款或一次事故的總賠款的絕對量為基礎，而是以一年中賠款的相對量，即賠款與保費的比率為基礎。其實質是對分出公司提供的財務損失的保障，以防止年度內某類業務的賠付率發生較大的波動而影響分出公司的穩定經營。

在超額賠付率再保險中，一般約定兩個限制性的比率：一個是分出公司自負責任比率，另一個是分入公司的最高責任比率。當實際賠付率尚未超過合同約定的自負責任比率時，全部賠款由分出公司負責；反之，當實際賠付率已經超過合同約定的自負責任比率時，分出公司只負責自負責任比率以內的賠款，超過自負責任比率以上的賠款由分入公司負責，甚至其最高責任比率。如果實際賠付率超過分出公司自負責任比率與分入公司最高責任比率之和，超過部分的賠款由分出公司自己負責。通常，在實收保費中，營業費占25%，淨保險費占75%。因此，劃分分出公司和分入公司的責任可以以75%的賠付率為界限。當分出公司的賠付率在75%以下時，由分出公司自己賠償；當分出公司也有接受分入責任的限額，一般為營業費用率的兩倍，即已得保費的50%。也就是說，分入公司僅對賠付率在75%～125%之間的賠款負責，並有金額限制，在兩者中以低者為限。

例如，某分出公司就某類業務安排賠付率超賠再保險，賠付率在60%以下由自己負責，分入公司負責超過60%的賠款直至125%。合同期內各年業務經營和分保情況，如表8-5所示。

表 8-5　　　　　　　　　　賠付率超賠分保計算表　　　　　　　　　單位：元

年份	保費收入總額	賠款總額	賠付率	分出公司自負責任	分入公司應付責任額	其他
第1年	2,000,000	1,200,000	60%	1,200,000	0	0
第2年	2,400,000	1,800,000	75%	1,440,000	360,000	0
第3年	1,600,000	2,080,000	130%	960,000	1,040,000	80,000

超額賠付率再保險適用於農作物雹災險、航空險、責任險、人身意外傷害險和其他年度賠付率波動較大經營不穩定的業務。

(二) 臨時再保險、合同再保險和預約再保險

1. 臨時再保險

臨時再保險是指在原保險人有分保需要時，臨時與再保險人協商，訂立再保險合同，合同的有關條件也都是臨時議定的。臨時再保險是出現最早的再保險安排方式，分出公司根據自己的業務需要將有關風險或責任進行臨時分出的安排，一般由分出公司或分保經紀人向其選定的分入公司提出再保險建議，開出臨時再保險要保書，分入公司接到要保書後，對分保的有關內容進行審查，以決定是否接受。該種再保險安排方式比較靈活，但由於每筆業務要逐筆安排，所以手續繁瑣，增加了營業費用開支。臨時再保險方式特別適合於高風險的業務、新開辦的業務或不穩定的業務。

2. 合同再保險

合同再保險也稱固定再保險，是指分出公司和分入公司對於規定範圍內的業務有義務約束，雙方都無權選擇的一種再保險安排方式。在合同期內，對於約定的業務，分出公司必須按約定的條件分出，分入公司也必須按約定的條件接受，雙方無需逐筆洽談，也不能對分保業務進行選擇。合同再保險是一種長期性的再保險，但訂約雙方都有終止合同的權利，通常是要求終止合同的一方於合同期滿前 3 個月以書面形式通知對方，從而終止合同。目前，國際再保險市場廣泛採用合同再保險方式。

3. 預約再保險

預約再保險，也稱臨時固定再保險，是一種介於臨時再保險和合同再保險之間的再保險。分出公司對合同規定的業務是否分出，可自由安排而無義務約束，而分入公司對合同規定的業務必須接受、無權選擇。預約再保險實際上是合同再保險的一種補充。當前的業務雖然已經列入了固定分保合同，但由於合同分保限額不能滿足需要，則需要將溢額另行安排分保，若採用臨時再保險，手續繁瑣又難以及時分散風險，而採用合同再保險，業務量又不夠，在這種情況下，可以採用預約再保險。

第四節　保險投資

　　保險投資是指保險公司在組織經濟補償過程中，運用所積聚的各種保險資金，使資金增值的活動。保險公司的經營包括負債業務和資產業務，其中負債業務是指普通的承保業務，資產業務是指運用保險資金的投資業務。保險公司在開展承保業務過程中聚積了大量的保險基金，在未償付之前如何有效運用這些資金對保險公司的生存和發展具有重要意義。隨著金融市場的發展，保險資金投資業務已經成為現代保險公司生存和發展的重要手段。發達國家保險業的主要特徵就是承保業務（負債業務）與投資業務（資產業務）並重，保險公司成為既有補償職能又有融資職能的金融服務企業。

一、保險投資的意義

（一）有利於保險基金的增殖，維持良好的償付能力

　　保險償付能力是指保險公司的資金用來支付所有到期債務和承擔未來責任的能力。保險的基本職能是籌措、建立保險基金，補償經濟損失，因此，保險公司累積的資金必須與其承擔的風險責任相一致。如果保險基金累積不足，就不能保證充足的償付能力。保險公司在經營過程中累積了大量的保險基金，如果只將其存入銀行，通過銀行利息保值、增值，就可能使保險業務入不敷出。相反，保險公司通過保險投資可獲得更多的收益，使保險資金得到增值，從而增強自身的經濟實力，提高償付能力。

（二）有利於增強保險公司的風險控制能力

　　保險資金是一種特種資金，專門用於應付自然災害和意外事故可能對生產、生活造成的不利後果，因此保險公司的保費收入是對被保險人的負債，而不是保險公司的實際收益。由於保險責任是連續的、不確定的，隨時可能承擔各種保險業務的未到期責任。這就要求保險公司在資金運用時，必須實行全面的資產負債管理，將保險資金進行合理投資，使資產與負債相匹配，增強保險公司抵禦風險的能力。

（三）有利於降低保險費率，增加保險業務量

　　理論上保險費率的高低是由風險發生的概率和損害的大小決定的，是損害概率與附加費率之和。因而，保戶參加保險所獲得的經濟利益與其所繳納的保費是基本一致的。但是，如果保險資金能得到有效運用，取得較好的投資收益，保險公司就可以降低保險費率，同時還可以把投資收益的一部分返還給投保人，以鼓勵其參加保險的積極性。這就有利於保險公司擴大保險業務，從而在市場競爭中處於有利地位。

（四）有利於促進資本市場的健康發展

　　保險資金的運用直接推動了金融市場的形成和繁榮，使保險公司從單純的補償或給付機構轉化為既有補償或給付職能，又有金融職能的綜合性公司，為金融市場增加了活力。同時，保險資金投資的安全性原則，要求保險公司必須採取適當措施應對風

險，所以保險公司在保險資金的投資過程中對股票指數期貨、期權等避險工具的需求非常強烈，而這些需求是穩定資本市場的重要因素。並且，機構投資者占主體的市場是崇尚長期投資、戰略投資的市場，因此，保險資金投資能夠促進資本市場的健康發展。

二、保險投資的原則

早在1862年，英國經濟學家貝利（A. A. Bailey）就針對壽險業提出了投資的五大原則，即：安全性、最高的實際收益率、部分資金投資於能迅速變現的證券、另一部分資金可投資於不能迅速變現的證券、投資應有利於壽險事業的發展。一般來說，包括保險公司在內的任何金融機構的投資都應該遵循安全性、盈利性和流動性原則，即「三性原則」。

（一）安全性原則

安全性是指投資要盡量避免風險，以保證營運的本金能夠按時足額的收回，這是保險投資最基本的原則。安全性不僅要求保證資金營運過程的安全，還要確保資金營運的實際價值，在通貨膨脹條件下不會下降，即保值。

安全性作為第一位的投資原則，要求投資應有以下特徵：①分散投資以降低風險；②在投資組合中控制風險度較高的金融工具投資的比例。

（二）盈利性原則

盈利性原則是指保險投資在安全可靠的原則下盡可能取得最大的收益，表現為投資收益大於投資成本。這是保險投資的目的。一般說來，投資都是有風險的，收益越大的投資風險也越大。現代經濟有多種投資方式的選擇，在多種投資方式並存的條件下，保險投資可以追求不同的收益水平，並不強求每筆投資都受制於安全性要求。原則上，保險投資應在總體上符合安全性要求的前提下，盡可能地提高投資收益水平。

（三）流動性原則

保險投資的流動性是指投資的金融資產在不遭受損失的條件下轉變為現金的難易程度和速度。流動性作為保險投資的原則是由保險經營的特點決定的，因為災害一旦發生，保險公司必須立即按合同給予賠付。如果保險投資缺乏流動性就不能及時履行合同，必將影響保險公司的信譽，甚至影響整個社會經濟的正常運行。為了保持一定的流動性，保險投資中，流動性強的短期投資產品（如短期國債）應佔有一定的比例。

安全性、盈利性和流動性這三者既相輔相成，又有一定的矛盾。從根本上講，三原則是統一的，它們保證了保險投資活動的正常進行；但三原則又是矛盾的，處理不好常常會顧此失彼。一般說來，投資的收益性與風險性成正相關關係，風險越大，收益越大；資產的流動性與收益性成負相關關係，流動性越差的投資，其資產收益率越高。保險投資的核心就是協調處理好三者的關係，使其達到一個最佳的組合狀態，即：安全性最佳、流動性最強、盈利性最高、風險性最小。

三、保險投資的資金來源

保險企業可運用的保險資金是由資本金、各項準備金和其他可積聚的資金組成。運用暫時閒置的大量準備金是保險資金運動的重要一環。中國《保險管理暫行規定》明確指出：「保險資金是指保險公司的資本金、保證金、營運金、各種準備金、公積金、公益金、未分配盈餘、保險保障基金及國家規定的其他資金。」因此，從中國的保險法律法規來看，保險公司可以自由運用於投資的資金主要有以下幾項：

(一) 權益資產

權益資產是指資本金、公積金、公益金和未分配利潤等保險公司的自有資金。

1. 資本金

根據《中華人民共和國公司法》的規定，資本金是指在公司登記機關登記的全體股東實繳的出資額。它是投資人作為資本投入到企業中的各種資產的價值，又稱註冊資本。資本金按照投資主體可分為國家資本金、法人資本金、個人資本金及外商資本金。

2. 公積金

公積金包含資本公積金和盈余公積金。資本公積金是在公司的生產經營之外，由資本、資產本身及其他原因形成的股東權益收入。股份公司的資本公積金，主要來源於的股票發行的溢價收入、接受的贈與、資產增值、因合併而接受其他公司資產淨額等。其中，股票發行溢價是上市公司最常見、最主要的資本公積金來源。盈余公積金是指企業按照規定從稅后利潤中提取的累積資金。盈余公積金按其用途，分為法定盈余公積和公益金。法定盈余公積在其累計提取額未達到註冊資本50%時，均按稅后利潤10%提取，公益金按5%~10%提取。

3. 未分配利潤

企業未作分配的利潤在以后年度可繼續進行分配，在未進行分配之前，屬於所有者權益的組成部分。從數量上來看，未分配利潤是期初未分配利潤加上本期實現的淨利潤，減去提取的各種盈余公積和分出的利潤后的余額。未分配利潤有兩層含義：一是留待以后年度處理的利潤；二是未指明特定用途的利潤。相對於所有者權益的其他部分來說，企業對於未分配利潤的使用有較大的自主權。

(二) 保險準備金

保險準備金是指保險人為保證如約履行保險賠償或給付義務，根據有關法律規定或業務特定需要，從保費收入或盈余中提取的與其所承擔的保險責任相對應的一定數量的基金。保險準備金是保險投資可運用資金的主要來源。為了保證保險公司的正常經營，保護被保險人的利益，各國一般都以保險立法的形式規定保險公司應提存保險準備金，以確保保險公司具備與其保險業務規模相應的償付能力。它包含下面三個方面：

1. 未到期責任準備金

未到期責任準備金是指在會計年度決算時，對未到期保險單提存的一種準備金制

度。之所以規定這種資金準備，是因為保險業務年度與會計年度是不一致的。比如投保人於2011年10月1日繳付一年的保險費，其中的3個月屬於2011年會計年度，余下的9個月屬於下一個會計年度。這一保險單在下一會計年度的前九個月是繼續有效的。因此，要在當年收入的保險費中提存相應的部分作為下一年度的保險費收入，作為對該保險單的賠付資金來源。中國保險精算法規定：會計年度末未到期責任準備金按照本會計年度自留毛保費的50%提取。未到期責任準備金應在會計年度決算時一次計算提取，提取的計算方法有年平均估算法、季平均估算法和月平均估算法。

2. 未決賠款準備金

未決賠款準備金也稱賠款準備金，是在會計年度決算以前發生保險事故但尚未決定賠付或應付而未付賠款，而從當年的保險費收入中提存的準備金。它是保險公司在會計年度決算時，為該會計年度已發生保險事故應付而未付賠款所提存的一種資金準備。之所以提取未決賠款準備金，是因為賠案的發生、報案、結案之間存在著時間延遲，有時該延遲會長達幾年。按照權責發生制和成本與收入配比的原則，保險公司必須預先估計各會計期間已發生賠案的情況，並提取未決賠款準備金。未決賠款準備金包括已發生已報案賠款準備金，已發生未報案賠款準備金和理賠費用準備金。

3. 再保險準備金

這裡的再保險準備金是指分出公司為備付再保險接受人在再保險合同下應負責的賠款而從應付的再保險費中扣存的一項基金。

(三) 保險保障基金

保險保障基金指保險機構為了有足夠的能力應付可能發生的巨額賠款，從年終結余中所專門提存的后備基金。保險保障基金與未到期責任準備金及未決賠款準備金不同。未到期責任準備金和未決賠款準備金是保險機構的負債，用於正常情況下的賠款，而保險保障基金則屬於保險組織的資本，主要是應付巨大災害事故的特大賠款，只有在當年業務收入和其他準備金不足以賠付時方能運用。為了保障被保險人的利益，支持保險公司穩健經營，保險公司應當按照保險法則的規定，從公司當年保費收入中提取1%作為保險保障基金。該項基金提取金額達到保險公司總資產的10%時可停止提取。保險保障基金應單獨提取，專戶存儲於中國人民銀行或中國人民銀行指定的商業銀行。保險保障基金應當集中管理，統籌使用。

(四) 其他資金

在保險公司經營過程中，還存在其他可用於投資的資金來源，如結算中形成的短期負債，這些資金雖然數額不大，而且需要在短期內歸還，卻可以作為一種補充的資金來源。

四、保險投資的一般形式

(一) 銀行存款

存款指存款人在保留所有權的條件下把資金或貨幣暫時轉讓或存儲給銀行或其他

金融機構。存款特點是具有良好的安全性和流動性，但收益率較低。因此，保險公司將存款主要用作正常賠付工壽險保單滿期給付的支付準備金，一般不作為追求收益的投資形式。

(二) 購買債券

債券是一種有價證券，是社會各類經濟主體為籌措資金而向債券投資者出具的，並且承諾按一定利率定期支付利息和到期償還本金的債權債務憑證。保險資金一般都有一定比例用於購買國家債券、地方政府債券、金融債券和公司債券等可在二級市場交易的債券，債券一般具有安全性好、變現能力強和收益相對穩定的優點。

(三) 投資股票

股票是股份有限公司在籌集資本時向出資人發行的股權憑證。代表著其持有者（即股東）對股份公司的所有權。這種所有權是一種綜合權利，如參加股東大會、投票表決、參與公司的重大決策、收取股息或分享紅利等。股票一般可以通過買賣方式有償轉讓，股東能通過股票轉讓收回其投資，但不能要求公司返還其出資。股票投資的特點是收益高、流動性好、風險大。股票投資的收益主要來自股息收入和資本利得。股息收入的多少完全取決於股份公司的盈虧狀況；資本利得的多少從根本上來說同樣取決於股份公司的經營業績，但股票市場的運行週期和資金供求狀況對其影響也十分巨大。中國保監會2010年8月5日頒布的《保險資金運用管理暫行辦法》規定：保險資金投資於股票和股票型基金的帳面余額，合計不高於本公司上季度末總資產的20%，此外還允許保險資金投資創業板股票和B股，細則另行規定。

(四) 抵押貸款

抵押貸款指借款者以一定的抵押品作為物品保證向貸款者取得的貸款。它是現代銀行的一種放款形式、抵押品通常包括有價證券、國債券、各種股票、房地產以及貨物的提單、棧單或其他各種證明物品所有權的單據。貸款到期，借款者必須如數歸還，否則貸款人有權處理抵押品來償還貸款。保險公司發放的貸款一般為抵押放款，即以不動產、有價證券或壽險保單為抵押的放款，安全性較好。

(五) 投資不動產

不動產投資在各國保險業中非常普遍。優點是便於對資產項目進行管理和控制，且盈利性和安全性較好，但流動性差，故各國保險法對其嚴加限制。中國保監會2010年7月印發《保險資金投資不動產暫行辦法的通知》規定，保險資金可以投資以下不動產：①已經取得國有土地使用權證和建設用地規劃許可證的項目；②已經取得國有土地使用權證、建設用地規劃許可證、建設工程規劃許可證、施工許可證的在建項目；③取得國有土地使用權證、建設用地規劃許可證、建設工程規劃許可證、施工許可證及預售許可證或者銷售許可證的可轉讓項目；④取得產權證或者他項權證的項目；⑤符合條件的政府土地儲備項目。

第五節　保險經營效益

一、保險經營效益的概念及特點

(一) 保險經營效益的概念

保險經營效益是指以盡可能少的保險經營成本，為社會提供盡可能多的符合社會需要的保險保障服務，取得最大的有效成果。具體而言，保險經營效益就是經營成本與收益之間的比例關係。如果保險收益大於保險經營成本，就有保險經營效益；反之，則無經營效益。

保險經營效益的主要內容有：一是以盡可能少的經營成本，獲得盡可能多的承保利潤。這是保險經營效益的主要內容。二是以盡可能少的投資成本，獲得盡可能大的投資收益。這是保險經營效益的重要補充，有利於發揮保險的職能與作用。

(二) 保險經營效益的特點

對一般企業而言，成本是確定的。產品銷售完畢，銷售收入減去相關成本費用，就可以得到確定的利潤。但是，對於保險公司，尤其是經營長期險業務的公司而言，成本有很大的預測性。保險公司往往是提前預收保費，這些保費除了有一少部分用於當年的賠付之外，大部分被保險公司預留在公司內部以應付未來年度的賠付責任。這部分預留保費是按照損失發生的概率和經營的經驗進行計提的，是對未來損失分佈的預測，只能大概地滿足未來的實際情況。在成本如此不確定的情況下，每個會計年度所計算的利潤也就具有很大的預計性或不確定性。如果以利潤作為衡量保險公司經營的效益，這種衡量會因成本預測方法的不同而造成利潤發生變化。

二、保險經營效益分析

(一) 保費收入指標

保費收入是保險公司在一定時期內收繳的保費總額。保費收入既是衡量保險業務發展規模的客觀尺度，也是提高保險公司經濟效益的基礎和出發點。保費收入增長率和人均保費收入是通常使用的指標。

1. 保費收入增長率

保費收入增長率是指保險公司在報告期保費收入增長額與基期保費收入的比率。其計算公式為：

$$保費收入增長率 = \frac{報告期保費收入 - 基期保費收入}{基期保費收入} \times 100\%$$

2. 人均保費收入

人均保費收入是指保險公司全員人均保費額，從活勞動的消耗上考核保險公司經濟效益，反應保險公司的經營管理水平和勞動生產率的高低。其計算公式為：

$$人均保費收入 = \frac{某年度保費收入}{該年度平均職工人數}$$

上式中，年度平均職工人數 $= \dfrac{年初職工人數 + 年末職工人數}{2}$。

(二) 賠付率指標

賠付率是一定時期的賠款支出與保費收入的比率，一般用百分數表示。賠付率是一個重要的經濟技術指標，也是評價保險業務的經營狀況，衡量保險公司經營效益的重要指標。其計算公式為：

$$賠付率 = \frac{賠款支出}{保費收入} \times 100\%$$

(三) 成本指標

保險公司的成本是指保險公司在一定時期內經營保險業務中所發生的各項支出。保險成本既是制定標準價格的依據，也是衡量保險公司經營效益的一個重要指標。

保險公司的成本主要包括業務支出、手續費支出以及人工費用。保險公司成本指標主要有成本率、綜合費用率以及營業費用率等。

(四) 保險資金運用指標

通過保險資金運用取得並擴大保險利潤總額，已成為現代保險業的基本特徵。因此，保險資金運用指標同樣是考核保險公司經營效益的重要指標。保險資金運用指標可分為資金運用率指標和資金運用盈利率。

1. 資金運用率

資金運用率是指保險公司在一定時期內投資總額占公司全部資產總額的比例。其計算公式為：

$$資金運用率 = \frac{投資總額}{全部資產} \times 100\%$$

2. 資金運用盈利率

資金運用盈利率是指保險公司在一個計劃期內投資所獲得的收益占投資總額的比率。它是反應保險公司資金管理水平和資金運用效益的重要經濟指標。其計算公式為：

$$資金運用盈利率 = \frac{投資收益}{投資資金總額} \times 100\%$$

(五) 利潤指標

保險公司的經營目標是獲取利潤。利潤是指在一定時期內，通過保險公司的業務經營活動，以其全部財務收入抵補全部財務支出後的結餘。利潤指標是考核保險公司經營效益的綜合指標，能綜合地反應公司經營各方面的情況。利潤指標包括利潤率和人均利潤。

1. 利潤率

利潤率是指保險公司在某一年度利潤總額與該年度營業收入總額之間的比率。它綜合反應保險公司經營管理水平。其計算公式為：

$$利潤率 = \frac{利潤總額}{保費收入總額 + 其他收入總額} \times 100\%$$

2. 人均利潤

人均利潤是指在某一年度內保險公司平均每個職工所創造的利潤。它是衡量保險公司平均每個職工創造多少經營效益的綜合性指標。其計算公式為：

$$人均利潤 = \frac{某年度實現的利潤}{該年度平均職工人數}$$

三、保險公司財務報表分析

（一）保險公司財務報表分析概述

保險公司財務報表是根據保險公司日常會計核算收集、加工、匯總而成的完整報告體系，用來反應保險公司資產、負債和所有者權益的情況以及一定期間的經營成本和財務狀況的變動信息。

保險公司財務報表分析的主要作用是為相關當事人提供有價值的財務信息。對於投資者而言，通過報表分析可以瞭解保險公司的投資能力；對於保戶而言，可以通過報表分析瞭解保險公司的償債能力和流動性；對於保險公司本身而言，報表分析可以幫助其實現經營管理的目標；對於監管機構而言，報表分析是實現監管的重要手段，保險公司法定償付能力的監管很大程度上依賴於這種分析方法。

（二）保險公司的主要財務報表

保險公司財務報表一般包括資產負債表、利潤表、現金流量表以及其他附註報表。

1. 資產負債表

資產負債表是反應保險公司某一特定日期財務狀況的報表。該表揭示了保險公司在某個時點上的資產、負債、所有者權益以及它們之間相互關係的狀態。該表也反應了保險公司所掌握的經濟資源的總量，保險公司償還債務的能力，股東的權益份額以及未來的財務趨向。

2. 利潤表

利潤表反應了保險公司在一定期間的經營成果以及分配情況的報表。該表反應了保險公司在某個時期內的收益和費用狀況。利用利潤表，可以評價保險公司的經營成果和投資收益，分析保險公司成本、費用、盈利能力以及未來一段時期的盈利趨勢。

3. 現金流量表

現金流量表反應保險公司在一定時期內經營活動、投資活動、籌資活動等對現金及現金等價物產生影響的會計報表。該表反應了保險公司在一定時期內有關現金及現金等價物流入流出的信息。通過對現金流量表的分析，可以評估保險公司在未來會計期間的現金狀況，評價保險公司償付債務以及支付投資者報酬的能力，瞭解保險公司本期淨利潤與經營活動現金流量發生差異的原因等。

（三）保險公司財務報表分析方法

目前，常用的財務報表分析方法有比較財務報表分析和共同比財務報表分析。

1. 比較財務報表

比較財務報表是進行趨勢分析時採用的財務報表。這種報表的基本格式是將兩期或數期財務報表中相同項目進行比較，計算每一項目變動的金額和百分比，從而確定影響變動的因素、變動趨勢以及這種趨勢的延續性。

現給出一個簡化的比較利潤表進行說明，見表8-6。從A公司的比較利潤表可以看出，該公司2011年比2010年淨利潤增加281萬元，增長15.4%。增長的部分原因在於：①保險業務收入的增加，2011年比2010年增加了5,506萬元，增幅為8.87%；②保險業務支出的減少，2011年比2010年減少了442萬元，減幅達為1.56%。但是，從簡化的表格也可以看出，2011年比2010年的承保利潤減少了1,433萬元，減幅達到了109.39%。A公司2011年營業利潤比2010年增加了1.41%，這說明該公司投資收益和營業外收支淨額有了一定程度的增加。

表8-6　　　　　　　A公司利潤表和比較利潤表　　　　　　單位：萬元

項目	利潤表		比較利潤表	
	2010年	2011年	增減額	增減幅度（%）
保險業務收入	62,083	67,589	5,506	8.87
保險業務支出	28,327	27,885	-442	-1.56
……				
承保利潤	-1,310	-2,743	-1,433	-109.39
營業利潤	2,769	2,808	39	1.41
……				
淨利潤	1,825	2,106	281	15.4

通過編製比較利潤表，可以發現其比單純的利潤表有更多的有價值的信息。例如，比較利潤表反應了會計年度之間收入與支出項目的絕對數量的變化，以及變化的幅度，有助於分析保險公司年度間利潤差異的原因。對於資產負債表，同樣也可以編製比較資產負債表進行類似的分析。

2. 共同比財務報表

共同比財務報表是以百分比表達的財務報表。利用該表可以分析相關項目之間的相對比重及其變化情況。共同比財務報表的基本格式是以財務報表中的關鍵項目為基礎（確定為100%），將其餘的項目分別折算成基礎項目的比值，從而展示各個項目所占的比重。在資產負債表中，可以將資產總額、負債與所有者權益總額設定為關鍵項目。在利潤表中，可以將營業收入設定為關鍵項目。當然，也可以根據分析的具體情況，選擇其他科目作為關鍵項目。現對A公司部分簡化了的共同比資產負債表進行分析，見表8-7。

表 8-7　　　　　　A 公司 2011 年和 2010 年共同比資產負債表　　　　　單位：百萬元

項目	2011 年 金額	2011 年 百分比(%)	2010 年 金額	2010 年 百分比(%)	差異(%)
流動資產	170,038.96	38.49	102,468.16	35.57	2.92
長期投資	211,204.92	47.81	162,280.86	56.33	-8.52
固定資產	7,261.93	1.64	5,831.80	2.02	-0.38
……					
無形資產及其他資產	27,164.26	6.15	17,372.76	6.03	0.12
資產總計	441,791.06	100	288,103.74	100	0
流動負債	118,944.55	26.92	28,896.91	10.03	16.89
長期負債	284,927.76	64.49	226,017.98	78.45	-13.96
……					
所有者權益	36,667.87	8.30	32,664.01	11.34	-3.04
負債及所有者權益	441,791.06	100	288,103.74	100	0

從 A 公司的共同比資產負債表可以看出，2011 年與 2010 年相比，流動資產占比提高 2.92%，但是變化不大。從長期投資來看，2011 年比 2010 年有了明顯的下降，降幅達到 8.52%，但是長期投資仍然是資產中占比最高的項目。固定資產規模一直比較小，這兩年變化不大，保持在 2% 左右，這也是保險行業區別於其他行業的重要特點。從負債和所有者權益來看，2011 年與 2010 年相比，流動負債變化幅度較大，比重從 10.03% 躍升至 26.92%，增幅達到 16.89%。長期負債是負債和所有者權益項目的最重要內容，比重一直保持在 70% 左右，2011 年較 2010 年占比有所下降。流動負債和長期負債合併以後的負債總額占到了總規模的 90% 左右，而所有者權益占到 10% 左右，這正是保險公司經營的特點所決定的。保險公司是負債經營的經濟實體，其運作的資金大多數是對投保人的一種負債，這一特點決定了保險公司的資產負債比率非常高，通常在 80% 以上。

通過上述分析，借助於共同比資產負債表可以發現比單獨的資產負債表更多的財務信息。通過編製該表，不但可以瞭解保險公司每一個項目在總資產規模中的重要程度，而且還能夠對年度之間這些項目的變化有一個瞭解，有助於提高經營管理水平。對於利潤表，也可以編製共同比利潤表進行類似的分析。

復習思考題

1. 簡述保險經營的基本原則。
2. 壽險保費計算的基本影響因素有哪些？
3. 簡述壽險保費計算的步驟。
4. 簡述再保險的業務種類。
5. 保險資金運用的一般形式有哪些？中國《保險法》對保險資金運用形式是如何規定的？

第九章 保險監管

本章學習目的
  理解保險監管的概念
  明確保險監管的機構與對象、目標與原則
  理解保險監管的理論基礎
  理解保險監管的經濟學分析
  掌握保險監管的內容
  瞭解中國保險監管的實踐與發展

第一節 保險監管概述

一、保險監管的概念

  按照監管主體劃分，保險監管有廣義和狹義之分。從各國的實踐看，廣義的保險監督體系一般由四部分構成：一是立法機關，負責制定保險業的法律法規；二是司法機關，負責裁決保險爭議，並按照法律規定對保險市場的參與者採取各種司法行動；三是政府監管部門，在法律授權範圍內進行具體的保險監督工作；四是社會仲介機構，對保險公司財務狀況、信用等級發表獨立意見。狹義的保險監管指第三類，即政府保險監管機關的監管。本書介紹的就是狹義保險監管。

二、保險監管的機構與對象

（一）保險監管的機構

  不同國家根據其不同的經濟環境可以選擇不同的保險監管模式。保險監管機構大致有三種類型。
  1. 設立獨立的保險監管部門
  設立一個獨立的政府部門，該部門的職責僅為保險監管。如美國，在各州設有保險監督官辦公室，不隸屬於其他政府部門，僅負責保險監管。中國目前也屬於這種情況，中國保險監督管理委員會是國務院直屬單位，不隸屬於其他政府部門，僅負責保險監管。

2. 由某一政府部門負責保險監管

該部門雖為保險監管部門，但還承擔其他職責，保險監管一般也不是該部門最主要的職責。如日本曾由大藏省負責保險監管，中國曾由中國人民銀行負責保險監管。

3. 由金融監管部門統一監管

由於金融業綜合經營趨勢日益凸顯，與此相適應，一些國家（如英國、德國等）實行了一體化的監管模式，由金融監管部門統一對金融業中的銀行業、證券業、保險業進行監管。這種模式有利於各個金融管理部門之間的協調工作，分享信息和經驗，減少重疊性監管，並有效避免出現監管漏洞，有利於提高監管效率，有利於實現金融業的整個公共政策目標。

（二）保險監管的對象

保險監管的對象是商業保險領域的保險業務經營者和保險仲介業務經營者。也就是說，任何組織或個人，只要在商業保險領域從事保險業務經營活動或保險仲介經營活動，那麼該組織或個人就屬於保險監管的對象。

具體來說，保險監管對象包括：①經批准設立的保險公司、保險公司分支機構和代表處；②經批准設立的保險代理公司、保險經紀公司、保險公估公司以及這些公司的分支機構和代表處，經批准從事兼業保險代理業務的單位和經批准從事保險代理業務的個人代理人；③未經批准擅自設立的保險公司、保險公司分支機構和代表處，未經批准擅自設立的保險代理公司、保險經紀公司和保險公估公司及這些公司的分支機構、代表處；④未經批准非法從事保險業務經營活動或保險仲介經營活動的單位或個人。

三、保險監管的目標與原則

（一）保險監管的目標

保險監管目標是指保險監管機構通過保險監管活動力求實現的最終目的。具體包括以下四個方面：

1. 保護保險消費者的合法權益

維護消費者利益是保險監管的最根本出發點。因此，監管部門有責任確保財務實力良好的保險公司以公平的價格提供保險合同，為公眾分散危險，提供保障，提高社會福利。因保險合同是技術性、法律性很強的文件，它包含著複雜的條款和規定。沒有監管，一個不受任何約束的保險人可能會起草一份沒有法律效力的合同。而且保險市場的信息不對稱是最典型的，對於消費者來說，因為必要的價格和保單信息是無法輕易得到的，去比較保費不同的保單是一件十分困難的事。而沒有好的信息，消費者無法選擇最好的保險產品。這就減少了消費者對保險市場的影響力，同時也減少了保險人提高保險產品質量、降低保險價格的競爭動力。可見，從維護被保險人和社會公眾利益角度來看，保險監管是極其必要的。

2. 形成公平有序競爭的市場環境

對保險市場實施監管的另一個目標在於保持市場的適度競爭，限制、甚至避免壟

斷行為或惡性競爭行為，從而有助於效率目標的實現。因此，需要建立完善的市場准入與退出機制，並對保險機構的兼併、破產等行為實施監管，防止一家保險企業經營不善導致償付危機的擴散，維護保險業整體的穩定發展。從長期來看，監管有助於實現社會福利的增加，且不違背保護消費者利益的最終目標。

3. 防範經營風險

由於保險具有負外部性和高負債性，個別保險機構的經營風險可能擴散到保險市場，導致整個保險行業風險的增加，因而保險機構的經營風險防控始終是保險監管的重要目的。保險監管通過規範保險機構的市場行為、規制保險機構的公司治理結構並監管其償付能力，從而實現經營風險的最小化。償付能力是指保險人對被保險人負債的償還能力，是一國保險業穩定健康發展的關鍵。因此，為保證在保單有效期間賠款得到支付，必須對保險人的財務能力加強監管，如通過制定專門法規，規定保險業務的經營必須按標準提存各項準備金，保險經營的穩健必須安排法定再保險，建立預警系統等。

4. 維護保險市場的安全與穩定

保險業具有損失補償、資金融通和社會管理的功能，因此保險市場的安全和穩定，對國民經濟和社會生活具有重要影響。而促進保險行業持續健康發展，也是符合中國保險業初級發展階段的重要保險監管目標。該目標的實現要求既不能以損害保險消費者的合法利益、壓制競爭和效率為代價，也不能以給予保險機構以不正當的「保護」，而應當追求保險業整體的安全穩定和健康持續發展。

(二) 保險監管的原則

保險監管原則是指保險監管機構實施保險監管時應依據的法則和標準。具體有以下三個原則：

1. 依法監管原則

依法監管原則要求保險監管機構必須依照相關的法律和行政法規實施對保險公司治理的監管。由於保險監管機構要求保險公司遵循本國所有適用的公司治理標準，因此《保險法》《公司法》《證券法》等法律法規都為保險監管提供依據和支持。在依法監管原則下，保險監管機構的「自由裁量權」得到了控制。隨著保險監管相關法律法規體系的不斷完善，行政監管行為的任意性也將進一步降低。

2. 動態監管原則

動態監管原則要求保險監管機構應形成動態監管的理念，建立相應的預警機制，密切關注保險償付能力、公司治理方面的變化，並針對性地採取事後的規制、補救措施。與傳統靜態監管相比，動態監管更具靈活性和有效性，監管機構可根據償付能力指標和保險公司治理評價等結果，及時發現其存在的問題並適時調整監管方法，從而提高監管的精確度和效率。

3. 適度監管原則

適度監管原則包括促進適度競爭原則和適度管理原則兩個方面。保險監管強調的是政府授權的保險監管機構對保險市場的干預，而這種干預必然會對保險市場的效率

產生一定影響。因此,保險監管尤其應注重監管的適度性和監管邊界,防止行政監管權的擴張和異化,達到保險體系安全和保險運行效率的平衡。

四、保險監管的方式與手段

(一)保險監管的方式

針對保險業發展的不同歷史時期,不同國家對保險業的監管方式也不盡相同,主要有以下幾種:

1. 公示方式

公示方式也稱公告管理,其含義是國家對於保險行業的經營不進行直接監管,僅要求保險企業必須按照法律規定的格式及內容,定期將其資產負債、財務成果及相關事項公布於眾的管理方式,是國家對保險業最為寬鬆的一種監管方式。通過公告的形式,把各保險企業的經營置於社會的監督之下,並不對保險企業的經營作任何評價。適用於保險業自律能力較強的國家。

該種方式的優點是通過保險業的自由經營,使保險業在自由競爭的環境中得到充分發展;缺點是一般公眾對保險業的優劣評判標準不易準確掌握,對不正當的經營無能為力。隨著保險的發展,競爭日趨激烈,國家對保險業的監管也越來越嚴格,這種監管方式很少被採用。

2. 準則方式

準則方式也稱規範管理,是由國家通過頒布一系列涉及保險行業運作的法律法規,要求所有的保險人和保險仲介人必須遵守,並在形式上監督實行的管理方式。如最低資本金的要求,資產負債表的審核,資本金的運用,違反法律的處罰等,均有明確的規定。這種監管方式,注重保險經營形式上的合法性。對形式上不合法者,有關機關給予處罰。只要形式上合法,主管機關便不加干預。該方式適用於保險法規比較嚴密和健全的國家。由於保險技術十分複雜,有關法律法規難以適用於所有機構,這種方法容易使形式上合法而實質上不合法的行為鑽法律的空子,不能很好地實現國家對保險業的監管,因此,這種方法也漸漸被淘汰。

3. 批准方式

批准方式也稱實體管理,是國家保險管理機關在制定保險法規的基礎上,根據保險法規所賦予的權力,對保險業實行的全面有效的監督管理。如,保險企業的設立,必須首先獲得政府的批准,由政府對申請人提交的必備文件、資料進行逐個審查,只有完全符合要求的,才能獲準經營保險業務資格。此種方式賦予保險監管機關以較高的權威和靈活的處理權力,加之對保險企業從設立到經營乃至清算的全面、嚴格的審查,使保險企業在社會上的地位得以提高,不法經營者會受到打擊和制裁,社會公眾的利益得到有效的保護。因此,此種方式是對保險業監管中最為嚴格的一種方式,正在漸漸取代其他方式而為各國採用,中國目前也採用這種方式。

(二) 保險監管的手段

1. 法律手段

法律手段是指國家通過保險法規對保險公司的開業資本金、管理人員、保險公司經營範圍、保險費率、保險條款等根本性問題做出明確規定。保險法、公司法、票據法、海商法是西方商法的4個主要部分。保險法包括保險業法和保險合同法兩部分，有的國家分別訂立，有的國家則合二為一。中國保險法採用保險業法和保險合同法合二為一的體例。

2. 經濟手段

經濟手段就是根據客觀經濟規律的要求，國家運用財政、稅收、信貸等各種經濟槓桿，正確處理各種經濟關係來管理保險業的方法。

3. 計劃手段

計劃手段是指國家通過計劃指導保險業的監管方式。在市場經濟條件下，國家運用指導性計劃手段，促使保險業既能保障國民經濟的順利進行，又能取得保險業自身的效益。

4. 行政手段

行政手段是許多發展中國家在保險業發展初期採用的一種手段，即依靠國家和政府以及企業行政領導機構自上而下的行政隸屬關係，採用指示、命令、規定等形式強制干預保險活動。

第二節　保險監管的理論基礎

古典經濟學基礎上的監管理論是保險監管的重要理論基礎。監管理論研究的基本問題包括：監管產生的原因、監管的目標及監管的最優化等問題。至20世紀80年代，監管理論形成了公共利益監管理論、監管經濟理論及監管辯證理論三大主要的理論體系，為保險監管研究提供了重要的理論支撐。

一、公共利益監管理論

一般認為，主流的監管理論起源於公共利益理論。福利經濟學中的公共利益理論回答了「政府監管為何存在？政府監管代表誰的利益？」等監管基本問題，從而形成了公共利益監管理論。公共利益監管理論認為，政府監管是為了修正低效率的或不公平的市場行為，以滿足公眾的訴求。該理論假設政府是仁慈的，能夠代表公眾利益實施無成本或低成本的監管，監管者的目標是防止自然壟斷、外部性、公共產品的非排他性和不完全信息等造成的市場失靈，增強經濟體的配置效率，實現公眾利益和社會福利的最大化。

公共利益監管理論可以用於解釋約束保險人行為和穩定保險市場的保險監管工作，對保險市場的政府監管研究具有重要的指導意義。如在英國，英國人壽保險公司和在

英國共同財富法基礎上組建的人壽保險機構的法定控制，受1870年頒布的英國人壽保險公司法有關規定的約束，該法中的「自由而公開」的原則，揭示了監管應當促進人壽保險公司或機構信息披露的法律觀點。在中國早期，有人提出保險是人們「壯年要做老年的準備，強健時做疾病時的計劃」。人們購買保險尤其是人壽保險是犧牲當前的利益換取未來的保障，保險公司對客戶未來可能發生的風險進行的承諾到時是否兌現，關係到社會福利和公眾利益。此外，共同消費和非排他性的「搭便車心理」意味著市場主體並無生產或為保險監管付費的動力，因而保險監管只能由政府提供。

公眾利益論進一步明確了保險監管的重點和關鍵，這就在為監管實踐提供理論支持的同時，又具有了一定的可操作性和指導性。

雖然基於公眾利益而實施政府監管是監管產生的依據之一，但對公眾利益理論也存在不同的觀點，甚至批評意見。布納爾（Posner, 1974）在分析公眾利益理論的有用性時指出，由於公眾利益理論不能充分解釋和預測的框架是不妥的，監管代理人有時成為官僚無能的犧牲品。密利克（Mitnick, 1980）和鮑奧爾克（Pourka, 1984）則認為由於缺乏財務資金和高素質人員等資源，所以監管代理人的功能不能很好地發揮作用。梅爾（Meier, 1991）解釋了監管代理人對公眾利益缺失保護的理由是因為監管的對象常常在技術上太複雜。梅爾斯（Mayers）和斯密（Smith, 1981）曾指出監管代理人可能通過增加職員人數和提高工作保障等手段，引入超常規監管以滿足其自利，這些行為的結果可能增加的是官僚，而不是對公眾利益的維護。斯密（Smith, 1986）還指出：「監管者並不是興趣僅在社會財富最大化的仁慈力量，相反他們有其自身的利益並可能在監管過程中為追求自利而犧牲一定的公眾利益。」

二、監管經濟理論

早在20世紀初，監管捕獲現象就已得到了初步研究。捕獲理論大部分內容起因於對一些社會利益問題存在難解的困惑，它是從政治科學的一些文獻中產生的一種理論。該理論認為監管是一個遊動的政治過程，且在這樣的過程中，監管總是將利益授予捕獲或追逐監管過程的那些政治有效的群體。急進理論學家關於捕獲或追逐理論的觀點認為，監管過程推動了資本主義的利益，同時遠離了社會結構中的勞動者的利益。換句話說，政府對市場缺乏監管或者對市場中消費者的保護不足，主要是資本主義公司利益占主導優勢，犧牲一般公眾利益為代價的結果。政治科學家們有關捕獲或追逐理論的觀點與急進理論學家不同。政治科學家看來監管並不是僅僅反應社會中的階級衝突，相反將監管過程判斷為傑出利益群體對機會捕捉的結果，而且這些傑出的利益群體代表著那些原本被監管的行業或者被監管的工業群體。1971年，斯蒂格勒首次運用經濟學規範分析解釋政府監管的產生，開創了監管經濟理論。在強制力是政府的基本資源、作為理性經濟人的各利益集團都追求自身利益最大化的假設下，監管經濟理論對政府監管進行了供求均衡分析。其中，保險業的特殊利益集團包括保險人、再保險人、保險代理人、保險經紀人、銀行和證券公司等，消費者分佈散亂、組織松懈、資金不足，對某些特定問題的知悉程度遠不如特殊利益集團。

受特殊集團不正當影響的監管政策可能會引發以下問題：① 對新的國內保險人和

外國保險人的進入進行限制。② 抑制價格和產品競爭。③ 對來自類似或補充性產品的行業間競爭進行限制。1976 年，佩爾茲曼進一步完善了監管經濟理論，提出了「最優監管政策」。1983 年，貝克爾以政治均衡理論為基礎，指出利益集團向立法者和監管者施壓的效率將影響監管的供給。

在西方國家的人壽保險業中，可能找到職業群體捕獲監管者的例證。如英國保險業界存在的委任精算師制度。此制度要求每個經註冊的壽險機構必須雇傭一些委任精算師，對壽險機構的財務狀況和條件進行分析和認可，在其財務報表簽字後，向保險監管當局提供詳細的報告。無論從歷史發展還是邏輯的角度來看，壽險業及其經營是不可缺少精算科學和精算職業的，其在壽險業中的極端重要性已為保險業界所公認。但是有的學者如瓊嵩（Johnston）認為，英國委任精算師制度一方面使得職業精算師擁有人壽保險業中的專門知識和技術，另一方面也使得職業精算師的責任過於集中而對監管過程發揮著巨大的影響作用。當然，保險業有時因為沒有動用其經濟資源發展政治技能，或者可能由於保險業缺乏內聚力，使其捕捉或追逐並不是有效。

監管經濟理論在理解政府干預方面取得了重大進展，但監管實踐中仍有諸多實例與該理論並不相符，在解釋監管產生的原因及採取的形式方面，該理論並未提出可被證實的觀點。同時，在監管機構獨立性不斷增強、監管機構間競爭性日漸增加，政府對於監管機構實施監督的背景下，監管經濟理論中有關利益集團捕獲監管者等基本論斷無法得到有力的理論和實踐支持。因而，監管經濟理論仍有待進一步驗證和發展。

三、監管辯證理論

無論是公共利益監管理論還是監管經濟理論，都是從靜態角度對監管問題的論述，沒有考慮監管者與被監管者之間不斷變化的關係，因而無法完全解釋和預測監管問題。凱恩在監管經濟理論的基礎上創立了監管辯證理論，從動態角度解釋了監管過程中政治力量與經濟力量相互作用的機制。利益集團的需求引發了監管者進行監管供給的激勵，而環境等因素的變化則通過影響監管實施的效果，重新實現監管的最優化過程，以達到新的監管供求均衡。在這一過程中，監管者將根據利益集團行為的變化而調整監管策略，由此形成了「監管—逃避—監管改革—再逃避」的「再監管過程」，監管在這一鏈條中的滯後性使得監管的供給總是缺乏效率或不足。為解決監管供給缺乏的問題，凱恩又提出了監管者競爭理論，主張引入監管機構間的競爭機制，消除監管供給不足和監管效率低下的問題。

監管辯證理論創新性地從動態角度闡述了監管者與被監管者之間的辯證關係，較好地印證了監管實踐，並為兩個主體間的動態博弈及其均衡實現提供了基本理論依據。然而，該理論關於「被監管者需求誘導監管者供給」的基本假設是否成立仍存在爭議。

第三節　保險監管的經濟學分析

按照經濟學原理，在一個競爭性的保險市場中，政府干預或監管，只能在以下條件下成立：一是出現或可能出現市場失靈現象；二是市場失靈已經或可能引起明顯的效率低下或不公平現象；三是政府監管行為能夠解決效率低下或不公平問題。如果上述任何一個條件得不到滿足，政府就不應干預。所以要闡述政府監管的必要性，就必須對保險實踐中的各種市場失靈現象進行分析。保險市場失靈也和其他市場一樣，可以概括為市場支配力、外部性、免費搭車和不完全信息。

一、市場支配力與保險監管

市場支配力是指一個或多個銷售者或購買者對他們所交易商品或服務價格的影響能力。在競爭性市場中，銷售者或購買者是價格接受者。他們與市場規模相比是非常弱小的，不可能對價格造成影響，所以他們不具有市場支配力。如果某些市場參與者能夠影響價格，那麼市場在資源配置中的作用就失效了。市場支配力產生的原因很多，如政府設置的市場准入壁壘、規模經濟、絕對成本優勢產品差異或價格歧視等。

(一) 市場准入壁壘問題

如果市場存在准入壁壘，而且銷售者數量較少，就會出現市場支配力。世界各國的保險市場都不同程度地存在市場支配力現象。絕大多數市場支配力都是由政府創造或支持而形成的，依靠非政府行為形成的很少，因此，這種市場支配力可以通過減少政府干預得到緩解。有些國家是壟斷市場，有些國家是寡頭市場。所謂壟斷市場是指某種商品或服務的提供者只有一個，所謂寡頭市場是指僅有幾個擁有市場支配力的提供者，二者通常都與准入壁壘有關。有些政府通常根據宏觀經濟理由來證明其設置市場准入壁壘的合理性，如有些國家有意識地設立對國外公司的市場准入壁壘來保護本國保險業的發展。

許可證要求也會造成技術性的准入壁壘，儘管這些要求可以以保護消費者利益為理由而變得名正言順。營業許可要求一般包括最低資本金、經營狀況證明，以及具體的經營方案，等等。有些政府以沒有市場需求為理由，不頒發新的保險營業許可證。也有的國家在任何情況下都不會給予新的許可證。在許多市場上，由於大量的不公開規則的存在，加之執照頒發手續缺乏透明度，市場准入的結構性障礙往往會造成保險市場的支配力。

許多國家的保險市場都不同程度地存在人為的准入壁壘，其理由通常是消費者缺乏對保險人的瞭解。因此，一個希望在某國營業的保險人首先必須獲得營業執照。為了獲得執照，外國保險人通常必須在當地建立代理處、分公司或附屬機構。有些國家規定外國保險人獲得本國市場准入的唯一方法就是與當地公司建立合資企業。許多國家規定，公民不能購買無當地執照保險人的產品，保險仲介也不能銷售無當地執照保

險人的保單。如果公民買了無許可證保險人的產品，被保險人可能會被取消稅收減讓，保險合同也可能在本國法院無法執行。政府力圖通過這些方法減少公民與財務狀況不佳的保險人進行交易的機會。也有些國家不同程度地允許跨境保險交易。比如在美國，如果本州保險人拒絕提供某些非壽險產品，允許通過保險經紀人向無本州許可證的保險人投保。在英國，除了某些強保險險種外，其他險種都可以向無照保險人投保。

為了獲得執照，保險人必須符合該國有關最低資本和其他財務穩健性的要求。現行的審慎監管要求保險人使用強制或公認的會計準則的特定格式，向監管者提交強制性的定期財務報告。保險企業投資通常在數最和性質上受到限制，政府還制定了負債的估價方法。大多數國家都要求外國保險人設在東道國的子公司和分支機構的責任準備金必須在本國投資。有些國家還要求跨境再保險業務的準備金的投資須本地化。針對持照保險人的階段性的現場財務檢查非常普遍。這些檢查的目的在於核實保險人呈報信息的準確性，調查保險人的財務穩定性和經營狀況。

幾乎所有的國家都對保險市場實施監管。保險監管通常會涉及市場支配力問題。保險人或某些險種被看做公共設施，其中的利潤和產品標準通常受到嚴格的監管。嚴格監管的目的在於防止破壞性競爭或創造一個規範的市場，而不是出於對壟斷優勢的擔心。市場的集中程度越高，企業獲得市場支配力的機會就越大。但我們還不能僅就此得出結論，認為較高的市場集中程度必然導致市場支配力，從而抑制競爭。

(二) 規模經濟問題

如果一個企業的產出增長率高於投入的增長率，就出現了規模經濟。在存在規模經濟的行業中，企業的規模越大，經營效率也將越高，因此新的進入者就會面臨競爭劣勢。規模經濟作為另一種准入壁壘，也會造成強大的市場支配力。

在保險市場中，中小型公司的規模收益遞增，而大型公司的規模收益則可能不變，也可能適度遞增或遞減。由於缺乏有力的證據表明保險市場存在自然壟斷的趨勢，因此保險市場中來自規模經濟的准入壁壘並不突出。一般認為保險市場是競爭性的，可以支持各種規模的保險人。即使是小規模保險人也可以成功地與大型保險人展開競爭，或者是作為謹慎的小範圍參與者，或者是進行技術開發著市場廣度和深度的增加，規模經濟引起保險市場失靈的可能性會更小。

「範圍經濟」也可能造成市場失靈。所謂範圍經濟，是指通過產品和服務的協作生產所帶來的效率。在保險市場中，某些險種的協作生產會出現範圍經濟。

企業是否能取得市場支配力取決於它的市場相對規模，而不是絕對規模。微型市場上的小公司同樣可能獲得壟斷優勢，巨型保險公司在國際市場上則很難形成壟斷。在「可爭奪市場」上，由於市場進出壁壘很低，壟斷者或寡頭時刻面臨新加入者的威脅，很難施展他們的壟斷力量，而不得像在競爭性市場上一樣從事經營。

(三) 產品差異和價格歧視問題

完全競爭假定所有的產品都是均質的，即在購買者頭腦中，產品是完全可替代的，而且所有的供給者對這些均質的產品都索要相同的價格。如果購買者由於產品質量、服務、企業的位置、聲譽等原因，更加偏好某一個公司的產品，就出現了「產品差

異」。數量很多的企業生產相似、但不相同的產品,就出現了壟斷競爭。壟斷競爭也是造成市場支配力的重要原因之一。保險人總是在眾多的競爭者中尋求其產品的差別化。通常保險監管者只有在購買者可能遭到誤導的情況下才會對產品差異予以關注。

價格歧視是指企業對相同的產品向不同顧客群體索要不同的價格。保險人有時也會採「價格歧視」。保險監管往往禁止不合理的價格歧視,即損失和成本不足以說明的價格差異。理論上講,極端的價格歧視會導致「掠奪性定價」。所謂掠奪性定價就是把價格降到無利潤水平以削弱或消滅競爭,待競爭消失之後再提高價格。在國際領域,一般將「掠奪性定價」稱為「傾銷」。儘管在理論上是可能的,但目前尚無證據表明保險市場上存在大量的掠奪性定價或傾銷。

有的保險市場存在對費用和佣金的限制,政府對保險實行定價控制。而在另一些市場,政府或政府認可的卡特爾制定所有保險人必須遵守的價格,這樣,監管本身就創造了市場支配力。也有一些國家的保險人可以自由制定他們認為合適的價格。還有一些國家是介於兩種極端之間。在很多市場上,共謀定價是非法的,但是允許共享損失統計資料。政府通常也會使用鼓勵競爭法或反托拉斯法,以限制保險市場通過兼併、收購或其他試圖不正當限制競爭的活動進行不適當的勢力集中。鼓勵競爭法還禁止壟斷和價格共謀行為。

二、外部性與保險監管

外部性是指一個企業的生產行為或一個消費者的消費行為對其他人產生直接的正面或負面的影響。最明顯的保險負面外部性就是有人為了獲取保險賠償或給付,故意損失財產或謀害人命。在有些保險市場,比如歐洲和北美市場上,5%~15%的非壽險索賠被認為涉及詐欺。這些破壞活動表現為社會的淨福利損失,它也可以被看做經營保險業的一種「成本」。

長期以來,許多政府一直都把解決銀行和證券領域由於負面外部性引起的系統性風險視為監管重點。所謂系統性風險是指金融機構的困境造成其他經濟領域的混亂。系統性風險可以分為兩類,即「臺階式破產」和「擠提」。所謂「臺階式破產」是指一個金融機構破產直接引起其他金融機構的破產。比如,某個銀行無力償還其他銀行的短期貸款,造成其他銀行破產,從而對實體經濟造成損害。所謂「擠提」是指許多存款人或其他債權人同時要求提取現金。人們由於對銀行無力償債的真實或假想的恐懼而對銀行喪失信心,造成擠提。一個或多個銀行破產往往會造成對有償債能力的銀行的擠提,導致其破產,同樣,擠提也會造成證券市場的崩潰。

臺階式破產風險有可能通過風險集中和再保險渠道在保險市場中傳遞。有些再保險人的破產曾引起直接保險人的破產,儘管這類情況非常少見,對經濟的影響也很有限。臺階式破產往往出現在可以分散的風險之中,也就是說,它們並不是由災難性事故引發的,管理層可以通過謹慎選擇再保險人的方式來預防臺階式破產風險。連帶責任、強烈地震、龍捲風、全球變暖、恐怖活動、核設施泄漏以及其他災難性事故,對保險人和再保險人造成巨額賠款損失,也可能引起大規模的破產。由此造成的經濟能力的損失會損害實體經濟的生存力。儘管發生這種情況的概率非常微小,但是不應因

保護消費者，還應考慮使被保險人由於保險人無力償債而遭受的損失最小化。一旦保險人陷入償債危機，政府將通過安排兼併、收購、業內拯救計劃等措施，使消費者免受損害。許多國家建立了保證基金等機制以確保被保險人不會因保險人無力償債而遭受經濟損失，不過保證基金也會在一定程度上削弱市場規則的作用。如果購買者知道即使保險人無力償債，他們也將毫髮無損的話，他們調查和監督保險人償債能力的積極性將有所減少。另外，如果保證基金的評估機制對保險人風險不加區分，保險人產生道德風險的可能性會加大，從而進一步削弱了市場規則。保險業保證基金的依據在於消費者信息的不對稱問題，而銀行保證基金的依據主要是系統性風險。

三、「免費搭車」與保險監管

　　某些集體消費的產品或服務被稱為「公共產品」，例如警察、消防隊、國防、法院系統等。如果有人以極低的或零成本獲得了這些產品，我們稱之為「免費搭車」。相反，私人產品是指如果被一個人消費，則另一個人便不能消費的產品。公共產品具有「非衝突消費」的特徵，也就是說，一個人對其產品或服務的消費並不能減少該產品或服務對於其他人的可獲得性。燈塔就是一種傳統和典型的公共產品，它可以被所有的船隻使用，某一艘船對燈塔的使用不會影響其他人對它的使用。公共產品的難題在於，由於誰都不會被排除在使用者之外，所以沒有人願意為此付錢。因此，如果順其自然的話，競爭性市場將無法提供最優數量的公共產品。於是，政府就會來充當公共產品的提供者。

　　保險市場也存在「免費搭車」問題。當某個保險貿易協會進行院外活動要求更有利的立法時，包括非成員在內的所有保險公司都會因此受益。如果某些人知道或相信有人會補償他們遭受的任何損失，保險市場的「免費搭車」問題就有可能出現。如果某些個人或企業相信政府會在災難發生時提供資助，他們購買此類商業保險的願望將會有所減弱。同樣，如果某人知道他將獲得免費的急救醫療，就不會再購買相應的商業健康保險。保險監管本身就具有公共產品的性質，無數的個人和企業從中獲益，但他們無須為此付費，或花費很少。所以在大多數國家的國民心目中理想的市場監管，似乎不太可能由私有市場本身產生。

四、信息難題與保險監管

　　完全競爭市場的一個重要假設是買者和賣者都是消息靈通的。事實上，我們知道這個假設是不能完全實現的。在有些情況下，實際的市場信息與理想的市場信息存在很大差距。保險是非常複雜的行業，無論是買者還是賣者都不可能獲得絕對充分的信息。信息難題是造成保險市場失靈最常見和最重要的原因之一。信息難題通常指不對稱的信息和不存在的信息。

（一）不對稱的信息

　　不對稱信息是指交易中的一方擁有而另一方缺少的相關信息。不對稱信息可以分

為「隱蔽信息」和「隱蔽行為」。「舊車市場問題」和逆選擇是比較典型的隱蔽信息。如果買者對所購產品的知識少於賣者，就可能出現「舊車市場問題」。一般的保險購買者對險種適合與否、價格合理與否以及出單保險人的狀況都是無法確知的。於是就會提出：我買的不會是「舊車」吧？保險人或代理人不會是在利用我保險知識的欠缺吧？如果買者對自身情況的瞭解多於賣者，就可能引發逆選擇問題。投保人可能隱瞞了相關的重要信息，他們可能利用保險人的信息欠缺，導致保險人的實際損失高於其根據不完全信息或錯誤信息做出的判斷。

隱蔽行為包括委託代理問題和道德風險。委託代理問題是指代理人損害委託人的利益。這裡的「代理」是一般意義上的，包括所有代表他人，即「委託人」，從事某項行為的人。作為代理人的保險公司經理層有可能不會始終維護公司股東（委託人）的利益。經理專注於掙更多的錢，而這一目標可能與公司股東獲得利潤的目標不相符。另外，一般的保險公司也不能完全依靠銷售人員（代理人）招攬業務，因為銷售人員的目的說到底就是售出產品，以便保證自己的佣金收入。他們的私人利益與保險人（委託人）的利益可能不完全相符。這種代理人和委託人利益偏離的情況會造成無效經濟。隱蔽行為還體現在道德風險上，由於保險的存在，被保險人可能會因此而忽視風險防範，甚至進行更加危險的行為。

在信息不對稱情況下，受到不利影響的一方可以通過獲得更多的信息來減少信息不對稱造成的不利后果。投保人可以通過對自身的保險需求以及保單的質量和價格進行深入研究，減少買到「次品」的可能；保險人也應當在簽發保單之前獲取有關投保人的更充分的信息；代表股東利益的董事會應當通過更為嚴格的監督機制，約束經理人的行為；經理人也應當加強對銷售人員的監督；保險人還可以通過更深入的理賠調查來避免騙賠或超額索賠。在現實市場中，信息並不是免費的，獲取更全面的信息需要增加相應的成本，一方面是為獲取更多信息而增加的成本，另一方面是在信息缺乏條件下做出市場決策所造成的額外損失，市場參與者需要在這兩者之間進行權衡。

保險市場上賣者信息多於買者信息的「舊車問題」比較突出。個人和小企業無法評估和判斷保險企業的財務狀況，而且保險人發生財務困難時，經理層可能會向股東隱瞞這些不利信息，這種「委託代理問題」使得消費者的信息不對稱問題更加嚴重。因為保險提供的是一種未來交付的金融產品，它關係到公共利益，所以政府應當對這種信息的不對稱性予以關注，通過有效監管確保保險人的償付能力，維護廣大投保人的利益。

保險人的穩定性依其淨資產（資產減負債）的多少而有所不同。為了評估保險人的淨資產，監管者應當確立用以評價資產和負債的會計準則，然後把同一準則適用於所有保險人。這裡出現了兩個「消費者難題」。在許多國家，由於會計核算採用的是歷史成本、帳面價值、攤提價值以及其他臆斷價值，而不是市場價值，結果有可能掩蓋保險人的真實財務狀況。經理層在會計報告上的自由處理權，也可能會妨礙公司間的比較。另外，由於每個國家都有自己的會計準則，外國人在解讀財務報表時，由於受到其本國會計標準的影響，會遇到更多的麻煩。這種情況更加劇了消費者獲取信息的困難。

一般來講，市場可以提供解決上述問題的辦法。信息問題在很大程度上可以依靠市場自身解決，評級機構可以監督保險人的財務狀況，並就保險人的財務穩定性發表意見。它們的服務在美國和英國被廣泛地使用，但是在其他國家則相對較少。保險仲介機構，主要是獨立代理人和保險經紀人，也經常提供對保險人資信狀況的評估。特別是大型經紀公司在幫助客戶選擇資信良好的保險人，監督保險人的財務狀況的服務中，其作用更是引人注目。儘管如此，考慮到公眾的知悉程度對公共利益的影響，政府也要提供有關信息，因此政府的作用是不應忽視的。保險產品本身也會引起不對稱信息問題，保險合同是複雜的法律文件，非業內人士很難理解其中的含義。由於保單，特別是壽險保單本身及其說明的複雜性，買者也很難區分不同保單之間的差異。這些問題對於有經驗的買者來說就不很明顯了，比如有些大型商家可以聘用自己的風險管理顧問。政府對這些問題可以有多種應對方法，有的禁止使用誤導性的保單用語，有的要求用簡單的語言書寫保單，有的直接規定某些保單的措辭，有的要求在銷售環節對保單的特定項目進行披露。

當然，對有些問題，保險買者要比賣者掌握更多的信息。從而使保險人面臨著逆選擇和道德風險問題。比如，投保人比保險人更清楚自己的健康狀況，他可以利用這些信息來確保所購買的產品有利於自己，而不利於保險人。由於被保險人疏於防範，索賠頻率和金額將會比正常情況下更高。保險公司的承保和理賠環節的核心任務是最大限度地減少逆選擇和道德風險。法律也對這些問題的極端形式做出規定，限制被保險人通過不實陳述和故意損壞保險標的獲利的企圖。

(二) 不存在的信息

在保險過程的各個環節上，不論買者還是賣者都無法獲得完全的信息，因為有些信息原本是不存在的。保險合同承諾的是未來的支付，它的價格是在生產成本（索賠和費用）未知的情況下釐定的。如果某人無法瞭解當前和未來所作選擇的結果，他就面臨著不確定性。這種不確定性導致他採取一些改進行為，以減輕風險。這類對沖行為消耗了額外的資源，從而減少了社會的整體福利。經濟波動、通貨膨脹、新頒法律和規章、消費者態度和偏好的變化等環境因素增加了賣者和買者的不確定性，使決策行為呈現次優的狀態。人們通過分散化經營和建立無力償債保障基金等方式來應對類似的情況。

私營保險人不會提供消費者所需要的所有險種。如果保險人意識到嚴重的逆選擇和道德風險，或者無法分散索賠風險，就會出現市場失靈，因此私營保險機制通常很少提供洪水、地震或核電設施責任保險。保險人認為自然界、人類社會的變化，以及嚴重的逆選擇問題帶來太多的不確定性。如果這些風險需要獲得保障，通常是由政府自己或接受政府補貼的私營機構來提供相應的保險。不存在的信息和不對稱信息問題會導致消費者無法瞭解自己的最大利益所在。

保險業信息監管的首要目的是矯正消費者信息的不對稱問題。世界各國的保險市場普遍實行有關產品等信息的強制披露，保險人向監管者披露財務報表的做法被廣泛採用。在德國和瑞士等國，有些信息被認為是不受法規管制的，因此可以不向購買保

險的公眾提供。而在美國和英國，公眾可以很容易地審看這些信息，儘管獲得信息的費用可能很高，而且理解起來也很困難。個人非壽險產品要求有限信息披露，個人壽險和年金產品特別要求更為深入的披露，披露的內容通常包括價格和產品等信息。信息監管還包括對信息披露的明確要求，保險人及其代理人做出的足以誤導消費者的不準確和不完全的信息是非法的，大多數市場都禁止競爭者以任何方式貶低對方。

第四節 保險監管的內容

各國保險監管的機構和模式雖然有所差異，但監管的內容基本上一致的，一般包括保險機構監管、業務監管、財務監管等方面的內容。機構監管的重點是公司治理監管，公司治理監管是保險監管體系中「治本」性的監管；業務監管的重點是市場行為監管，市場行為監管是保險監管的重要內容，更是現代保險監管的保障；財務監管的重點是償付能力監管，償付能力監管是保險監管的核心。

市場行為監管、償付能力監管和公司治理監管構成了現代保險監管的完整體系，又被稱為保險監管的「三支柱」。由於保險公司的市場行為、償付能力和公司治理具有內在相關性，如公司治理的內在缺陷可能導致保險公司市場行為變異，也可能造成償付能力不足，因而保險監管的這三部分內容互為補充，缺一不可。

一、市場行為監管

保險公司市場行為監管是指對保險公司交易行為和競爭行為的監管。市場行為監管是保險監管的重要內容，是現代保險監管的保障。市場行為監管強調保險機構具體經營行為的合法合規性，通過逐步建立完善的市場行為準則，監督檢查保險機構的經營狀況，促使其合法經營和公平競爭，目的在於加強投保方權益保護，維護社會公眾對保險市場的信心。

保險市場行為監管是從「合規市場行為的制度設計」和「保險市場變異行為的規制」兩個方面，實現保護保險消費者的監管目標。其主要內容包括保險信息的公開透明、保險機構的勤勉義務、公平對待保險客戶、良好的理賠機制和司法糾紛解決機制，以及防範和打擊保險詐欺等。第一，保險信息的公開透明要求保險機構在促進保險消費者理解保險合同的內容、明確保險合同中各方的權利和義務方面。應當承擔相應的責任。第二，保險機構在提供產品或服務時，要勤勉盡責，按照行業公認的行為準則從事保險活動，切實維護好消費者的利益。第三，保險機構應向保險消費者提供及時、完整的相關信息，公平對待客戶。第四，監管部門應要求保險機構通過便捷、公平的程序，有效處理賠案，並建立保險公司內部理賠機制、司法機制和準司法機制，提高解決保險糾紛的專業化水平和效率。第五，政府通過反詐欺立法，將保險詐欺行為特別是理賠詐欺行為有效地納入法律調整的範圍，並要求保險機構建立反詐欺制度，維護公平、誠信的保險市場環境。

二、償付能力監管

償付能力是保險公司承擔所有到期債務和未來責任的財務支付能力。實際償付能力額度是保險公司的實際資產與實際負債的差額；法定最低償付能力額度是監管部門要求保險公司償付能力額度的最低數額。保險公司的實際償付能力應保持在法定最低償付能力額度之上；否則，監管部門將採取相應措施促使其提高償付能力。

保險公司償付能力監管是對保險公司成立及經營過程中應具備的資本金、保證金、責任準備金等與償付能力密切相關方面的規制和約束。償付能力是「三支柱」監管的核心，體現了保險公司對所承擔風險的賠付能力，因而充足的償付能力是保險公司穩定經營的必要前提保證。通過對償付能力額度的監管，可有效防範由於償付能力不足所導致的保險公司經營風險，保護廣大保險消費者的利益。

保險公司償付能力監管在20世紀80年代以來全球金融保險監管逐步放鬆的背景下備受重視，特別是保險公司審批制度的放鬆和保險費率的市場化，使保險監管機構防範保險經營風險的重心向償付能力監管轉移。在償付能力監管中，強調以資產負債和財務狀況監控為主，注重責任準備金評估、財務比率分析、現金流量測試、資本充足性測試等靜態和動態的償付能力監測技術和預警機制的運用。保險公司償付能力監管，通過即時關注保險公司的償付能力狀況，確保保險公司具有充足的償付能力和良好的財務狀況，在保險公司償付能力不足時採取必要的監管措施使其恢復正常的償付能力水平，在保險公司因償付能力不足而破產倒閉時保證保單持有人得到應有的償付，以保護保險消費者的利益。

償付能力監管通常由三方面內容組成：一是償付能力的計算方法，包括保險公司資產和負債的謹慎評估標準、風險資本評估標準和法定最低償付能力標準等。運用這些標準對保險公司資產和負債的質量、流動性、價值以及兩者的匹配程度進行評估。二是償付能力真實性的檢查方法，包括財務報告、精算報告制度、償付能力報告、監管部門的現場檢查和非現場檢查制度等。三是償付能力不足時的處理方法，即監管部門根據保險公司的償付能力水平採取的整頓、清算等監管措施。

三、公司治理監管

保險公司治理監管是一國政府或其授權的監管機構依照現行法律法規，對保險公司的治理結構、治理各方的權責等方面實施的監督和管理。保險監管部門對公司治理結構進行引導和規制，並促進公司治理機制發揮激勵、約束的作用。保險公司治理監管是保險監管發展到一定階段的產物，也是「三支柱」保險監管體系中「治本」性的監管。良好的公司治理能夠增強保險經營的透明度，顯示保險公司履行其對股東和投保人的受託責任的可靠性。保險公司治理監管旨在對保險公司治理制度的構建和完善提供指導性的框架，促使保險公司建立有效的治理機制和內控制度，實現增強投資者信心、保護保險消費者利益、防範風險、確保整個保險市場穩定運行的治理目標。

保險公司治理監管制度的核心內容，包括保險公司治理結構、保險公司內部治理機制和基於公司治理信息披露的利益相關者保護。在保險公司治理結構監管中，要求

明確保險公司的治理主體及其權責，區分和保護各治理主體的利益。此外，保險公司董事會的構成與職責，高管人員及重要崗位人員的任職資質與權責等是保險公司治理結構監管的重點。在保險公司內部治理機制中，主要包括對高管薪酬激勵和大股東治理的監管。在信息披露中，監管部門要求所有與公司經營狀況、財務狀況、所有權狀況和公司治理有關的重大信息都應準確及時地傳遞給各治理主體。監管部門的主要職責是制定保險公司信息披露標準，監控所披露信息的質量，並採取必要的措施確保其符合監管要求。

第五節　中國保險監管的實踐與發展

一、中國保險監管歷史回顧

　　保險監管的發展與保險業的發展息息相關。與中國保險業經歷的建國初期的起步和停辦、國內業務恢復後的獨家壟斷經營、寡頭競爭經營、產壽險分業和多元化市場格局初步形成等幾個階段相對應，以國內業務恢復、《保險法》頒布和中國保監會成立為分界點，保險監管也大致經歷了相應的發展階段。

　　監管體系或組織機構是保險監管的載體，是有效實現保險監管的重要保障。新中國成立以來，保險業經歷了一個曲折發展的過程，保險監管機構幾度變更，中國人民銀行、財政部等在不同歷史時期曾行使過保險監管的職責。

　　1. 央行和財政部監管更替時期

　　新中國成立初期，根據《中國人民銀行試行組織條例》，保險業歸中國人民銀行領導和主管。受蘇聯模式的影響，1952年6月保險業劃歸財政部領導。保險的補償職能要服從國家財政分配職能的需要。1959年，國內保險業務停辦，僅有涉外業務仍在辦理，保險業又劃歸中國人民銀行領導。

　　2. 央行逐步加強保險監管時期

　　1979年4月，國務院批准《中國人民銀行分行行長會議紀要》，作出恢復國內保險業務的重大決策。國內保險業務恢復後，保險業仍由中國人民銀行監管。

　　1985年3月3日，國務院頒布《保險企業管理暫行條例》，規定中國人民銀行是國家保險管理機關。為貫徹落實條例，中國人民銀行逐步建立和加強了監管保險業的內設機構。最初內設機構是中國人民銀行金融管理司保險信用合作處，1994年5月改為非銀行金融機構管理司保險處。隨著《中華人民共和國保險法》的頒布實施，1995年7月中國人民銀行成立保險司，負責對中資保險公司的監管。此後，又在外資金融機構管理司設立外資處，負責對外資保險公司及外國保險公司在華代表處的監管工作；在稽核監管局設保險稽核處，負責對保險公司的稽核工作。同時中國人民銀行加強了系統保險監管機構的建設，各省級分行設立了保險科，省級以下分支行配備了專門的保險監管人員。

　　3. 中國保監會專司保險監管時期

　　隨著銀行業、證券業、保險業經營發展，經國務院批准，中國保險監督管理委員

會於1998年11月18日宣告成立，專司保險監管職能。中國保監會的成立，標誌著中國保險監管走向專業化、規範化的新階段，有利於建立適應社會主義市場經濟發展的保險監管體系，培育和發展中國保險市場；有利於加強對保險業的監管，防範和化解保險風險；有利於促進中國保險業持續健康發展。

二、中國保險監管的實踐

(一) 中國保險監管的現狀

中國保監會成立以來，大力加強和改善監管，不斷更新監管理念，創新監管模式，完善監管制度，提升監管水平。

1. 監管組織不斷完善和加強

1998年保監會成立以來，為加強和完善保險監管組織和隊伍建設，保監會陸續在各省、自治區、直轄市和深圳市設立了派出機構。2003年，國務院決定，將中國保監會由國務院直屬副部級事業單位改為國務院直屬正部級事業單位，並相應增加職能部門、派出機構和人員編製。目前中國保險監督管理委員會內設15個職能機構，並在全國各省、直轄市、自治區、計劃單列市設有35個派出機構。

2. 現代保險監管體系逐步形成

根據中國保險市場發展的具體情況，結合國際保險監管的先進經驗，探索建立了以償付能力監管、市場行為監管和公司治理結構監管為支柱的現代保險監管體系框架。

中國保險業復業以來，保險監管框架的發展大體可分為3個階段。第1個階段是從1995年《保險法》頒布至1998年保監會成立以前，中國保險監管以市場行為監管為主，並開始探索償付能力監管。第2個階段是從1998年保監會成立至2003年，中國保險監管進入市場行為監管和償付能力監管並重時期。第3個階段是從2004年以來，中國保險監管在借鑑國際保險監督官協會核心監管原則基礎上，開始構建以償付能力監管為核心、以公司治理結構監管和市場行為監管為基礎和保障的三大支柱現代保險監管體系。以公司治理和內控監管為基礎、以償付能力監管為核心、以現場檢查為重要手段、以資金運用監管為關鍵環節、以保險保障基金為屏障，構築起防範風險的五道防線，從事前防範、事中控制和事后化解三個環節建立防範化解風險的長效機制。

3. 保險監管法制建設得到加強

近年來，保監會逐步加強法制建設，推進監管工作制度化和規範化，把制度建設作為加強和改進監管的根本性、全局性和長期性工作，不斷健全保險監管的制度體系。2002年對《保險法》進行了第一次修改；第二次修訂工作於2004年啟動，於2009年2月28日由中華人民共和國第十一屆全國人民代表大會常務委員會第七次會議通過修訂，自2009年10月1日起施行。在現行的保險法律法規體系下，針對保險業發展和監管工作中出現的新情況和新問題，不斷建立健全保險監管制度。2002年以來，在償付能力監管、公司治理結構監管、保險業務監管和資金運用監管等方面，制定出拾了32項部門規章和一系列規範性文件，初步奠定了依法經營和依法監管的法制基礎。

(二) 中國保險監管展望

隨著中國保險業的飛速發展和全面對外開放，保險監管面臨日趨複雜的外部環境，在實踐中必須更多地採用國際通行的評估標準和監控方法，加強和改善保險監管，構建符合中國國情的保險監管體系。

1. 保險監管要體現專業化和信息化的要求

保險作為現代金融服務業的重要組成部分，在本質上屬於知識密集型行業，特別是保險業務領域不斷拓展，保險資金運用渠道不斷拓寬，客觀上需要保險監管專業化。

監管信息化是提高監管效率，改善監管效果的有力手段，也是信息社會發展和保險業發展信息化的必然要求。

2. 保險監管要更加注重交流合作

要加強與各國保險監管部門的交流與合作，認真學習國外保險監管的先進經驗，加快與國際保險監管接軌的步伐；要加強與銀行業、證券業以及同中央銀行、財政、外匯管理等部門的協調與合作，支持保險公司拓寬業務，從而加強對金融市場的協調監管，提高保險監管實效。

3. 保險監管要重視法制化

國家對保險業的監管要以法律監管為主，要在 2009 年新頒布《保險法》的基礎上，盡快制定、完善與《保險法》配套的法規和規章，盡快形成一套既具有中國特色又符合國際慣例的保險法律法規體系，加強保險法規信息披露制度建設，提高依法監管的水平。

4. 保險監管要以政府監管為主，多種監管方式並存

針對中國現狀，中國目前應採用費率與償付能力並重的嚴格監管方式。一要進一步加強政府監管；二要加快推進保險行業自律；三要充分發揮社會仲介機構的監管作用；四要以社會監督為補充；五要制定和完善全行業信息化建設規劃和具體信息標準，構建開放型的中國保險業信息網以及完善的保險監管信息系統；六要建立和完善保險風險預警指標體系，做到有嚴密的風險控制、經常的風險監測、及時的風險報告等，及時提出防範和化解保險業風險的預案，妥善處置保險業的風險。

復習思考題

1. 簡述保險監管的目標和原則。
2. 簡述保險監管的理論基礎。
3. 什麼是「免費搭車」？
4. 什麼是逆選擇和道德風險？
5. 保險監管的方式和手段各有哪幾種？

第十章　社會保險

本章學習目的
　　理解社會保險的概念，以及社會保險和商業保險的區別
　　瞭解社會保險費的負擔比例、負擔方式、計算方式
　　瞭解社會保險基金的概念及其運用方式
　　瞭解養老保險的概念、給付條件、給付標準及籌資模式
　　瞭解失業保險的概念、給付條件、給付原則、具體給付標準及籌資模式
　　瞭解醫療保險的概念、給付條件和給付方式
　　瞭解生育保險的概念、給付條件和給付內容
　　瞭解工傷保險的概念、基本原則和基本內容

　　我們在前述章節中探討了基本風險。我們知道基本風險是非個人行為引起的，其損害波及的並非很小群體或團體，而往往是整個社會。由於基本風險不在個人的控制之下，往往由全社會來應付，因而社會保險便有了其必要性。

第一節　社會保險概述

一、社會保險的概念及外延

　　社會保險是指通過國家立法的形式，以勞動者為保障對象，以勞動者的年老、疾病、傷殘、失業、死亡、生育等特殊事件為保障內容，以政府強制實施為特點的一種保障制度。

　　社會保險是廣義保險範疇中的一個部分，是處理社會風險的一種手段和機制。人們在勞動和生活中會遇到各種風險和困難，其中與勞動者切身利益關係最密切的就是由於喪失勞動能力或勞動機會所造成的收入損失，這直接影響勞動者及其家庭生活的安定，進而會對社會生產和社會秩序造成影響。社會保險正是國家針對此種社會風險所採取的一種經濟補償手段，專門為全部或部分喪失勞動能力或勞動機會的社會勞動者及其家庭提供一定的物質生活保障。

　　社會保險由政府舉辦，強制某一群體將其收入的一部分作為社會保險稅（費）形成社會保險基金，在滿足一定條件的情況下，被保險人可從基金獲得固定的收入或損失補償，它是一種再分配制度，它的目標是為其成員提供基本生活保障，維護社會的

和諧、穩定發展。

社會保險制度是一個複雜的概念，它涉及政治學、經濟學、社會學、倫理學、法學等多個領域，因此可以從不同的側面下定義。同時，社會保險是一個動態的概念，社會保險制度隨著社會經濟環境的快速變遷而不斷在進行改革，因而社會保險的內涵和外延也在隨之調整。

社會保險是社會保障制度的一個重要組成部分。中國的社會保障體系由四大部分組成：社會救助、社會保險、社會福利和社會優撫，而社會保險是社會保障制度的核心，也是公民應該享有的權利。

社會保險的主要項目通常包括社會養老保險、醫療保險、失業保險、工傷保險、生育保險等。

二、社會保險產生的客觀條件

（一）社會保險的產生及發展

社會保險起源於19世紀80年代德國的《疾病保險法》《工傷保險法》和《養老、傷殘、死亡保險法》等法令的頒布與實施。當時，由於種種社會原因，德國的工人和資本家的矛盾激化，德國國會由此制定了一個壓制工人的法案，不允許工人結社和罷工。此法案的出抬使本來已經激化的階級矛盾發展到了一觸即發的狀態。在這種情況下，德國首相俾斯麥深為恐懼。於是，他廢止了國會的法案，隨后制定了社會保險法送交國會。該法提出，在國民及家屬生活遇到困難或不幸時，可以領取保險金。其目的在於穩定勞工情緒，緩和階級矛盾。

從20世紀初開始，德國的社會保險為西歐各國所效仿，並在40年代迅速發展，80年代後逐漸擴展到世界上140多個國家和地區。從社會保險產生來看，它是在資本主義發展過程中，隨著社會化大生產和商品經濟的發展而逐漸發展並完善起來的。

（二）社會保險產生的客觀條件

社會化大生產的發展從以下5個方面為社會保險的產生提供了客觀條件：

（1）隨著社會化大生產的發展，大量的小生產者從農村湧入城市，從手工作坊進入大生產企業，成為除勞動力以外幾乎一無所有的雇傭勞動者。他們一旦失去勞動能力或工作機會，其生存將面臨嚴重威脅。在短期內，這種情況也許可以通過親友接濟、同事扶助或社會慈善機構的救助來得到緩解，但長此以往是不可能的。

（2）在社會化大生產中，技術與設備不斷更新，市場環境不斷變化，企業生產規模隨之經常變動，產品與產業結構也會經常調整，由此，會導致非自願失業人口的增加。在沒有重新就業獲取經濟收入之前，這些人的生活難免會陷入困境。

（3）在社會化大生產中，隨著高科技、新工藝的運用，機械化操作越來越普遍，勞動節奏大大加快，操作難度也在加大，這就使得勞動過程中的危險因素和發生意外事故的可能性也隨之增加了。為保護勞動者的身心健康，要求政府提供特定險種項目的呼聲也日益高漲起來。

（4）社會化大生產的發展帶來了家庭結構和人際關係的變化。家庭結構的小型化、

家庭功能的簡單化越來越成為當代家庭發展的趨勢。隨著越來越多的婦女走向社會，成為職業婦女，導致原先在傳統社會中家庭所具有的對老、弱、病、殘、生、死、孤、寡人員的照顧與服務的功能日益轉向社會，由此使得越來越多的家庭乃至全體公民都希望以社會保險的形式來解除他們的后顧之憂。

（5）在社會化大生產中，隨著勞動生產率的大大提高，社會財富隨之也大大增加了。這就為國家和社會推行社會保險制度奠定了可靠的物質基礎。

三、社會保險與商業保險的區別與聯繫

（一）社會保險與商業保險的區別

社會保險與商業保險是兩種不同的保險形式。是否營利是區分這兩種保險的重要標誌，但如果作詳細分析，它們之間還有許多不同點。我們可以從社會保險和商業保險的對比中，看出社會保險特點。

1. 非營利性

社會保險是非營利性保險，它不以營利為目的，而以實施社會政策為目的。雖然社會保險在運作上也需要借助於精確的計量手段，但不能以經濟效益的高低來決定社會保險項目的取捨和保障水平的高低。如果社會保險財務出現赤字影響其運作，國家財政負有最終責任。商業保險在財務上實行獨立核算，自負盈虧，國家財政不應以任何形式負擔其開支需求。

2. 強制性

社會保險屬於強制性保險。所謂強制性是指國家通過立法強制實施。勞動者個人和所在單位都必須依照法律規定參加。社會保險的繳費標準和待遇項目、保險金的給付標準等，均由國家或地方政府的法律、法規統一規定，勞動者個人作為被保險人一方，對於是否參加社會保險、參加的項目和待遇標準等，均無權任意選擇和更改。強制性是實施社會保險的組織保證。只有這樣，才能確保社會保險基金有可靠來源。而商業保險的投保絕大多數是自願的，它遵循的是「誰投保、誰受保、不投保、不受保」的原則。其險種設計、保費的繳納、保險期限的長短、保險責任的大小、權利與義務的關係等均按保險合同的規定實施。一旦合同履行終止，保險責任即自行消除。

3. 普遍保障性

社會保險對於社會所屬成員具有普遍的保障責任。不論被保險人的年齡、就業年限、收入水平和健康狀況如何，一旦喪失勞動能力或失業，政府即依法提供收入損失補償，以保障其基本生活需要。社會保險除了現金支付以外，通常還為勞動者提供醫療護理、傷殘康復、職業培訓和介紹、老年活動等多方面的服務。保障大多數勞動者的基本生活需要，由此穩定社會秩序，可以說是實施社會保險的根本目的。而商業保險只是對參加了保險的人提供對等性的經濟補償，它只能部分解決被保險人臨時、急迫的困難，彌補其部分損失，不具有普遍保障的功能，也不具備調節收入水平、維護社會公平的職能。

4. 權利與義務的基本對等性

社會保險待遇的給付一般不與個人勞動貢獻直接相關聯。享受者要做出貢獻，但

其享受的待遇並不是與其貢獻完全一致的。有句諺語「要乘涼必須先栽樹，但栽了大樹的人並不一定乘涼」，有如社會保險的再分配特徵。社會保險分配制度是以有利於低收入階層為原則的，因為同樣的風險事故對於低收入勞動者所造成的威脅通常要高於高收入者。而商業保險則嚴格遵循權利與義務對等原則，這種原則決定了投保人的受償權利是以「多投多保、少投少保、不投不保」的等價交換作為前提的，也就是說，投保人或被保險人享受保險金額的多少，要以其是否按期、按數量繳納了合同所規定的保費以及投保期限的長短為依據。保險合同一旦期滿，保險責任自行終止，權利與義務的關係也不復存在。

(二) 社會保險與商業保險的聯繫

社會保險和商業保險在保障社會成員生活安定、保證社會再生產順利進行、促進社會經濟發展的基本目的和作用上是相同的。從它們的社會角色來看，二者既明確分工，又相互合作。

1. 保障項目和保障水平相互補充

社會保險的種類限定在較窄範圍內，一般只包括養老、醫療、疾病、殘廢、工傷和職業病、喪葬和遺屬、生育、失業等8項。同時，社會保險的保障水平也不高，只提供基本生活保障。而商業保險作為一種商業行為，哪裡有可保風險，保險人就提供相應的保險服務，其保障水平可以滿足收入和消費水平不同的投保人的不同需求。當然，社會保險的保障範圍中也有商業保險無法承擔的風險，如失業、工傷、生育等，更體現出兩者的相互補充。

2. 實施範圍上相互補充

社會保險的被保險人基於法律規定，而商業保險強調平等互利原則下自願投保，所有社會成員都可以提出申請獲得保障。這在某些情況下使得商業保險彌補了社會保險實施範圍外人員的風險保障，比如，在中國由於社會保險制度存在的城鄉「二元化」特點，農村人口可通過相應的商業保險而獲得與城鎮人口相對等的保障。

另外，商業保險還可以接受政府委託，辦理某些項目的社會保險。在不少國家，企業補充養老年金和個人儲蓄保險都由政府提供優惠鼓勵政策，由商業保險公司經辦。

四、社會保險的功能

(一) 實施社會保險制度，有利於社會安定

在任何社會形態裡，勞動都是人們獲得物質生活來源的主要手段。而一旦人們喪失勞動能力或失掉工作機會時，就無法通過勞動來獲得報酬，本人及家屬的生活也無法維持。我們前面也指出過，在現代社會中，伴隨著生產社會化和分工協作的發展，勞動危險的影響面和危害程度也日益加劇。當為數眾多的勞動者面臨種種不同的勞動危險和收入損失，並得不到及時解決時，就會形成一種社會不安定因素。社會保險制度的存在，使勞動者可以獲得基本的生活保障，從而很大程度上消除了社會不安定因素。社會保險制度還有效地調節了社會收入分配差距，在緩解社會矛盾、促進社會穩定和經濟發展方面起到積極的作用。

(二) 實施社會保險制度，有利於保證勞動力再生產的順利進行

勞動危險是客觀存在的，勞動者在勞動過程中，不可避免地會遇到疾病、意外傷害以及失業的威脅，影響身體健康和正常的勞動收入，從而使勞動力再生產過程受到影響。社會保險使勞動者在遇到上述情況時可以獲得必要的物質保障，使勞動力再生產得以順利進行。例如失業保險所提供的保險金和轉業培訓費，有利於保護勞動力不致因失業而萎縮和落伍；醫療保險對職工提供醫療費補貼和必要的治療服務，相當於勞動力的修理費用；生育保險使女職工能早日恢復勞動力，也使新的勞動力得以延續。生產的發展不僅取決於勞動力的維持，還取決於勞動者素質的提高。社會保險可以減輕享受者的家庭負擔，從而將一部分錢用於本人和家屬的智力投資，提高勞動者的素質。此外，社會保險還可以通過調整制度規定，如待遇水準、費用分配、項目範圍等，對勞動力的生產、分配、使用和調整起到間接的調節作用。這些措施都從宏觀和微觀上對社會勞動力的再生產起到了保證和促進作用，使社會經濟能夠有一個穩定的發展環境。

(三) 實施社會保險制度，有利於改善就業結構，加速產業結構的調整和發展

實施社會保險保障的國家，一方面要求企業主對職工承擔一定的保險責任；另一方面，社會保險機構也從基金上給予企業支持。在經濟危機時期，向雇主支付職業調整費和職業發展費，對雇主在職工技術培訓和教育方面給予幫助，如承擔部分培訓費用、開設職業課程、向雇主提供為提高和發展職工勞動技能所需要的服務項目、提供與職業培訓有關的技能和經驗，以及提供職業培訓人員的國際交往條件等。這些措施既提高了勞動者的素質，改善了就業結構，擴大了就業機會，也促進了企業的發展。

(四) 實施社會保險制度，有利於促進社會公平分配，刺激社會需求

從某種意義上來說，社會保險就是國家通過法律保證下的經濟手段，對社會個人消費品的分配實行直接的干預。這種干預的基本目標是調節勞動者個人收入過大的差距，使之保持在一個適度的水平上，從而實現人們對社會公平的普遍要求。這個基本目標的實現，有助於消除社會矛盾，協調勞動者之間的關係，保持社會和經濟的穩定發展。國家通過各種稅收所徵集的保險費，再分配給低收入者或喪失收入來源的勞動者，幫助他們共渡難關，這不僅能彌補工資分配在「事實上的不平等」，也在某種程度上實現了社會公平分配。更為重要的是，它還能夠在一定程度上刺激社會需求，保持供求平衡。因為經濟的不景氣與消費水平的下降有著密切的聯繫，通過社會保險形式，可以將社會財富的一部分轉移到廣大低收入者手中；隨著低收入者的收入增加，他們的需求也會相應擴大，並增加消費，由此提高全社會的總體需求水平，防止供給相對過剩而引起的蕭條現象。

第二節　社會保險的實施

一、社會保險的實施原則

(一) 因地制宜，量力而行

社會保險的建立與發展要與國情、國力相適應，做到需要與可能相結合。因為社會保險是對個人消費品的分配，社會可供分配的消費品的數量取決於生產力的發展水平。社會保險的項目和水平如果超過生產力的發展水平，就會影響生產的發展；反之，又會使社會保險因缺少可靠的物質基礎而陷入困境。

(二) 公平合理與效率相統一

公平合理原則是指社會保險的享受者只有確定發生了年老、患病、生育、傷殘、死亡或失業等情況，並符合立法規定，才能享受得到保險的保障。它對繳納了保險費的職工來說是人人有權、機會均等，但不是人人有份。為了保障其公平性，首先要統一立法，使待遇基本一致，而且規定在社會保險法規定範圍內的單位和勞動者都要強制參加。

(三) 既要事后補償，也要事前預防

既要發揮其事后補償的作用，也要在國民經濟、社會管理中發揮積極預防性的能動作用。例如，為了鼓勵企業減少工商事故，節省保費開支，可以採取一些有效的獎懲制度，如對於事故率增加者，提高其費率；對於事故率下降者，降低其費率。又比如，在失業保險中規定，在領取失業補助金期間內提前就業者，保險機構可以給予一部分再就業補助金，以鼓勵失業者早日就業，克服不願就業或等失業補助金用完了再就業、就業不報等現象。

(四) 統籌兼顧，合理規劃，全面發展

社會保險既是社會保障的中心內容，又是整個社會經濟發展中的重要環節。它的建立、發展和完善受多方面因素的影響和制約。因此，在實施過程中一定要注意做到統籌兼顧。既要重視社會保險的普遍保障性，又要考慮到國家的財政經濟狀況；既要照顧重點，又要兼顧到各地區、各部門、各種所有制及各不同收入水平勞動者的利益分配，以形成合理的格局和待遇水平層次。

二、社會保險基金

(一) 社會保險基金的概念

社會保險基金是一種專款專用的社會后備基金。它是為保障社會勞動者在喪失勞動能力或失去工作機會時的基本生活需要，由政府資助、企事業單位和被保險人個人繳納規定數量的保險費而建立起來的。按照規定，社會保險基金只能用於社會保險項

目的補償和給付，以確保社會保險機構與被保險人的經濟利益。可見，社會保險基金是一種具有特定用途的專項資金，它通常由責任準備金、意外準備金和保險費收支結餘三部分組成。

1. 責任準備金

責任準備金是社會保險機構按照保險給付總額與保險責任相平衡的原則，根據保險事故和給付的性質，從收取的保險費中，按照一定的比例提留的資金。同商業性保險公司一樣，社會保險機構承擔的也是未了責任和預期責任，對於何時發生賠付、賠付額有多大，事先是很難做出非常準確的預測的。因此，為了穩定社會保險財務，順利履行賠付義務，社會保險機構必須從所收入的保險費中提取責任準備金。

2. 意外準備金

這是社會保險機構應付不可預測的巨大風險而逐年積存的一部分資金。人們在長期的社會實踐中，雖然掌握了某些保險事故（如離退休等）發生的規律，但對於一些出乎人們意料的保險事故的發生及其所造成的危害程度，則是難以預料和測算的。例如瓦斯爆炸、船舶觸礁，特別是地震、海嘯、核污染等特大事故的發生，必然要耗費大量的人力、物力和財力，需要支出巨額社會保險補償金，由此必然給社會保險財務帶來一時難以支付的困難。為了應付上述這些突如其來的特大保險事故，社會保險機構必須積存意外準備金，以便在責任準備金不夠支付時使用。

3. 保險費收支結餘

各個保險機構每年徵收的保險費，在扣除了各項支出和必要的準備金以外，有的年份可能還會有部分剩餘。在一定情況下，這部分剩餘資金可以用來充實社會保險基金。

(二) 社會保險基金的籌集——社會保險費

1. 社會保險費負擔比例的決定因素

與商業保險一樣，社會保險運作基礎也是保險費，但在商業保險中，其自願性和營利性決定了保費的繳納是投保人個人的問題。而社會保險就不同了：由於社會保險的非營利性、強制性、普遍保障性和權利義務的基本對等性所決定，繳納保費的主體在很多情況下不是單一的，而是多元的。這就產生了社會保險費負擔比例的決定問題，換句話說，有哪些因素在決定著不同主體承擔保費的比例。一般來說，其決定因素有三個：保險險種的性質，被保險人、雇主與政府三方各自負擔保險費的能力，國家的社會保險政策。

(1) 保險險種的性質

根據保險險種的性質來決定社會保險費的負擔比例，也就是根據保險險種所保障的對象和保障範圍確定分擔保險費比例。這裡有一個基本原則，即「風險原因決定論」，它是決定保費負擔比例的重要原則之一。該原則的含義是，如果風險的原因是屬於自然性的，那麼，應該主要由個人來承擔保費繳納義務。例如，年老、疾病是每一個勞動者一生中幾乎都要遇到的事情，因此，像養老保險、疾病保險等，享受者應繳納保險費；而像失業（非自願失業），這是社會經濟發展中出現的一種失衡現象，它在

很多情況下是與勞動者個人無關的，也是勞動者個人無法控制的。因此，政府應負擔失業保險的大部分或全部保險費。再比如工傷保險，它是以勞動工作中出現的風險事故為保險標的的，是對勞動者付出代價的補償，與生產過程直接相關，因此，雇主應承擔大部分保險費。

（2）被保險人、雇主和政府三方各自負擔保險費能力

1952年第35屆國際勞工大會通過的102號公約規定，社會保險保費（包括管理費用）應借助於繳納保險費或稅收的方式，或者兩種方式同時採用。但是要考慮被保險人的經濟狀況，不致使其生活來源發生困難。雇員負擔的全部保險費用，不得超過社會保險費的50%。目前，絕大多數國家投保人個人所負擔的份額都少於雇主負擔的份額，政府則根據國家財力所能提供的可能，給予適當的補貼。

（3）國家社會保險政策

社會保險一般是由國家舉辦的強制性保險，因此，國家對於社會保險的對象、保障的範圍及舉辦的險種等，都可做出一些政策性的規定。政府可根據本國的實際情況，為某些險種確定一個由各方負擔的法定比例。至於國家財政補貼所占份額，則取決於不同的社會保險指導思想。實行普遍社會保險的國家，國家財政負有較大的責任；實行自助型社會保險的國家，強調個人和雇主的責任，其社會保險基金主要來源於社會保險稅。此外，國家如果要發展或限制某些險種，也可以採用改變保費負擔比例大小的辦法，加以鼓勵和限制。

2. 社會保險費的負擔方式

世界上較常見的社會保險保費負擔方式主要有以下幾種：

（1）雇主和被保險人共同負擔

這種方式由來已久。1883年德國首創社會保險時，疾病保險的保費就是規定由被保險人和雇主共同分擔。迄今為止，絕大多數國家的疾病保險仍採取這樣的負擔方式。

（2）政府和被保險人共同負擔

這種方式中，通常被保險人只負擔少量，絕大部分由政府負擔。

（3）雇主和政府共同負擔

確切地說，是雇主負擔、政府補助。這種分擔保費的方式是政府和雇主為減輕被保險人的經濟負擔、擴大社會保險範圍而規定的。

（4）雇主、政府和被保險人三方共同負擔

此種方式最早在德國於1889年實行的年金保險中實施，現在大多數國家都採用了這種繳費方式。

（5）被保險人全部負擔

這種方式僅在少數國家的少數險種上實施。

（6）雇主全部負擔

這種方式有其特定性。如工傷保險，通行的是「絕對責任補償原則」，歷來規定保險費由雇主全部負擔，以加強雇主的安全規定和保障工人安全責任。

（7）政府全部負擔

這種方式為財力充裕並實行全民保險的國家所採用。

需要注意的是，我們這裡所說的各種保費負擔方式並沒有特指哪一個險種、哪一個國家，它可能是變化的。例如，在有的國家，某種險種在目前是由雇主和政府共同負擔，但可能在10年前是雇主、政府和個人三方共同負擔的，或者情況正好反過來；某些險種在甲國可能是被保險人和政府共同負擔，在乙國可能就是由政府一方負擔。

3. 社會保險費的計算

社會保險必須根據各種風險事故的發生頻率、給付範圍與給付標準事先估計出給付支出總額，計算出被保險人所應負擔的一定比例，作為制定費率和徵收保費的標準。

（1）影響社會保險費的因素。

社會保險所保障的範圍很廣，因而其損失率的種類也很多，如傷害率、殘廢率、生育率及死亡率等。雖然起作用的自然因素較多，但同時也與醫學進步、生產方式、工廠的防護設施等社會因素有密切的關係，如失業率、退休率、職業傷害率等，就主要受社會因素的影響。社會因素的變化較大，加之還需要顧及有關各方的負擔能力，因此，社會保險保險費率的計算，除了基本因素以外，還應綜合考慮其他的相關因素，以求公平合理。

（2）社會保險費的計算方法。

社會保險費個人部分的計算大都採用比例保險費制，即以被保險人的工薪收入作為基準，規定一定的百分比，在此基礎上來進行計算。在這種計算方式中，保險費率與被保險人的收入均為保費的計算基礎。採用比例保險費制的理由在於，社會保險的主要目的是補償被保險人遭遇風險事故期間所喪失的收入，以維持他們最起碼的生活標準。被保險人平時賴以生存的收入，既是衡量給付的標準，又是計算保費的依據，這樣，就使得被保險人受領的保險金給付與其繳納的保費這兩者能夠與實際情況相一致。

由於各種規定和限制的不同，比例保費制又有固定比例制、差別比例制和累進比例制三種。

①固定比例制。

這一方法即無論被保險人實際收入的高低，均從中徵收相同百分比的保險費。儘管被保險人的收入時高時低，但其比例固定不變。這一方法計算便利，因此為大多數國家所採用。

②差別比例制。

這一方法即按照被保險人的工薪收入的不同將其劃分為若干等級，並規定每一等級的標準收入；然後，按照標準收入和所規定的相應等級的比例計算保險費。

③累進比例制。

這一方法即根據被保險人的實際收入規定不同的徵收比例。對於低收入的被保險人，徵收較低百分比的比例，對於高收入者，徵收較高百分比的比例，並且隨著收入的增加，收費的百分比也累進增加。

(三) 社會保險基金的運用

社會保險基金的運用是指以社會保險沉澱資金進行直接的經濟建設活動，其表現

為社會保險基金的投資活動。資金運用的目的，一方面是促進其在國民經濟的發展中起到融資、救急和補短的作用；另一方面則在於增強社會保險的償付能力。一般來說，社會保險基金的運用可以採取儲蓄存款、直接對外投資、不動產投資和購買有價證券等方式。

1. 儲蓄存款

它是指社會保險機構將社會保險基金的全部或部分存入銀行，收取利息。這種方式的優點是安全可靠、流動性強；缺點是收益率低，且容易受通貨膨脹的影響。

2. 直接對外投資

它是指社會保險機構作為信貸機構直接運用其掌握的社會保險基金對外貸款。與銀行資金相比較，社會保險基金作為直接對外貸款的資金來源具有其特殊的優越性，具體表現在：

第一，資金具有規律性、長期性和穩定性。從長期來看，社會保險基金的資金來源與給付都有一定的規律性。企業生產經營活動的長期延續性，社會保險的相對長期性以及社會保險的強制性，這三個方面共同決定了社會保險機構集中一部分資金也具有長期性；同時，由於承保者與投保者雙方的義務和權利都是以契約的形式確立的，這又使社會保險基金受當時的或近期的外來影響較小。

第二，社會保險基金具有局部的無償性。銀行資金的最大特點是有償使用，它是以償還作為前提的支出。但社會保險集中的資金從整體上來看是先收後付，它的補償是有條件的，這就使得相當一部分保險基金具有局部的無償性。

社會保險基金的這些特性，決定了它在期限上可自由選擇那些流動性好、變現快的短期流動資金貸款；或投資於效益好、穩定安全的中長期技術或設備貸款。由於它的平均成本低，因此將取得高於同類銀行貸款的收益。

但需要指出的是，社會保險基金主要是用於經濟補償的，因此，運用社會保險基金投資、本利都得如期如數收回，以備補償的需要。如果稍有不慎，發生眾多的呆帳現象，投放出去的資金收不回來，不能及時支付賠款，就會發生很嚴重的社會問題。

3. 不動產投資

它是指社會保險機構通過有關部門以各種方式進行土地開發、住宅建設以及進行老城區改造和新市區建設等開發性投資。不動產投資對社會保險基金來說，雖具有安全性、收益性和社會性等特點，但因生產週期長、占用資金數量大，其流動性不是很好。

4. 購買有價證券

它是指用社會保險基金購買股票、債券等有價證券。一般來說，股票投資收益豐厚，變現容易，尤其在通貨膨脹時期易保存其價值，但投資風險也較大；債券投資具有風險較小、安全性較大的特點，但收益性相對股票來說要差。

綜上所述，社會保險機構在選擇投資形式時，需根據當時市場情況和各種投資手段的特點來合理地分配投資基金。一個總的原則是——不要將所有的雞蛋都放在一個籃子裡。

第三節　養老保險

養老保險是指國家通過立法，使勞動者在因年老而喪失勞動能力時，可以獲得物質幫助以保障晚年基本生活需要的保險制度。養老保險是社會保險體系中的核心。它的影響面大、社會性強，直接關係到社會的穩定和經濟的發展，所以為各國政府所特別重視。

一、養老保險的給付條件

在絕大多數國家中，養老保險的給付條件都是複合性的，即被保險人必須符合兩個以上的條件，才可以享受老年社會保險金。

老年給付的基本條件通常包括：①被保險人必須達到規定的年齡；②被保險人須繳足一定期間的保險費或服務滿一定年限；③被保險人必須完全退休；④被保險人必須是永久居民，或本國公民，或在國內居住滿一定期限。這幾個條件並非完全要求全部滿足，不同國家的側重不同，因此，各方面的要求也不一致。

二、養老保險的給付標準

社會養老保險金的標準形式是年金制度，即保險金按月或按年支付，而不是一次性給付。由於社會經濟是不斷發展變化的，一次性給付的保險金易於受到各種社會的、經濟的因素的衝擊，由此影響到被保險人的實際生活水平，使養老保險不能起到應有的作用。

世界各國養老保險金的給付標準很不一致，大體上來說，可以分為以下兩大類、五種形式：

（一）以工資作為基礎，按照一定的比例進行計算

這種方式強調工資的作用，即強調工齡或服務年限的長短、繳納保險費工資的多少。目前世界上大多數國家均採用這種方法。這一類型又有三種形式：

（1）統一報酬比例。即年金與工資收入成正比。年金的計算按照最近幾年平均工資的一定比例來計算。

（2）基本比例加補充比例。即以平均工資收入的一定百分比為基本給付率，然後，每超過最低投保年限一年，則另加一定比例。

（3）倒比例法。即工資越高，規定比例越低；工資越低，規定比例越高。

（二）以生活費為基礎來計算

這一制度通行於社會保險較為發達的國家。它又有兩種形式：

（1）全國居民按照統一數額給付，給付數額隨生活費用指數的變動進行調整。

（2）規定一個基礎年金，在此基礎上，附加給付比例。例如規定基礎年金為100元。單身的給付比例為這一基數的95%；已婚夫婦為基數的150%等。

三、養老保險的籌資模式

從當前世界各國實行社會養老保險制度的國家來看，大致有三種基金籌資模式，即現收現付式、完全累積式和部分累積式。

(一) 現收現付式

該模式是根據需要支付的養老保險金數額來確定基金的提取數額，即以支定收，由單位（或單位和個人）按照工資總額的一定比例（社會統籌費率）來繳納養老保險費。這種模式有以下幾個特點：①養老保險負擔為代際轉嫁，即由在職職工負擔已退休職工的養老金；②提取基金的數額和比例逐年變化；③不考慮儲備，費率較低，易於建立制度；④由於沒有累積基金，無須在資金的增值上操心。由於這些特點，這一方式多為發展中國家和初建養老保險制度的國家所採用。

但現收現付制也有很明顯的缺陷。世界銀行的研究報告曾經指出，在現收現付體制下，很高並且不斷上升的工薪稅將導致失業問題；稅收規避使勞動者向生產率較低的部門轉移；提前退休，由此使得熟練勞動力的供給不足；公共資源的錯誤配置，例如稀缺的稅收收入被用來作為養老保險金，而不是用於教育、保健或基礎設施建設；喪失了提高長期儲蓄的機會；收入再分配和轉移支付的失誤，例如不是向低收入階層轉移，而是相反，向高收入階層轉移；隱性債務規模的快速增長，使體制無法維持等。

中國長期以來實行的也是這樣的現收現付模式。因此，上述問題在中國也不同程度地存在，特別是由人口老齡化、在職人員提早退休等因素的存在所導致的隱性債務規模快速增長的問題十分突出。中國退休人員與在職人員的比例由20世紀50年代的1∶400下降到1978年的1∶30左右，1980年的1∶12.8，1985年的1∶7.5，1990年的1∶6.1，1995年的1∶4.8，1997年的1∶4.4，2012年約為1∶3.16。也就是說，領取養老金的人口比例在逐年增長，而提供養老金的人口比例在逐年下降。由於20世紀70年代所實施的人口計劃生育政策和醫療保健水平的提高導致人口壽命的延長，這一問題將變得越來越嚴峻。根據世界銀行提供的資料測算，到2033年，中國的退休人員與在職人員的比例將為1∶2.5。如果繼續維持現收現付的養老保險體制，在職人員的負擔將越來越重。在這種情況下，經過十多年的探索與實驗，國務院於1997年頒布了《關於建立統一的企業職工基本養老保險制度的決定》，由此開始，中國正式確定了以社會統籌與個人帳戶相結合為標誌的混合型養老保險體制。

(二) 完全累積式

該模式的具體形式為儲備基金式。即從職工開始工作起，就建立個人養老保險帳戶，由單位和個人逐年向國家社會養老保險專門機構繳納保險費，實行多繳多保，自給自足。職工到了法定退休年齡時，就可以從個人帳戶所累積的儲備基金中以年金的方式領取養老保險金。

這一模式有以下幾個特點：①個人對自己負責，因此，激勵機制較強，同時，也不大會引起代際轉嫁負擔的社會矛盾；②度過人口老齡化高峰時有足夠的基金，不存在支付危機；③易於累積起大量的建設資金，從長遠看，也減輕了國家和企業的負擔。

但是，該模式也有其明顯的缺點：首先，保險基金累積時間長，易受到通貨膨脹的影響，因此，基金的保值、增值難度很大；其次，被保險人之間的資金互不調劑，很難保證每個人到晚年都有基本的生活保障。目前世界上採取這種模式的國家很少。

(三) 部分累積式

該模式是介於現收現付式和完全累積式之間的一種模式。即在現收現付式的基礎上，建立個人帳戶儲備基金，實行養老基金部分累積。這一模式兼顧了前兩種模式的優點，因此在 1964 年的國際社會保險專家會議上受到推崇。目前為許多國家所採用。中國的社會養老保險制度也正朝著這個方向改革。

當前，世界上有一些國家的養老基金是由企業和個人共同負擔的，有極個別國家則是由個人完全負擔。但大多數國家都是採取國家資助、企業負擔、個人繳費的方式。其中國家資助主要體現在稅收方面給予一定的優惠。

四、中國城鎮企業職工基本養老保險制度的改革

中國的養老保險制度改革基本上是按照城鄉有別、企業先行的原則分層次展開的。目前，城鎮企業已經統一了基本養老保險制度，並正在積極發展企業補充保險（企業年金）；機關事業單位養老保險尚未出抬統一的辦法；農村養老保險還在進一步探索之中。在這裡，本書主要介紹中國城鎮企業職工基本養老保險制度的改革歷程。

1991 年，國務院在總結部分省市試點經驗的基礎上，頒發了《國務院關於企業職工養老保險制度改革的決定》，提出逐步建立起基本養老保險、企業補充養老保險和職工個人儲蓄性養老保險相結合的多層次保障制度。這是改革開放以來中國首次就養老保險問題所出抬的重要指導文件，它也正式拉開了中國企業職工養老保險制度改革的序幕。在這一文件的推動下，以社會統籌為目標的養老保險制度在全國迅速展開。

結合中國養老保險制度基本實現社會統籌後所存在的諸多問題，1995 年 3 月，國務院下發了《國務院關於深化企業職工養老保險制度改革的通知》，該文件在企業職工養老保險制度中第一次引入了個人繳費和繳費確定型的制度因素，強化了個人在養老保險上的責任意識。一些地方通過提高個人繳費比例，減輕了企業負擔。各地區也更加重視養老保險各項基礎建設，社會化服務和管理水平進一步提高。

鑒於 1995 年兩個改革方案並存所導致的混亂，1997 年 7 月，國務院發布了《關於建立統一的企業職工養老保險制度改革的決定》，要求按照社會統籌和個人帳戶相結合的原則，建立一個全國統一的企業職工基本養老保險制度。該文件的頒布標誌著中國養老保險制度進入一個新的階段，其主要內容包括：明確養老保險制度改革的總體目標，統一和規範企業和個人繳納基本養老保險的比例，統一個人帳戶規模，改進並統一基本養老金計發辦法，建立和完善離退休人員基本養老金的正常調整機制，提出養老保險基金實行省級統籌的要求。

1998 年 8 月，《國務院關於實行企業職工基本養老保險省級統籌和行業統籌移交地方管理有關問題的通知》又提出進一步改革的內容：一是加快實行企業職工基本養老保險省級統籌；二是將鐵道部等 11 個部門的基本養老保險行業統籌移交地方管理；三

是將養老保險金由差額撥付改為全額撥付。

1997年和1998年的兩次改革是中國養老保險制度改革的重要突破，為今后建立全國統一的企業職工基本養老保險制度奠定了基礎。

2005年12月，國務院頒布了《國務院關於完善企業職工基本養老保險制度的決定》，明確了企業和個人的繳費比例，調整了個人帳戶規模和養老金計發辦法，建立了基本養老統籌基金省級調劑制度，要求自由職業者、城鎮個體工商戶參加基本養老保險，改進了基本養老保險費徵繳機制和基本養老保險基金的管理制度，等等。

經過多年的改革與完善，中國城鎮企業職工基本養老保險制度的覆蓋面不斷擴大，基金收入穩步增長，社會化管理服務水平也在日益提高。

第四節　失業保險

失業保險是指被保險人在受到本人所不能控制的社會或經濟因素影響，由此造成失業時，由社會保險機構根據事先約定，給付被保險人保險金，以維持其最基本的生活水平的保險。

一、失業保險的給付條件

失業保險的根本目的在於保障非自願失業者的基本生活，促使其重新就業。為避免該制度在實施過程中產生逆選擇，各國均嚴格規定了保險給付，即享受失業保險待遇的資格條件。這些條件歸納起來有：

(一) 失業者必須符合勞動年齡條件

更確切地說，必須是處於法定最低勞動年齡與退休年齡之間的勞動者，才可能享受失業保險。這樣規定的原因是為了保護未成年兒童，使之健康成長。各國均明文規定，嚴令禁止使用童工。未成年人不參加社會勞動，也就不存在失業問題；而老年人不負有法定的社會勞動義務，他們已為社會做出了自己的貢獻，並可享受養老保險，故也不應列入失業保險保障範圍。可見，失業保險為失業后的補助措施，是在職保險。

(二) 失業者必須是非自願失業

非自願失業是指非出於本人意願，而由非本人能力所能控制的各種社會或經濟的客觀原因所導致的失業。它通常包括以下四種情況：

(1) 季節性失業。這屬於一種暫時過渡性失業。

(2) 摩擦性失業。它一般是由企業經營不善而倒閉所引起的失業。

(3) 不景氣失業。這是由於經濟不景氣所導致的就業機會缺乏而引起的失業。

(4) 結構性失業。這是由於生產方式和機構的變化，工人無法滿足新的生產技術的要求而產生的失業。

為了防止失業者養成懶惰及依賴的心理，各國均規定，對於那些自願失業者、過失免職者、拒絕工作者以及因勞資糾紛參加罷工而導致失業者，不給付失業保險金；

有的時候則規定一個較長的等待期。

(三) 失業者必須滿足一定的資格條件

為了貫徹社會保險權利與義務對等的基本原則，各國一般都規定了失業者必須具有的享受保險給付的資格條件。這些資格條件通常可以分為四類：第一，繳納保費期限的條件；第二，投保年限的條件；第三，就業期限條件；第四，居住期條件。

(四) 失業者必須具有勞動能力和就業願望

失業保險所保障的是那些積極勞動中的失業者。失業者是否具備勞動能力，由職業介紹所或失業保險主管機構根據申請報告或申請人的體檢報告來確定。由於疾病、生育、傷殘或年老而離開工作者，屬於社會保險其他分支的保障對象。為了檢驗失業者的就業願望，各國在有關法律中均作了有關規定，這主要包括以下幾點：

(1) 失業者必須在規定期限內到職業介紹所或失業保險機構進行登記，要求重新工作。

(2) 失業期間需定期與失業保險機構聯繫，並報告個人情況。這樣規定是為了進行失業認定。失業保險機構審核後發放保險金，並及時掌握失業者就業意願的變化，向其傳遞就業信息。

(3) 接受職業訓練和合理的工作安置。若失業者予以拒絕，則失業保險機構可以認定其無再就業意願，並停止保險金發放。在處理合理的就業這一類問題時，失業保險機構主要考慮的問題是當事人的年齡、工作時間的長短、失業時間、勞動力的市場情況，以及新安置的工作與失業前職業的相關性，即勞動特點、工作能力、工作收入、技術業務類型與轉業訓練科目等。此外，還應考慮工作地點與家庭居住地的距離等因素。

二、失業保險的給付原則

在確定失業保險給付水平時，從保障的目的出發，各國普遍遵循以下原則：

(一) 給付標準一般低於失業者在職時的工資水平，並在一定時期內給付

超出規定期限，則按社會救濟的水平給付。因為過高的待遇，既會增加失業保險的財務負擔，又易於使失業者滋生懶惰或依賴心理。坐吃失業保險金而不願意重新就業，從而導致逆選擇。

(二) 確保失業者及其家屬的基本生活需要

勞動者失業後，失業保險金是其主要收入來源。因此，失業者及其家屬的生活水平也由保險金給付水平確定。為維持失業者的正常生存，保護勞動力，失業保險應向其提供基本生活的保障。

(三) 在發揮社會保障功能的同時，維護權利與義務對等的原則

勞動者失業後獲得基本生活保障的權利，需以其向社會盡勞動義務、繳納保險費為前提。因此，失業保險給付應與被保險人的工齡、交費年限和原工資收入相聯繫，

使工齡長、交費次數多、原工資收入高的失業者獲得較多的失業保險金。

三、失業保險的具體給付

根據以上三個原則，在具體確定失業保險給付時，需要考慮兩方面的內容：一是給付期限，二是給付比率。

（一）給付期限

由於失業發生在一定時期內，因此，失業保險不可能像其他社會保險分支那樣對被保險人進行無限期的給付，而是根據平均失業時間確定一個給付期限。從這個意義上來說，失業保險屬於短期社會保險。

關於失業保險的給付期限，大多數國家都有限制，一般為半年。有些國家還規定，在給付期滿后，如果被保險人的收入或財產在一定標準以下，他還可以獲得失業補助或其他救濟金。有些國家依照被保險人失業前的就業時間或繳費次數來決定給付期限的長短。

（二）給付比率

關於失業保險的給付比率，各國規定不盡相同，其計算方式各異。歸納起來，大致有以下兩種情況：

（1）工資比率制。即失業保險金以被保險人在失業前時期內的平均工資收入，或某一時點上的工資收入為基數，依據工齡、受保年齡、工資水平或繳費年限，確定百分比計發。其中的工資基數又分為工資總收入、標準工資、稅后工資幾種。而計算的百分比又有固定、累退和累進三種方式。此外，一些國家還規定了工資基數的最低額和最高額。

（2）均一制。即對符合資格條件的失業者，一律按相同的絕對額進行給付，而不論失業者失業前工資的高低。

四、失業保險基金的籌集方式

從目前實踐來看，絕大多數國家的失業保險都採取現收現付的籌資方式，即當期的保費收入用於當前的保險金給付。同時，隨著給付情況的變化而調整費率，調整的頻率可以為1年、3年或5年。採用此種方式，不需要為將來提存準備金，從而使未來保險金給付的現值等於未來保險費收入的現值，故其責任準備金為零。但是，為了應付實際風險發生率及給付率的不利變化，增加失業保險制度的安全性，一般要提存特別風險準備金，以滿足緊急需要。

該籌集方式有兩個缺陷：第一，必須經常重估財務結構，調整費率，因而在操作上不甚方便；第二，由於管理上或政治上的原因可能影響保險費率的調整，由此造成財政困難。為了解決這些問題，各國一般均在法律上明文規定採用彈性費率制，授權主管機構根據失業保險財務收支的實際狀況來適當調整費率，以滿足實際開支的需要。

五、中國失業保險制度

1986 年 7 月，國務院頒布了《國營企業職工待業保險暫行規定》，明確規定對國營企業職工實行職工待業保險制度，這標誌著中國失業保險制度開始正式建立。建立失業保險制度的主要目的之一是配合國有企業改革和勞動制度改革。

在經過近 7 年的探索之后，1993 年 4 月，國務院重新發布《國有企業職工待業保險規定》，這一規定在已經明確建立市場經濟體制的前提下，對此前失業保險制度的覆蓋範圍、資金籌集、保險水平和組織管理模式等方面進行了相應的調整。自此，中國失業保險制度進入了正常運行時期。

中國的失業保險制度在建立之後發揮著多方面的積極作用。首先，失業保險制度有效地保障了失業人員的基本生活，幫助他們渡過了難關，有助於維護社會穩定。其次，失業保險制度促進了失業人員再就業。失業保險機構從失業保險基金中支出部分資金，用於失業人員開展生產自救、轉業訓練和職業介紹活動，幫助其中半數以上人員實現了再就業。最后，失業保險制度支持了企業改革。失業保險制度的實施保障了從企業走向社會的失業人員的基本生活，減輕了企業的壓力，推動了國有企業改革措施的順利出抬和實施。

為了適應中國不斷完善的社會主義市場經濟體制，1999 年 1 月，國務院第 258 號令頒布了《失業保險條例》，它的出抬標誌著中國失業保險制度的基本確立。《失業保險條例》吸取了中國失業保險制度建立和發展的實踐經驗，借鑑了國外的有益做法，在許多方面做了重大調整：比如實施範圍不再限於國有企業而是擴大到機關事業單位及非國有企業，對保險基金的籌集、基金的管理等方面的規定更加合理。這為構建具有中國特色的基本完善的失業保險制度打下了堅實基礎。

此后，國務院又先后頒布了《社會保險費徵繳暫行條例》和《失業保險金申領發放辦法》等，各地也依據《失業保險條例》陸續建立了結合地方實際情況的失業保險制度，中國的失業保險制度開始在全國範圍內不斷擴展。

截至 2011 年年底，全國參加失業保險人數為 14,317 萬人，其中農民工參保人數 2,391 萬人。2011 年中國失業保險基金收入 923 億元，領取失業保險人數為 197 萬人。

第五節　醫療保險

醫療保險是國家、企業對職工在其因病（含非因公負傷）而暫時喪失勞動能力時，給予必要物質幫助的一種社會保險。

醫療保險中的疾病系指一般疾病，其發病原因與勞動無直接關係，因此，它屬於福利性質和救濟性質的社會保險。實行醫療保險的目的在於使勞動者患病后能夠盡快得到康復，恢復勞動能力，並重新回到生產和工作崗位。

一、醫療保險的給付條件

關於這個問題，各國立法有不同的規定，歸納起來，主要有以下幾點：

(1) 被保險人必須患病、失去工作能力，並停止工作，進行治療。

(2) 被保險人患病時已從事具有收入的工作，並且因患病而不能從雇主方面獲得正常工資或病假工資。

(3) 有的國家規定，被保險人必須繳足最低期限的保險費。做出這一規定的目的在於，在被保險人領取的保險金給付中，至少有一部分系自己所繳的保險費，由此減輕國庫負擔。

(4) 有的國家規定了等待期，即在規定期間不給付疾病補助。如果病期較長，規定期間未支付的給付也補發。做出這一規定的目的在於減少工作量，省去核實病情所花費的人力、物力、財力及時間，從而節約費用開支。

(5) 有的國家規定了最低工作期限。還有少數國家規定，被保險人事先必須獲得基金會會員資格，才能享受醫療保險給付。

二、醫療保險的待遇項目及給付

(一) 醫療保險的待遇項目

在醫療保險的待遇項目上，有兩種類型：一種是國家只對被保障的勞動者本人提供保險待遇；另一種是同時對被保險人的直系親屬也提供這種待遇。各國醫療保險提供的具體待遇項目主要有以下幾種：

(1) 患者醫療服務。醫療服務包括門診、檢查、醫治、給藥、整容、住院等在內的各種醫療服務。為醫療服務支出提供保險或直接提供醫療服務是醫療保險的主要內容，通常所說的醫療保險主要指這一項目，其特點是依病情出發進行診斷，直至治愈，而不論醫療費用的多少。這是社會醫療保險中非常重要的待遇，在很多國家是免費提供或只收取很低的費用，醫療保險的福利性即體現在這裡，這也是醫療保險經常被納入社會福利體系的原因。

(2) 疾病津貼。指勞動者患病之后的生活費用，一般以現金的形式給付，並與勞動者患病之前的工資水平相聯繫。

(3) 病假。指勞動者領取疾病津貼期間享受病假待遇。

(4) 被撫養家屬補助。指向患病勞動者撫養的親屬給付必要數額的現金補助。

(5) 對被撫養者的醫療服務。許多國家的社會醫療保險，除了向勞動者提供減免費用的醫療服務外，還向其撫養的家屬提供醫療服務。

(二) 醫療保險的待遇給付

按照各國的通例，醫療保險的待遇給付包括現金給付和醫療服務兩種。

1. 現金給付

現金給付又可分為疾病現金給付、殘疾現金給付和死亡現金給付。

(1) 疾病現金給付。疾病現金給付是指對出現疾病的被保險人給付現金。它包括

給付期限和給付標準兩個方面的內容。關於給付的期限，各國有不同的做法，到底多長為宜，需根據本國的具體國情和財力決定。1969 年國際勞工大會規定，給付不少於 52 周，並對有希望治愈者繼續給付。目前許多國家將給付期限定為 39－52 周；也有一些國家規定長達 2－3 年；有的國家甚至不規定給付期限。關於給付的標準，各國也有不同。1969 年國際勞工大會規定，給付標準為被保險人原有收入的 60%。有些國家則規定為 80%、90% 甚至 100%。

（2）殘疾現金給付和死亡現金給付。殘疾現金給付和死亡現金給付是指對因疾病致殘或死亡的被保險人給付現金。這兩種給付情形與因傷害致殘或死亡的給付大體一致。大多數國家都規定，如果被保險人領取疾病現金給付已達到最高期限而疾病尚未痊愈時，現金給付可改為殘廢年金。

2. 醫療服務

醫療服務即是以醫療服務的形式給被保險人以實際保障。由於經濟發展水平和醫療水平的不同，各國所能提供的醫療服務種類和水平也有很大差異。一般來說，醫療服務至少應包括各科的治療、住院治療及供應必要的藥物，也有些國家提供專門的人員服務（包括家中護理服務）和病人使用的輔助器具。

關於醫療服務的期限、醫療給付的範圍，各國也都有不同的規定。

三、中國城鎮職工的基本醫療保險制度改革

中國的醫療保障制度改革始建於 20 世紀 50 年代，它基於中國城鄉長期二元分割狀態，由面向城鎮居民的公費醫療、勞保醫療和面向農村居民的合作醫療三種制度共同構成。

20 世紀 80 年代起，國家開始對職工醫療保險進行改革嘗試。衛生部和財政部於 1984 年和 1989 年先後聯合出抬了關於《關於進一步加強公費醫療管理的通知》和《公費醫療管理辦法》。1992 年，國務院辦公廳發出《關於進一步做好職工大病醫療費用社會統籌的意見的通知》。在這些政策辦法出抬之後，各地開始探索醫療費用與個人利益掛勾、醫療費用定額管理和大病醫療費用社會統籌等改革辦法。

在總結各地改革和探索經驗的基礎上，1994 年 4 月，經國務院批准，國家體改委、財政部、勞動部和衛生部聯合頒布了《關於職工醫療保險制度改革的試點意見》，先是在江蘇省鎮江市、江西省九江市進行試點，后又把試點擴大到 40 多個城市。改革的目標是「建立社會統籌醫療基金與個人醫療帳戶相結合的社會保險制度」。

在對若干重大問題進行深入調查和分析的基礎上，1998 年 12 月國務院下發了《國務院關於建立城鎮職工基本醫療保險制度的決定》（以下簡稱《決定》），部署全國範圍內全面推進職工醫療保險制度改革工作，同時，這次改革還提出要發展企業補充醫療保險和商業醫療保險等。職工基本醫療保險制度的主要內容為：①基本醫療保險費由用人單位和職工共同繳納；②建立醫療保險統籌基金和醫療保險個人帳戶；③加強醫療保險費用支出管理；④推進醫療服務配套改革。

在 1998 年《決定》的基礎上，人力資源和社會保障部又於 1999 年頒布了《城鎮職工基本醫療定點零售要點管理暫行辦法》《城鎮職工基本醫療保險定點醫療機構管理

暫行辦法》《城鎮職工基本醫療保險診療項目管理、醫療服務設施範圍和支付標準意見》，對城鎮職工基本醫療保險制度改革做出了更加具體的規定。2001年頒布了《關於實行國家公務員醫療補助的意見》，2002年頒布了《關於加強城鎮職工基本醫療保險個人帳戶管理的通知》和《關於妥善解決醫療保險制度改革有關問題的指導意見》，2003年頒布了《關於進一步做好擴大城鎮職工基本醫療保險覆蓋範圍工作的通知》《關於城鎮靈活就業人員參加基本醫療保障的指導意見》，2004年頒布了《關於推進混合所有制企業和非公有制經濟組織從業人員參加醫療保險的意見》。這些法律法規對醫療保險制度改革中的重要方面和問題的解決提供了指導，為進一步擴大和完善基本醫療保險制度指明了方向。

2005年7月，國務院發展研究中心和世界衛生組織合作的研究報告被披露，其中明確指出中國的醫療衛生體制改革「從總體上講是不成功的」。此報告被廣泛解讀為失敗由市場化改革所致，激起強烈社會情緒，「看病難、看病貴」從此成為社會焦點議題。

經過兩年多的討論與修訂，2008年10月，發改委公布了《關於深化醫藥衛生體制改革的意見（徵求意見稿）》（以下簡稱《意見》），根據《意見》要求，醫改的總體目標是到2020年建立覆蓋城鄉的基本醫療衛生制度。該意見還明確了近期的五項主要任務：擴大醫保覆蓋面、建立基本藥物制度、社區衛生機構建設、基本公共衛生服務均等化及推行公立醫院改革試點。

2009年3月17日，國務院正式發布了《關於深化醫藥衛生體制改革的意見》。

第六節　生育保險

生育保險是在婦女勞動者因生育子女而暫時喪失勞動能力時，由社會保險機構給予必要的物質保障的一種社會保險。

一、生育保險的給付條件

生育保險的給付條件一般包括三點：①被保險人在產假期間不再從事任何有報酬的工作，雇主也停發了其工資。②被保險人所繳納的保險費的時間必須在規定標準以上。③被保險人在產前的工作時間必須達到一定的年限要求。

中國根據社會發展和計劃生育政策的需要，規定生育保險的給付對象必須是達到結婚年齡、符合計劃生育政策而生育的女職工。

二、生育保險的待遇項目

生育保險提供短期性待遇給付，主要有假期、醫療保健服務、收入補償、生育補助等四個方面待遇。

婦女懷孕、生育和產后照顧嬰兒期間都可以休假。無論是為了保護婦女的健康，還是為了保護新生一代安全問世和受到母親良好照顧，都應該對生育婦女給予足夠長

度的假期。

醫療保健服務是指為產婦提供助產醫療服務。它通常包括：一般醫師治療；住院及必要的藥物供應；專科醫師治療；生育照顧；牙醫治療；病人運送及家人護理服務等。

收入補償是補助生育造成的喪失勞動能力期間的工資收入損失。生育保險的收入補償在社會保險險種中是最高的，一般相當於女性勞動者生育前的工資標準，大多數國家為原工資的100%，但也有些國家規定為原工資的60%～80%。

生育補助是為了補助由於生育帶來的開支，常稱為子女補助。從一定意義上講，生育補助帶有社會福利性質。

收入補償和生育補助金計算方式主要有兩種，即定額制和工資比例制。在定額制下，不論被保險的具體情況如何，均發給相同金額。工資比例制是指收入補償和生育補助金的標準按照被保險人產前工資的一定比例發出。

生育保險還根據具體情況提供一些特殊待遇，如婦女懷孕後不足月份生育，給予一定時間的帶薪假期；難產或多胎生育時給予較長時間的帶薪產假。

三、中國的生育保險制度改革

中國生育保險制度是在20世紀50年代建立的。其中，企業職工的生育保險制度建立於1951年，而國家機關和事業單位的生育保險制度建立於1955年。

1986年，衛生部、勞動人事部、全國總工會、全國婦聯印發了《女職工保健工作暫行規定（施行草案）》，開始了生育保險制度的改革。1988年，國務院頒布了《女職工勞動保護規定》，將機關事業單位和企業的生育保險制度統一起來。1988年7月26日，江蘇省南通市人民政府頒布《南通市全民、大集體企業女職工生育保險基金統籌暫行辦法》，率先揭開了女職工社會保險統籌改革的序幕。此后，許多地方政府紛紛頒布地方性法規，進行生育保險制度的社會化改革試點。

在生育保險制度社會化改革試點的基礎上，勞動部於1994年12月14日頒布了《企業職工生育保險試行辦法》，並規定從1995年1月1日起在全國實施。《企業職工生育保險試行辦法》將生育保險的管理模式由用人單位管理逐步轉變為實行社會統籌，由各地社會保障機構負責管理生育保險工作。它標誌著中國生育保險制度的發展進入了一個新階段。2016年4月，人力資源和社會保障部出抬的《關於階段性降低社會保險費率的通知》，明確提出生育保險和基本醫療保險將合併實施，國務院將制定出抬相關規定統一組織實施。

第七節　工傷保險

一、工傷保險的定義

工傷保險又稱職業傷害保險，它是以勞動者在勞動過程中發生的各種意外事故或

職業傷害為保障風險，由國家或社會給予因工傷、接觸職業性有毒有害物質等而致殘者、致死者及其家屬提供物質幫助的一種社會保險。

工傷保險對於在現代化生產條件下的勞動者具有特別重要的意義和作用。高新技術在生產中的應用，對人類社會的發展和社會經濟的繁榮起到了巨大的作用；但與此同時，各類工業傷害和職業病也相繼大量發生。因此，建立工傷保險給予傷殘者以經濟補償和提供生活保障是很有必要的。

社會保險旨在保障職工的基本生活，故工傷補償的範圍通常需要有嚴格的界定。對直接影響職工本人及家屬生活，直接影響實現勞動力再生產所需的費用——工資收入，工傷補償保險將給予適當補償；而對於職工的其他收入，如兼職收入則不予補償。

對於工傷的定義，各國的理解是不一樣的。根據中國勞動保險條例的有關規定，因工傷殘是指在執行日常工作及執行單位領導臨時指定或同意的工作，或是在緊急情況下未經領導指定而從事有利於單位的工作，以及在從事發明或技術改進工作時負傷或因故致殘。還有，職工在參加有組織的社會政治活動、支農勞動、搶險救災、維護社會秩序，以及乘坐單位班車上下途中發生的非因本人過失的傷殘，也均屬於因工傷殘的範圍。

職業上的疾病依其發生的狀態及性質，可以分為兩類：一類為因災害發生的疾病。如由於企業發生火災，職工被燒傷，這屬於一種災害性疾病；另一類為工作上處理或接觸特殊物質，或在特殊工作環境中長期作業而引起的慢性中毒等疾病。此類非因災害所引起的疾病為職業病。為了便於對職業病的認定，各個實施傷殘社會保險的國家通常都規定有職業病的種類及適用範圍，中國也有自己的規定。

二、工傷保險的基本原則

從工傷保險的發展過程來看，它是基於各國勞工法而建立起來的一種社會保險制度。在發展的初期，工傷保險主要遵循過失責任賠償原則，即賠償以雇主是否有過失為條件。但雇主很容易運用「同事責任原則」「風險已知原則」和「雇員疏忽原則」來保護自己[1]。目前，雖然各國的工傷保險在具體內容上有所差異，但基本原則是大致相同的。具體來說，通常遵循以下原則：

（一）採取無過失或絕對責任制

所謂無過失或絕對責任制是指在各種損害事故中只要不是受害人自己故意行為所致，受害者就應得到傷害賠償。它與一般的民事損害賠償原則是有所區別的。為了使職工在工作中得到更充分的安全保障，更充分地維護勞動者的權益，許多國家的勞工法均規定對工傷事故按照無過失或絕對責任原則來處理。也就是說，工傷損失由雇主

---

[1] 同事責任原則（fellow-servant rule）是指，如果某一雇員的傷害是由其同事的行為所致，雇主不負賠償責任；風險已知原則（the doctrine of assumption of risk）是指，如果雇員已經知道，或者應當知道某一工作條件是有危險的，但仍然承擔了這個工作，那麼，如果由於這一條件引起了傷害的發生，雇主不負賠償責任；雇員疏忽原則（contributory negligence）是指，如果在一次事故中有雇主的責任，但也有雇員自己的部分責任，那麼，不論雇員自己的責任有多小，雇主都可以免於賠償責任。

承擔，並不以企業或雇主是否有過失為要件，而是以社會政策和勞動政策為基礎。

(二) 立法強制

由於工傷事故的數量驚人，受害者眾多，由此帶來的后果常常是職工的傷殘或死亡，導致其本人以及受其供養的家庭成員陷入生存困境。這一問題僅靠企業或雇主的力量顯然是無法解決的，因為單個企業要受到其經濟承受能力及破產、停業的影響。只有依靠國家制定完備的工傷社會保險法規和政策，並強制建立社會化的工傷社會保險基金，才有可能真正保障勞動者的權益。因此，在實行工傷保險的國家，都有專門的保險立法；政府則需要運用強有力的行政手段來確保立法的貫徹執行。

(三) 損害賠償

工傷社會保險不同於養老保險，受害者付出的不僅僅是勞動的代價，而且是身體與生命的代價。因此，工傷保險應堅持損害賠償的原則來制定給付標準。也就是說，工傷保險除了要考慮傷害程度、傷害性質、職業康復與激勵等多項因素以外，還要考慮受害者發生傷害前的收入水平、家庭負擔等。因而在各種社會保險中，工傷社會保險待遇的總體水平一般來說是最高的。

(四) 嚴格區分工傷與非工傷

一般來說，勞動者的傷亡可以分為因工和非因工兩類。前者是指由於執行公務、為社會或所在單位工作而受到職業傷害所致，后者則與職業無關。因此，對工傷事件實行社會保險制度，而對非工傷事件則只能採取社會救濟的辦法。

除了以上原則以外，工傷保險制度中對於因工傷致殘或致死，往往以年金形式給付，而較少給付一次性的撫恤金。

三、工傷保險的基本內容

工傷保險主要包括性質區分、傷害程度鑒定和現金給付標準等內容。

(一) 性質區分

社會保險機構首先要區分事故的性質，即區分工傷與非工傷。對工傷事故按工傷社會保險的規定辦理（包括各種職業病），對非工傷事故則只能按照非工傷事故的處理辦法來處理。工傷所享受的是社會賠償保險待遇，非工傷享受的是社會救濟待遇，這兩者不能混同。

(二) 傷害程度鑒定

工傷事故發生后，需要由專門的機構來進行傷害程度鑒定。一般而言，有「暫時喪失勞動能力」「永久喪失勞動能力」「部分喪失勞動能力」「全部喪失勞動能力」等幾種情況。事實上，各國關於傷害程度鑒定的標準是不統一的，這也是工傷保險中技術性強、要求十分嚴格的一環。

(三) 現金給付標準

現金給付旨在保障被保險人及其家屬因傷害事故所導致的收入減少或中斷的損失，

它主要包括暫時傷殘給付、傷殘年金和死亡給付三項。

1. 暫時傷殘給付

即勞動者因受傷而損失的工資收入，由保險人給予相當的補償，以維持其基本生活。它需要考慮給付標準、給付期限和給付等待期等問題。

（1）給付標準：一方面要考慮勞動者的生活水平，另一方面還要考慮各關係方的負擔能力。1964年國際勞工大會規定為原有工資的60%。

（2）給付期限：大多數國家規定為26周，最長的也有超過52周的。同時，許多國家還規定，醫療期滿還需繼續治療的，可以延期。還有一些國家沒有治療期限限制，可以直至傷愈為止。

（3）給付等待期：等待期即勞動者受傷后，必須經過相當長的期間才能獲得現金給付。原先各國一般都規定有等待期，一般為3～7天。國際勞工大會1952年規定，等待期不能超過3天；1964年又修改了規定，要求保險機構在被保險人從喪失勞動能力的第一天起就必須支付暫時傷殘金，不需要任何等待期。目前，多數國家都接受了這一規定。

2. 傷殘年金

永久性傷殘又分為永久性局部傷殘和永久性全部傷殘兩種。前者指永久性喪失部分工作能力；后者則指永久性喪失全部工作能力。永久性全部傷殘的給付一般採用年金制，其金額一般為本人過去收入的66%～75%。國際公約規定為原工資的60%。永久性局部傷殘的給付一般以傷殘部分的輕重為依據，許多國家都以法令規定了局部傷殘與給付的對照表。

3. 死亡給付

死亡給付包括死者的喪葬費用和遺屬給付。喪葬費用一般為一次性的；遺屬給付有一次性給付與年金給付兩種，但大都採取年金形式。給付標準一般按照被保險人的平均工資數額的百分比計算，或者按年金數額的百分比計算。一般規定，給付不得低於工資最高限額的33%～50%，年金給付總額不得超過被保險人的工資總額。

四、中國的工傷保險制度

中國的工傷保險制度建立於20世紀50年代初，原屬於勞動保險制度的一項內容，並與勞保醫療、生育待遇混合在一起，由單位負責組織實施，是典型的單位保障模式。改革開放以後，中國對這一制度進行了一定的改革和調整，以適應市場經濟改革的需要。

1996年8月，原勞動部頒布了《企業職工工傷保險試行辦法》，這是中國為建立符合市場經濟的工傷保險制度的一個重要探索。幾年的實踐表明，這一規章適應了市場經濟的要求，維護了工傷職工的合法權益，減輕了企業的工傷風險，受到了廣大企業和職工的歡迎。

為了進一步規範和完善中國工傷保險制度，更好地保障廣大職工的利益，2003年4月27日，國務院總理溫家寶簽發中華人民共和國國務院令第375號，頒布了《工傷

保險條例》，並於 2004 年 1 月 1 日起正式實施。《工傷保險條例》的頒布，不僅大大提高了工傷保險的法律層次，而且增強了執法的強制力和約束力，是中國工傷保險制度建設邁出的重要一步，對於中國社會保障法律體系的健全也具有重要意義。

《工傷保險條例》是對中國長期以來工傷保險制度改革工作的總結，同時也借鑑了其他國家經驗。在《工傷保險條例》出抬後，中國又相繼出抬了《工傷認定辦法》《因工死亡職工供養親屬範圍規定》《非法用工單位傷亡人員一次性賠償辦法》等一系列政策措施，進一步推進了工傷保險各項工作。

截至 2011 年年底，參加工傷保險人數為 17,696 萬人，其中農民工參保人數 6,828 萬人。2011 年工傷保險基金收入規模達 642 億元，享受待遇人數超過了 163 萬人。

復習思考題

1. 社會保險的含義是什麼？其與社會保障制度有怎樣的關係？
2. 社會保險費的計算有哪幾種方式？試分析各種方式的優劣。
3. 社會保險基金的來源和運用渠道主要有哪些？試查找有關資料瞭解中國社會保險基金和全國社保基金的來源、功能及投資狀況。你認為在目前的情況下，中國社會保險和全國社保基金的運用應當注意哪些問題？
4. 社會養老保險的給付條件是什麼？社會養老保險主要有哪些籌資模式？中國目前的社會養老保險採取什麼樣的籌資模式？
5. 在社會失業保險的給付條件中，為什麼規定失業者必須具有勞動能力和就業願望？社會失業保險主要的籌資方式是什麼？
6. 社會醫療保險的給付條件是什麼？社會醫療保險一般有怎樣的待遇給付？
7. 中國對於工傷是如何定義的？社會工傷保險為什麼採取絕對責任制和立法強制？
8. 試論述商業保險和社會保險的主要區別和聯繫。本章中提到的各類社會保險可否考慮由商業保險公司提供？為什麼大多數國家最終選擇使用社會保險形式並由政府提供這些類型的保險？

國家圖書館出版品預行編目(CIP)資料

保險學基礎/ 胡丁 張佩 主編. -- 第二版.
-- 臺北市 : 崧燁文化,2018.08

　面 ; 公分

ISBN 978-957-681-519-5(平裝)

1.保險學

　563.7　　　　107013637

書　名：保險學基礎
作　者：胡丁 張佩 主編
發行人：黃振庭
出版者：崧燁文化事業有限公司
發行者：崧燁文化事業有限公司
E-mail：sonbookservice@gmail.com
粉絲頁　　　　　　網　址：
地　址：台北市中正區重慶南路一段六十一號八樓815室
8F.-815, No.61, Sec. 1, Chongqing S. Rd., Zhongzheng Dist., Taipei City 100, Taiwan (R.O.C.)
電　話：(02)2370-3310 傳　真：(02) 2370-3210
總經銷：紅螞蟻圖書有限公司
地　址：台北市內湖區舊宗路二段121巷19號
電　話：02-2795-3656　傳真：02-2795-4100　網址：
印　刷：京峯彩色印刷有限公司（京峰數位）

　　本書版權為西南財經大學出版社所有授權崧燁文化事業有限公司獨家發行電子書繁體字版。若有其他相關權利及授權需求請與本公司聯繫。

定價：400 元
發行日期：2018 年 8 月第二版
◎ 本書以POD印製發行